心育路上的跋涉

心理健康教育的探索与实践

王晓梅

焦素颖

吉林文史出版社

图书在版编目（ＣＩＰ）数据

心育路上的跋涉 ： 心理健康教育的探索与实践 ／ 王晓梅，焦素颖著．-- 长春 ： 吉林文史出版社，2021.8（2024.3 重印）

ISBN 978-7-5472-7998-4

Ⅰ．①心… Ⅱ．①王… ②焦… Ⅲ．①心理健康－健康教育－研究 Ⅳ．① G444

中国版本图书馆 CIP 数据核字（2021）第 172028 号

心育路上的跋涉：心理健康教育的探索与实践

XINYU LUSHANG DE BASHE：XINLI JIANKANG JIAOYU DE TANSUO YU SHIJIAN

著　　者：王晓梅　焦素颖
责任编辑：钟　杉　王　新
封面设计：四川悟阅文化传播有限公司
出版发行：吉林文史出版社
地　　址：长春市福祉大路 5788 号
电　　话：0431-81629357
印　　刷：三河市嵩川印刷有限公司
经　　销：全国新华书店
开　　本：170mm×240mm　1/16
印　　张：20
字　　数：359 千字
版 印 次：2021 年 8 月第 1 版　2024 年 3 月第 2 次印刷
定　　价：59.00 元
书　　号：ISBN 978-7-5472-7998-4

印装错误可与印刷厂联系退换。

序　言

　　德国哲学家雅思贝尔斯说：教育的本质意味着一棵树摇动另一棵树，一朵云推动另一朵云，一个灵魂唤醒另一个灵魂。成为老师后，我一直在思索：作为教育者的价值究竟是什么？是在追随升学率的大潮中唯分数是从？还是关照学生心灵成长的启蒙、唤醒、点燃……作为从事心理健康教育的我，义无反顾地选择了后者，在我看来，一个人内心的稳定、充盈和好奇是他对生活充满乐趣和期待的前提。如果我的学生没有对知识、对世界的好奇，又怎能期待他爱学习、得高分？如果我的学生谈学习色变，宁可在空虚无聊中不停地刷屏也要逃避上学，学校于学生而言吸引力何在？如果我的学生在这个充满变化的世界感到无力、无助而否定自己存在的价值，学习又怎样能拯救一个无望的灵魂？

　　正是这许多的疑问，让我更加深刻地反思学校教育的价值和意义究竟该落脚在哪里，也在思考作为心理辅导老师的我该从哪里着手才会有真正的"唤醒"。2007 年，在我所在的城市并没有多少人真正关注中职学生的心理健康教育的背景下，我特别庆幸遇到了一位有远见的校长，他问我：学生学习动力不足，学习习惯不好，心理学上有没有可行的办法让孩子们变得更好一些？我很有信心地告诉校长：肯定有的。行为主义理论告诉我们：就像坏的行为会成为习惯，好的行为经过反复的训练也会成为习惯，学习习惯可以通过积极的方式建构并稳定、内化成为学生的行为模式。校长鼓励我从新一届学生开始，可以尝试引入心理学的方式对学生进行行为训练。于是，我们的第一本校本小手册《中职学生行为训练手册》诞生，那是一本正反双面打印，只有 22 页的小册子，学生人手一册，每天、每周、每月都有具体的训练要求，其中有不少激励学生学习和生活信心的暗示语，有具体可操作的行为训练方式……两年后，这本小册子代替以往的学生成绩册成为我校学生每学期期末带回家的《学生成长手册》。这次探索让我们的确看到了学生的一些变化和成长，也成为学校心理健康教育的新的探索方向。

从此，我们组成心理健康教育团队，我们开发心理健康教育课程体系，我们形成心理健康教育的校园实施模式，我们就在这样的一条人不多的路上艰难跋涉……

2021 年 3 月

1 启航

2 探索

3 磨砺

4 成形

5 心育路上的跋涉

埃里克森说：每个人的日常生活都是特定生命阶段与特定历史时期的相遇引发的种种巧合。我深以为然，梦想开始的时候，总是内心种种期待和美好的向往开始生根发芽的时候，于是，尝试开始一种有方向、有目标的生活，人生如是，工作亦是如此。

1.1 中职学生的呐喊

中职学生是 21 世纪中等教育中尴尬的存在。教育体制改革中，中等专业学校改制、转型发展，中职学校的学生生存环境并不乐观，他们是中考大军中被淘汰的学生，他们是注重升学率的基础教育中的失败者，选择就读中职学校是他们向自己成绩屈服的无奈之举。当他们进入到中职学校中，他们既没有清晰的方向，也没有学习的动力，他们游戏人生，但心有不甘。我所在的学校就是由这样的中职学生构成的。到 2016 年，距离我的学校转制发展刚刚十年，生源每况愈下，学生逃学、化妆、打架等问题层出不穷，同年，我看到来自各地中职教育机构对中职学生心理健康状况的调查报告，无一例外地在呼吁：关注中职学生的心理发展，重视中职学生心理健康教育。而我最深切的体会，源自更早一些的时候，一位中职女生的咨询辅导经历：那是一个很有文采的女孩，没有考上高中后她来到了我所在的学校，原本不够自信的女孩因为上了中职更加自卑了。她经常踽踽独行，有时候在空旷的操场，有时候在顶楼的窗户边。第一次来办公室，她愤怒地大喊：没有人能理解她，没有人能拯救她，做什么都做不好，她觉得活着没有意思……听她呐喊般的吼叫，我内心不亚于八级地震，她只是十六岁的年纪，却承受着如此大的压力，如果不是特有的职业敏感让我关注到她，不敢想象随后会发生什么？我甚至想到：她身边会不会还有很多看似无所谓，内心却焦灼无助的中职学生们，也在经历着种种困扰、矛盾和纠结。那时，我是中职学校的心理学任课教师，也是学校兼职心理辅导老师，我把对学生心理发展状况的担忧告诉了校长，时任校长在听到我的汇报后，当机立断，马上成立学校心理健康教育辅导中心，并告诉我：为了确保学生心理健康教育的实施，学校将在最短的时间内调整我的课务安排，让我成为专职的心理辅导老师。这是个令人振奋的消息，但同时也是压力和挑战的开始：从哪里着手，才可以真正了解到学生的需要，才可以为学生成长助力？

20 世纪初，鲁迅先生在他的《狂人日记》中发出了向旧制度进军的呐喊："救救孩子！"成为老师后，这个声音也经常回旋在我的心头，特别是学生们依赖手机更甚于其他的时候；他们宁愿睡觉也不愿多看一眼书的时候；他们深夜不能入睡甚至用小刀割伤自己的时候……我也会反复问自己：谁来救救这些孩子？

那一年，看到各省市关于中职学生的心理健康状况的调查结果、看到身边的学生们迷茫的眼神，我对自己说：虽然只是个老师，我定要做点什么，才能够不负教师这个职业，定要用自己所学，让哪怕一个孩子受益，我也要不遗余力。

1.1.1　中职学生心理素质现状调查

20 世纪末，关于中职生心理素质的调查屡见不鲜，分类调查和综合调查结果喜忧参半，到了 21 世纪初，中职学校的生源状况一方面影响中职学生的学习能力；另一方面也表现心理适应性方面，越来越多的调查显示，中职学生的心理健康状况堪忧，已经成为中职学校教育中最薄弱的一环。

1.1.1.1　关于中职学生人际关系的调查

	问题	选择比例比较高的选项	结果
与朋友的关系方面	结交朋友的主要途径	校内活动	88%
	你最喜欢的交流方式	面对面直接交流	71%
	你有几个知心朋友	1-3 个	75%
	你希望结交更多的朋友吗	希望	68%

续上表

	问题	选择比例比较高的选项	结果
与朋友的关系方面	网友与现实生活中的朋友相比	现实生活中的朋友更真实可靠	50%
	你结交朋友时，你最看重他的什么	个人品行	96%
	如果你要好的朋友与人发生了冲突，想让你一起去寻仇报复，你会怎么做	知道这么做不对，不会去的	71%
对人际交往的认识方面	你认为自己在人际交往方面有困扰和压力吗	有一点儿压力	75%
	在你的人际交往中，你觉得你的人际关系如何	关系一般，勉强过得去	48%
	若在你的学习和生活上遇到困难时，你首先会向谁求救呢	朋友	57%
	若你遇到人际交往问题，你通常会	调整自己的交往策略	58%
	你觉得通过哪些途径会提高你的人际交往能力（多选）	自己看相关书籍 多进行交往实践	70% 82%
	你觉得在校园生活中人际关系很重要吗	很重要	57%
	你自己平时在人际交往时会注意处理好人际关系吗	经常注意	53%
	你觉得处理人际关系包括以下哪些方面（多选）	说话 眼神	83% 61%
与父母关系方面	你觉得自己与父母的沟通如何？	比较顺畅	53%
	你平时和父母经常交流什么方面的问题	以上都有	59%
	当你与父母发生矛盾时，你通常会怎么做	积极解释自己的想法，争取得到理解	70%
与同学的关系	你与班级同学间的关系	较好，有部分成为我的朋友	61%
	宿舍里舍友大多来自不同的地方，生活习惯有所不同，这种情况会影响你们的相处吗	差异不大，相处愉快	65%
	当你与同学产生了矛盾，关系紧张起来，你通常怎么办	主动接近对方，争取消除矛盾	78%
	你对身边同学谈恋爱的看法	很正常的事	54%
	你认为在校生谈恋爱的主要原因是	因为喜欢，有感觉	44%
师生关系	你认为你目前与老师的关系如何	一般，沟通有点问题	68%
	当得到老师的表扬和关注的时候，通常你的感受	很开心	68%
	你愿意与老师谈心	看情况	58%
	当与老师的意见不一致时，你通常会	主动找老师沟通，当面与老师争辩	69%

续上表

	问题	选择比例比较高的选项	结果
社会关系方面	与陌生人相处时	感觉不自然，有压力	44%
	在集体里，感觉	视情况而定，与一部分人相处，交流较好	71%
	遇到他人有困难时	主动帮忙	84%
	当自己有困难、有心事时会	只向最亲密的一两个朋友诉说	51%
	你认为自己的表达能力如何	一般，反复说几遍后，别人能明白	61%
	对于集体活动	经常组织各类活动	42%

这项来自本地两所中职院校学生人际关系的调查结果显示：中职生的人际关系交往状况主流是乐观的，大部分学生对自己的认识较客观，能把学习知识和技能作为自己的主要任务，注重学习质量的提升和学习方法的改进，认为学习成绩不理想的主要原因是自身不努力。呈现出"昂扬向上，积极进取，可塑性大，勇于纠错"的特点，体现了中职生教育环境的优势。例如，在以下几方面发展状况可喜：

1. 在与朋友交往中，大部分学生有正确的友谊观，能积极主动地结交朋友、发展友谊，认为现实生活中的朋友更可靠，在朋友有难处或自己遇到困难时会互相帮助，能与朋友友善、平等地互敬互让，和朋友发生矛盾时能采用较为妥当的方式处理。

2. 在家庭生活中，大部分学生认为自己和家人关系良好，在家里会与父母谈心交流，在学校时能通过电话等方式和家人联系；能体谅父母的难处，与家人发生矛盾时能平心静气地商量解决。

3. 在学校生活中，能与同学良好相处，能够很好地处理同学之间的矛盾，能够正确认识异性之间的交往。遇到困难和烦恼时能主动向同学诉说，采取适当途径解决同学之间的矛盾。相当一部分同学能够宽容谅解他人的缺点。

4. 大部分学生与老师关系良好，沟通顺畅，通过访谈，总结出他们喜欢和蔼可亲、平易近人、没有私心、能平等对待每一位学生的老师。当与老师的意见不一致时，大部分同学会主动沟通，求得双方的理解。

5. 在社会生活中，大部分同学与陌生人相处时抱有警惕心理，感觉不自信，有压力。大部分同学在公共场合与人交往时能注意自己的言行举止，懂得帮助别人，"赠人玫瑰，手留余香"。大部分同学认为自己与人交往的表达能力一般。

6. 在对人际交往的认识方面，大部分同学已经认识到了人际交往对自己职业生涯的重要性，注意个人素养的提升，以及形象、气质的修炼，能够主动寻找处理人际关系的方法，注意改善自己的人际关系。

但在人际交往中，受自身特点的影响，也存在明显的困惑和问题，例如：中职学生人际交往中存在的问题：

1. 少数学生自卑心理强，性格内向。有近半数学生对老师课堂提问存在过度紧张心理；有三分之一的学生遇到困难和烦恼时不愿意和人交流；有极少数学生经常感到苦闷，感觉学习负担重，有些学生甚至感到自己受到了老师和同学的歧视。

2. 少数学生在现实生活中交际范围较小，对同伴信任度低，主要依赖网上交友。有近10%的学生认为和现实生活中的朋友相比，网友更有趣、更谈得来。

3. 少数学生在和同学的交往中主动性较差，喜欢以自我为中心，忽略他人的存在和感受；愿意和少数同学形成帮派、小团体，哥们儿义气严重；不能客观公正地对待周围的人和事，会以个人好恶决定自己的价值取向。

4. 在学校生活中，少数学生逆反心理强，不能正确对待老师的批评。对老师产生嫉恨、报复心理，甚至故意找碴，寻衅滋事，和老师发生冲突；但惧怕家访，厌恶学校让家长在试卷或者家校联系卡上签字。

5. 个别学生性格孤僻，和家长沟通交流少，不能感恩于父母对家庭和自己的辛苦付出，不服管教；与其他同学比吃比穿，只在意向家长索取，不愿帮家人做力所能及的事。有些学生由于父母长期在外打工，形成了"留守儿童"群体，失于管教，缺乏家庭关爱，人格养成有缺陷，思维易走极端。

6. 有些学生虽已认识到自己在人际交往方面的缺陷，但苦于难以找寻有效的矫正方法，心理状态苦闷、犹豫徘徊，对未来迷茫。

1.1.1.2 对中职生学习期望的调查

学生学习期望是学生自我概念的一个重要构成，一是学生自己学业进展方面的期望，二是学生对自己将来从事职业的期望。学生作为学习的主体，学生学习期望直接影响了学习的效果。学习期望通常是指学生根据自己目前学习状况和能力等所产生的对学习行为表现、未来学业成就所持有的一种内心的希望和期待。

一项对一千三百多中职学生学习期望调查的结果显示：

1. 中职生自我学习期望则在所有变量因素上都存在明显差异：

从中职生的调查统计数据显示，年级高的学生所感知到的教师期望水平要低于低年级学生。分析原因应当是，随着学生年级的升高，学生身心条件逐渐完善，其思维和认知等方面的能力也明显增强，开始排除曾经对其自我认知影响较大的教师期望；同时随着，教师对学生的熟识度会逐渐增加，相应地对学生的注意力也会适当地松懈，而且于随着年级的升高，各科学习之繁杂让学生对中职教育的过程不再新鲜，初中时带来的挫败感又开始跳跃，而且学生逐渐发现教师的教学质量、学校的设备和管理手段等与学生所期待的不相符合，学生的学习要求得不到满足，因此会逐渐放弃一些对自己不切实际的期望，变得更加务实，这也是高年级学生的学习期望与低年级学生相比偏低的原因所在。

调查统计数据显示，在不同的专业中所感知到的教师期望水平和父母期望水平也明显不同。其原因依然在于各个专业不同的就业前景所导致的。在当地就业对口率较高的学前专业，教师期望较高，这是由于教师对学生的就业整体水平的关注比较大；就业前景较差的市场营销专业的学生所感受到的教师期望相对偏低，这是由于教师对学生未来能否满意地就业存在一定的担忧。

在性别上，男生所感知到的父母期望高于女生，男女生所感知到的教师期望基本趋于一致。由于该校在所隶属的小县城中大多数的中职生家长受教育程度偏低，有受到"重男轻女"传统思想的影响，认为男孩子要好好学习，将来要肩负起家庭的重任，故对其期望普遍大于女孩子。虽然学生的学习期望受家庭影响颇大，但调查结果又显示，在学习期望分测验中女生的平均分显著高于男生，说明女生在学习期望上优于男生并达到显著性水平。这说明在中职学校里大部分男生所感知到的父母对自己学业上的高期望，并没有完全被孩子所接受，继而转化为男生较高的自我学习期望。所以相比较而言，本论文涉及的问卷结果显示，女生的期望心理比男生表现要积极些。

2．调查统计数据显示，中职学生相比与普高学生和大学生之间有着明显的差别：

中职学校学生是在经过中考选拔考试之后升入中职学校学习的，因此中职学生的学习特征比较普通高中学生和大学生以及参加社会工作后再进行直接技术教育的人不同，具有自身特有的学习特征：学习目标不明确、学习基础差、学习自主性弱、学习中存在自卑心理。

中职学校学生大多数属于弱势群体，大多数学生的家庭经济状况处于中下水平，因此中职学生的家庭处于弱势群体；并且，中职学生初中成绩都较差，在学习上也属于弱势群体。

3．调查统计数据显示，中职学生对就业期望值偏高：

由于受到家长与社会价值的影响，中职学生对就业期望值偏高，主要表现为对薪水待遇的期望值偏高和对职位要求的偏高。大多数的中职毕业学生对薪水的要求都比实际报酬高，同时对职位要求也偏高。如调查结果显示，接受调查的中职学生中有 94.59% 的学生希望毕业后留在大城市工作，同时有 91.78% 的学生希望将来的薪水超过 5000 元。这样的就业愿望与就业实际相悖，大城市留给中职学生的职位不多，并且薪水一般不高。现实与期望的心理落差，容易出现眼高手低的现象，就会使学生在校期间的学习出现厌学或对职业失去信心。学生对职业的期望直接影响了学生的学习期望，引导学生的就业要求，可以直接管理学生的学习期望。

4. 调查统计数据显示，中职学生对专业学习的期望值偏高：

中职学生大多数有较高的专业学习期望，专业课的学习在学生的心中占有相当的重量。81.16% 的学生认为将来所从事的工作需要过硬的专业技能；有 54.11% 的学生希望将来所从事的职业能专业对口；同时 81.16% 的学生愿意从基层做起；99.6% 的学生希望在专业课上能学到与今后从事的职业相关的知识；有 99.8% 的学生希望专业课与实践实际相联系。学生对专业课的重视，教师对学生的学习期望进行管理，就成为提高学生学习能力的一种重要途径。

1.1.2 关于增强中职生心理素质的思考

中职教育在近些年发展迅速，国家对中职教育的重视有力地推动了中职教育的发展，但是社会观念中，大多数中职学生只是因为中考落败才走进中职校园，中职学生自身素质的缺乏及自卑心理的存在是不争的事实，部分中职学生责任心不强、缺乏自制力、攻击性强等心理特征必然会影响他们的人际交往。从中职教育的大环境来看，中职学生团体学习动力不足，学校管理重行为习惯的养成、重常规教育、重量化约束，但对学生主体自我成长的发展性教育还有欠缺。另外，当前的教育仍然存在一些问题：忽视对人本真存在的关注、忽视人文素养。我们的教育，注重的是认知世界、认知因素，忽视人的现实生活世界、人的价值、情感在人生存中的作用。这样的教育把学生当成一个被动的主体，学生只是被动地接受知识，学生的主要任务就是背诵和记忆，没有发挥学生主体作用。在这样的教育观作用下，学校、教师、家长只关注学生的应试成绩，很少主动关注学生的精神、情感层面，学生日益迫切的交往需求及交往困扰得不到有力的支持和疏导，尤其是中职学生，相比于普通高中学生，他们是一个更加容易被忽视的群体。实际上中职生经历了中考的洗礼，仅凭着分数的高低就被划归为中职生，他们大多是无奈和不甘。这让他们在精神上多了负担，心理上加重了自卑，相较于同龄人的普通高中学生他们有更多的困惑、迷茫、灰心与失落。再加上他们正处于青春期，这一时期正是人的三观形成与稳定的关键时期，同时也是人一生中人际交往最活跃、最迫切的一个时期，人际交往的困扰尤其多。

当前中职学校开设的心理健康教育课程及心理咨询室可以说是学生获得支持的主要途径，但是目前大部分中职学校开设的心理健康课课时少，一般为每周一节，并且有时还很难保证，经常会被其他所谓的主科挤占。同时学校往往只配备 1—2 名心理健康教师，他们既要承担全校的授课任务，还要开展心理咨询，故对于学生人际交往的指导功效甚微。大部分学生的人际交往烦恼没有得到有效化解，学生的交往问题长期处于失控状态，缺乏必要的引导和教育，势必影响学生的健康成长，导致有些学生出现心理问题，甚至酿成惨剧，对个人而言，这是一种无法挽救的错误，对社会也造成一定的负面效应。因此，加强对中职生的人际交往指导和教育刻不容缓。

随着我国综合国力的增强、文化教育事业的进步，学生的人际交往问题日益受到社会各方面的关注与探讨。然而，查询 CNKI 数据库相关文献，我们不难发现这样一个情况：以"人际交往"为关键词查到 1884 条，其中"大学生人际交往"有 683 条，"中学生人际交往"有 142 条，"中职生人际交往"仅有 23 条，中职学生的人际交往相关研究文献非常少，很显然中职生是一个被学术研究忽视的群体。但实际上据《中华人民共和国 2011 年国民经济和社会发展统计公报》显示，2011 年，我国中职学校在校生已达 2196.6 万人，这批人将是我国今后城乡建设的技术主力军，关注并研究他们的人际交往问题，对促进社会的和谐发展也具有重要意义。因此结合我国中等职业教育的情况和时代特性，调查本地的中职生人际交往状况进行对策研究，是一个很有现实意义的课题。

1.2　爱，带我开启心育那扇窗

都说上帝对一个人关上一扇门的时候，一定会为他留一扇窗。可对于五年前的中职女生小 y 而言，生活似乎就是黑洞，用她的话说：看着有一点点光亮，往上爬一爬，结果陷得更深了！这个从小被家暴的女孩好不容易到了上学的年龄，却被邻居家的小狗咬破了鼻泪管，等到可以和别的孩子一样坐在了教室，却总是被父母揪着衣领拖回家，因为家里干不完的农活，她的小学和初中读得断断续续。到了中专，她以为离家 400 多公里，终于可以安心读书了，同学却无法接纳面部有极小的疤痕、走路有些跛的小 y，她说：比爸妈的拳头更让她不能接受的是孤独和疏离，她就像个透明人，没人欺负她，但也没人搭理她……第一次接受咨询的她哭了整整半个小时，看她的身体因为情绪激动抖个不停，我在想：这个可怜的女孩儿，她是怎么走过那么艰难的日子？为她递上纸巾的时候，轻轻拍了她的背，她明显有些意外，这样的女孩从小生活在缺爱的环境中，哪怕是最轻微的身体接触也会让她不适，作为心理辅导老师，我很希望走近她、靠近她，能看见她内心真正的需要，但现在显然不是最好的时机。所以我很真诚地告诉女孩儿：如果感到不舒服可以随时告诉我，因为你所在的这个房间里，可以允许她说出所有她想说的，如果我有可能帮到她，那我会很高兴！女孩儿眼中的光慢慢变得柔和起来……此后，这位中职学前教育专业的女生每周同一时间会来到我特意安排的空办公室，而我也会在这个时间放下所有的工作，只等她的到来。这样的咨询辅导进行了一年，在女孩三年级毕业时，给我留了一封信，信中的几句话让我至今记忆犹新：老师，我上中专这三年，最大的收获就是遇到了您，是您让我看到这世界最灿烂的风景不在眼前，而在每个人幽深的内心……现在我终于不用总在黑暗中艰难爬行了，因为我从您的身上获得了爱，她不仅让我站了起来，还让我看到了阳光，感到了温暖，所以，我再也不怕一个人行走了……

原来唤醒一个人内在的力量不是靠分数，也不是名次的排列，而是一颗赤诚之心，教育最有价值的部分是对一个人内心的搅动，是用爱之光芒去照亮内心有阴影的部分，如果严苛的管理是手段，分数高低是对部分能力的判断，那么，爱就是最有生命力的教育资源。也是基于这样的经历和反思，我开始越来越相信心育的力量，我更愿意和学生们在心与心的交流中看到学生真实的需求，发掘学生内在的动力，为他们未来的人生找到一扇可以呼吸新鲜空气、可以让阳光进来的窗户。

1.3　办公桌上的划痕

2014 年，我和我的大学同学、我的同事申报了一项省级科研课题《中学校园暴力的心理学研究》，这项课题通过省级鉴定并评为优秀课题。课题的起因却是因为学校发生了一件轰动全市的伤人事件：男生小刘性格内向，沉默寡言，不善言辞，在学校的两年中不断受到同班三位男生的挑衅，或是谩骂，或是动手，也许是看到小刘除了生气不理他们的样子，他们变本加厉：随意拿用小刘的物品，撕毁小刘的作业，每次班主任教育批评后，三位男生保证不再犯，可转身回到教室，他们对小刘的行为更加过分。终于，小刘在再次被欺负的一天早晨离开教室，到附近的批发市场买了一把切西瓜的薄片刀揣到怀里，等他再回到教室时，刚好最后一节课下课，大家鱼贯而出，三位男生看到小刘，一如既往地挑衅：不是走了吗？回来干吗？……小刘抽出刀，捅向最前面的男生……教室里还没有离开的男生女生吓得不知所措。该事件造成一人重伤两人轻伤的后果，男生小刘被派出所带走，那三位男生伤好后没再出现在学校。小刘从派出所回来后，我在办公室见到了他，他的愤怒的火苗似乎并没有因为刺伤同学而熄灭，我清晰地看到靠近他坐过的桌边上有两道深深的划痕，我尝试了一下，油漆质量不错的办公桌，像我这样的不短的指甲，即使很用力也没留下什么痕迹。很显然：小刘屡次被欺凌累积的情绪依然很激烈。

虽然小刘最后没有被起诉刑事案件，但他也没回到学校继续读书，那两条深深的划痕是他离开学校前，我们最后一次见面时留下的。基于事件性质严重，所以，小刘离校前我约他进行谈话，算是一次危机谈话。整个过程差不多一个小时，小刘说话很少，两手食指不停地划我的办公桌边，小刘离开时说的一句话我至今记忆犹新："我很后悔来这里上学，以后我也不会再上学了！"

那两道划痕就像划在我的心头，时时提醒着我：如果教育无法真正触及学生的内心，也就无法真正的发挥育人的功能。

1.3.1　校园暴力与学生心理健康

"我的精神崩溃了，因为被校霸欺负久了，现在虽然我长大了，没有人敢欺负我了，但是我的思想已经变邪恶了！"

"没有什么事情能让我开心起来，我将永远活在阴影里，我不想伤害任何人，可是现在的我一定会影响别人的，但是我需要别人调整我的心态，我现在已经沉沦了，我自己已经看不到希望了，我觉得我是世界上多余的人。"

以上是两个曾经被校园欺凌深深伤害的学生，他们在成年后依然无法走出阴影，他们所承受的身体的伤害可能短期内恢复，然而，心理的创伤如果得不到及时干预，可能伴随终身，甚至愈来愈严重。

1. 关于校园暴力

校园暴力是指蓄意滥用权利或躯体力量，对自身、他人、群体或社会进行威胁或伤害，导致身心损伤、发育障碍、死亡或权利剥夺的行为。校园暴力就是发生在校园内，运用各种手段伤害学生的身体、心灵，甚至生命的侵害行为。

从施暴者的行为特征来看，校园暴力可分为三类：一是针对自身的暴力，如自伤、自虐、自杀等；二是学生之间的暴力；三是团伙暴力。

从施暴者的施暴方式看，校园暴力可分为三类：一是语言暴力。语言暴力主要包括起侮辱性外号、造谣污蔑等一系列对学生精神达到某种严重程度的侵害行为。二是力量暴力。力量暴力主要包括校园凶杀、打架斗殴、抢东西、强索钱财、毁坏物品等一系列对学生身体及精神达到某种严重程度的侵害行为。力量暴力在校园暴力现象中最为普遍。三是心理暴力。心理暴力包括孤立、侮辱人格等一系列对学生的精神造成某种严重程度的侵害行为。心理暴力的问题常被忽略，但其危害又非常大。心理暴力可能无处不在，而且任何学生和老师都可能成为施暴者。

中职校园暴力既可能出现在同校学生之间，例如：①小事不忍，形成对立，从争吵、相互攻击发展到斗殴。②报复。因玩笑、语言不和、嫉妒、财务借用等纠纷采用暴力方式报复。③恃强凌弱。对低年级学生、身体弱小者拳打脚踢；在校内外骚扰女生，索要钱财，不给就打。④拉帮结派，聚众闹事，打群架。⑤使用残忍手段导致对方伤残或死亡。也有校外人员参与或直接造成的暴力事件：如父母离异，到校抢走子女；父母欠债，讨债人到学校将学生扣为人质；因学生之间纠纷，家长到校与师生发生冲突；流氓入校寻衅，破坏公物，收取"保护费"等。

2．校园暴力产生的原因

①心理扭曲，世界观、人生观、价值观偏离道德底线，法制观念淡薄和低俗的审美习惯是导致校园暴力发生的重要原因。

②受社会暴力、家庭暴力影响，导致部分学生意识上产生偏差。

③暴力文化的负面影响。一些影视作品的暴力文化现象在一些青少年身上产生了催化剂作用。

④问题家庭影响。校园暴力的施暴者主要是"问题青少年"，他们的家庭多有不幸，或家境贫寒，或暴力不断，或父母离异。他们享受不到家庭的温暖，加上平时缺乏关怀、帮助、引导和管教，致其性格扭曲，从而滑向违法犯罪的边缘。

3．校园暴力的危害性

①危害学生的身心健康和生命安全。主要表现为易怒、焦虑、沮丧，学习效率低，成绩下降、厌学甚至弃学；沉默寡言、孤僻古怪；因无法承受压力而发生自伤、自残或自杀行为。受到暴力欺负，极易产生挫折情境，丧失安全感，常表现为：人际关系紧张，缺乏自尊和自信；经常处于被欺凌的恐慌中，伴随紧张、烦恼、焦虑等情绪反应。

②造成不良社会影响。校园暴力行为具有一定的针对性，不仅破坏教学秩序，干扰他人学习生活，危害师生安全而且使学生和家长对学校产生不信任感，造成不良的社会影响。

③对施暴者本人也会造成很大伤害。使其道德缺失，诚信度下降，或者因违法乱纪受到治安处罚或法律惩处，对本人、家庭成员的心理造成巨大的

阴影和压力，使正常的学习、生活秩序得不到保证，身心健康畸形发展。

1.3.2 心理干预在预防中学校园暴力中的应用

2012 年，针对中职学生校园霸凌和校园暴力行为对学生产生极其严重的影响，学校组成课题组，专门调查研究校园欺凌事件，也是在这个时候，我完成了研究报告《心理干预在预防中学校园暴力中的应用》。

校园暴力是学生暴力行为的反映。在心理学层面上，学生暴力行为被认为是学生攻击性行为的表现，是指学生经常出现的、违反与其年龄相应的道德准则和纪律，与校纪、校规及社会规范相违背的，侵犯他人的具有攻击性和对抗性的行为，对中职生的身心成长影响很大。

1.3.2.1 校园暴力的心理学因素

人口学变量与校园暴力行为

人口学变量是研究人口发展及其规律，人口变量与社会、经济、生态环境等变量之间相互关系的一门学科。将人口学变量引入校园暴力形成因素的研究，是基于校园暴力的产生本身就是主客观因素的产物，通过大量文献查阅，笔者归纳出以下因素与校园暴力产生的相关性较高，因此，也确定了与校园暴力的形成有关的人口学变量。

性别。近年来国外有关研究表明，男生的暴力行为比女生多，而且在态度上，男生的暴力倾向也比女生高。在量的方面，男性少年犯远多于女性少年犯；在质的方面，男性少年犯常属于暴力犯。

年级。希尔发现，年级越低的学生越容易发生暴力行为。罗伯特、史蒂夫和李瑟指出，14~15 岁的学生发生校园暴力的比率最高。但是夏奥尔罗则认为，年级越高的学生，越有攻击性行为。

家庭结构。我国司法部少年犯罪与改造研究课题组对全国 16 个省市 18 个少管所的 6495 名少年犯的抽样调查表明，有 26.6% 的少年犯来自破碎家庭。夏以玲研究指出，暴力及非暴力少年犯，其家庭是单亲家庭或破碎家庭的比例要高于一般少年。

家庭经济状况。马利克和戴维斯发现，低收入家庭的学生较容易产生打架、携带武器的行为。普利斯和阿法里特也指出，在暴力程度高的学校内，低收入家庭的学生人数占有很高的比例。

学业成绩。许多研究均发现，有偏差或暴力行为倾向的少年，其学业成绩较差。

父母婚姻生活。有研究表明，家庭婚姻生活和谐、婚姻状态较好、家庭氛围较好的家庭，其子女发生暴力行为与偏差行为的情况较少，也就是说，父母婚姻状况越和谐，子女越不易产生暴力行为。

影响校园暴力行为的相关因素

1. 个人因素

一是暴力认知。格瑞和莱比认为，个人对暴力的态度可能是影响个人会有暴力行为的重要因素，如果改变个人对暴力的相关信念，便可以降低攻击行为。琳达提出，对社会情境的认知错误、认为他人的意图均有敌意，与暴力行为的产生有关。二是情绪控制。赖朝辉研究发现，由情绪所引发的困扰与中职生的偏差行为、与攻击行为成正相关。德芬巴希尔、欧汀、莱希和莫里斯则指出，学生如果是表现出冲动、生气、低自我控制，则较容易有暴力行为。三是自我概念。肖特和夏普耶以及劳希曼和道治提出了如下观点：①不关心受害者的痛苦，甚至以能控制他人而引以为自豪；②自我评价是负面的，较少向他人表示自己的意见，把自己的情感隐藏起来，而且会逃避与人接触的机会；③易被他人排斥；④较少用人际线索来诠释他人行为；⑤趋于用敌意对他人行为做出归因；⑥人际情境中，较少恐惧与害怕，较多愤怒；⑦较少用口语的反应解决问题，偏好用动作来应对；⑧反社会倾向；⑨功能性损伤。四是沟通技巧。贝蒂·布莱克和阿里斯研究发现，有忧郁倾向的小孩的沟通能力较差，也较容易受到周围人的拒绝，因此较容易产生攻击行为。吴文琪研究发现，当沟通技巧得分越高时，在口语、物品或肢体暴力行为发生的频率越低。五是偏差行为。杰瑟发现，喝酒、使用大麻、犯罪及性交是青少年的一组症候群。刘玲君研究指出，中职生偏差行为和攻击行为成正相关。

2. 校园生活

一是学校管理。研究指出，稳定、公平、一致的领导方式，学生较少产生攻击行为；独裁式的领导与严厉的管教则容易使学生产生攻击行为。贝克研究发现，当学校对暴力学生施以粗暴的训练方式或是体罚时，不但无法抑制学生重演同样的暴力行为，还会使学生对学校产生疏离感。二是师生关系。李煜阳指出，师生互动情形越好，学生的偏差行为越低。郑钧元的研究进一步指出，"老师的负向评价与行为""老师的关心""老师的惩罚"与学生的暴力行为有显著相关。三是学习适应。琳达和黄明明都认为，由于学生的学习能力差，功课不佳，在学校得不到鼓励，连带促使犯罪及偏差行为的发生。李煜阳研究发现，学业成绩越好的学生，偏差行为越不容易发生。

3. 交友与休闲

费根和韦克斯勒研究发现，暴力性少年犯罪人自我报告的暴力行为与家庭中的犯罪和暴力行为有一定关系，但暴力行为与少年犯罪人的同伴友谊相关更显著。青少年同伴关系越差，越容易发生偏差行为；有偏差行为朋友的青少年其同伴关系比无偏差行为朋友的青少年差。

4．家庭互动

一是家庭教育。弗雷瑟指出，父母管教态度不一、使用打的方式、对孩子缺乏约束或与孩子互动时采用强制的方式，均有助长孩子的攻击行为。游福生等人均指出，父母管教方式与子女暴力行为相关。二是亲情互动。李希曼和巴伦调查发现，父母经常争吵、母子关系差、家庭婚姻状况不良等与儿童异常行为有关。南京师范大学的调查结果也表明，生活在家庭关系和睦家庭中的中职生，品德优良的占39.3%，差的占7.3%；生活在家庭关系紧张的中职生，品德优良的占33.3%，较差的占33.3%。

大量研究结果证实，中学校园暴力的继发因素多为学生应激行为，因此，采用心理干预的方式缓解心理危机，预防和应对校园暴力的发生应该是有效的方式。

1.3.2.2　心理干预与学校暴力

关于心理干预

心理干预是在心理学理论指导下有计划按步骤地对一定对象的心理活动个性特征或心理问题施加影响，使之发生指向预期目标变化的过程。心理干预就是要对处于失衡状态的个体给予适当的心理援助，防止精神崩溃，使之尽快摆脱困境，防止暴力行为的发生。在预防暴力事件的发生中，心理干预的重点在于预防。通过针对性的干预训练和实践，提出"家庭、学校、社会"三位一体的校园暴力行为预防机制。通过心理干预，使学生重建安全感和自信心，学会关爱他人、理解他人、珍惜生命。

关于中学校园暴力干预策略的设想

学校建立预防校园暴力的相应政策，能有效地减少校园暴力的发生。学校可以从建立良好的师生关系、协助学生学习处理人际问题的技巧、协助教师对社区环境有所了解和接纳、改善校园环境、了解社区文化和生活价值等方面入手，建立相应的预警机制，不断改善育人环境。

教师是学校政策的主要执行者，以工作坊的形式开展教师预防校园暴力的专题训练，有利于增强教师预防校园暴力的意识和处理校园暴力的能力。

不论从学生自评、互评，还是从教师对学生的评价上看，受训学生的适应行为都有所增加，非适应行为得到减少，尤其是在攻击性行为上明显减少，而且在"主动"和"互惠"的适应行为上都有明显的增加。说明这种训练有利于学生行为的改善，对学生的健康成长是有积极意义的。

1.3.2.3　心理干预在预防中学校园暴力中的应用

基于对校园暴力行为的调查、分析，笔者认为对校园暴力行为的心理干预要面向学校、教师、学生三管齐下才会有积极的效果，因此，应主要对学校政策、教师训练、学生行为改变等策略，进行校园暴力行为干预。

预防校园暴力的学校政策

学校管理是造成校园暴力的重要因素，对学校的干预主要从以下几方面入手，制定相应政策，以减少校园暴力的发生。

①建立良好的师生关系

教师和学生的关系对学生的行为具有绝对性的影响。因此，校园暴力的预防策略应将教师的行为列入首要考虑条件。为了帮助教师学习增进师生关系的技巧，学校除了能主动提供训练计划之外，更要在校园里建立咨询网络，以便随时为教师提供协助。而教师能以接纳、尊重的态度与学生进行互动，帮助学生学习适当的行为，避免使用其他不良方式去处理个人困扰。

②协助学生学习处理人际问题的技巧

人际间发生冲突是正常现象，学生必须学习如何应对与他人发生纷争的情形。首先，要敏感地觉察周围环境是否将对他造成不利的后果；其次，能用适当的表达方式来化解纠纷，尤其重要的是要避免无意间挑起他人愤怒的情绪等。同时为了给予学生及时的帮助，还要让学生知道在何处可以找到受援的个人或单位。

③协助教师对社区环境有所了解和接纳

学校教育与家庭教育、社区教育密切相关。要对学生进行有效的教育，教师必须熟悉学生生活背景，并以此判断学校的行政措施和处理问题的模式是否能取得学生及其家长的了解，形成教育的合力，以达到预期的效果。

④改善校园活动空间

事实上，一个人的心理状态与其生活环境中的物理空间有着相当程度的关联性。都市里的学校往往由于场地狭小，容易造成建筑物设计上的不当，客观上容易造成校园暴力的发生。如学生在楼梯与走廊上因人数众多而发生推挤、学校的扩音器不时对学生发出的呼喊声、有学生在人来人往处受罚、校园里墙壁色彩过度强烈等，都容易使人的情绪处于紧张状态。在校园里，制造视觉上、心理上愉悦的感受或许可以提高学生对其他事物的忍受程度，从而降低暴力的发生。

⑤为教师和家长提供学生行为专业咨询服务

协助教师与家长建立合作关系，一方面可以增加彼此的信任和了解，另一方面也将为家长在亲子关系方面提供咨询服务。学校教师可以从了解学生的生活环境入手，引导学生养成良好的行为习惯。为了使学生的良好行为得到长久的维持，学校可以将家长纳入教育团队，帮助家长具备处理问题的能力，这样，不仅可以共同处理已发生的问题事件，更可以达到预防暴力的目标。

⑥了解社区文化和生活价值

社区和学校关系密切，彼此的关系可分为以下三种：

一是整合双方资源。学校工作者要确认社区的可用教育资源，善加利用，以利达成学校教育的目的；而对于社区工作者而言，则要了解并利用学校资源，协助社区整体发展。二是视对方为工作伙伴。社区与学校工作者具有共同的工作目标，即确认社区、学校共同关注的重点、焦点问题。例如学校学生发生恐吓勒索事件，势必牵涉到学生在校外游荡的行为，牵涉到不良书刊或场所等方面的问题，社区和学校应该共同商议解决的办法，一起制定校园内外防范的措施和事后的处理策略。三是视对方为服务对象。学校和社区都将对方视为服务的对象，加强协作，形成合力，解决共同关心的问题。加强学校和社区的沟通，主动参加社区活动，甚至提供资源来帮助社区居民建立有利于发展亲子关系的教育理念；主动发掘社区优秀居民或优秀校友，为学生树立学习的榜样；结合社区力量消除诱导学生产生不良行为的社区因素，协助家长处理学生的行为问题；运用公益社团及相关机构，加强校园安全建设；通过家长会或地区性活动，开展亲职教育，强化家庭功能；利用社区的人力和财力，为困难家庭提供服务，如课后学业辅导、休闲辅导和心理辅导等。

关于教师预防技能培训策略

教师在校园暴力的预防和处理中，发挥着至关重要的作用。教师如果能及时发现学生的不良行为，并予以及时的制止，就可以减少校园暴力的发生。而且，当校园暴力一旦发生时，如果教师能采取有效的措施加以控制和妥善的处理，就能及时化解冲突，减少校园暴力的危害。在现实生活中，由于教师的工作量长期处于超负荷的状态，教师无法用充分的耐心去接纳学生，在处理问题的方式上也缺乏有效的策略，对学生难以提供有效的援助。因此，加强教师处理暴力行为事件能力的训练，是减少校园暴力负面影响的重要策略。为此，可以采用教师工作坊的形式，通过角色扮演、练习、反馈、讨论、案例分析等，对教师进行专门的训练，以提高教师处理校园暴力的能力。

关于学生行为改变策略

将有攻击倾向或已有攻击行为的学生集中起来，进行团体辅导，帮助学生找到努力的方向。之后，再由接受过训练的教师对学生进行个别辅导，帮助学生维持适当的行为信念，对自己的行为加以控制，最终达到行为改变的目的。进行团体训练前，要与受训学生的班主任交谈，了解学生违反校规等背景资料，以提高训练的效果。

经过一年多的训练和尝试，干预效果明显。从学校管理层面上看，本研究有利于提高人们，尤其是教育系统内部对校园暴力问题的关注度，有利于构建学校、家庭、社会三方联动、主动干预的预警机制，从而为青少年的健康成长创造一个更加有利的环境。

（注：此文于 2013 年发表在《基础教育研究》，同期在中国知网平台推送。）

1.4　一篇论文引发的思考

2015 年，我所在的学校改制发展以来举步维艰，生源质量逐年下降，学生心理和行为问题频频出现，学校在加强高中和中职日常管理的同时，也要求学校心理咨询室能够发挥作用。当时还是历史老师的我想到通过心理量表筛查，期望能够更清晰地了解学生的心理状态，但学校心理咨询室因为教学楼拆迁重建，没有具体的地方，更没有测试平台，想要测试，就要人工统计数据，对于当时全校 600 多中职生而言，这项工程实在是烦琐，运算量大，报告也要一个一个自己汇总，我被这工程量吓退了，总想找找有无更简捷的办法。在百度查阅资料时，一篇发表于《南昌教育学院学报》的文章《中职学生心理健康状况的调查报告》对我影响特别大，在这篇篇幅不长的论文中，从三个方向调查了中职学生心理健康的维护状况：一是对学生的心理健康常识的调查，这项调查显示，仅有 3.5% 的学生对心理健康知识有了解，有 29.9% 的学生对心理健康知识知之甚少，甚至不知道。而 77.8% 的学生认为心理健康很重要也很需要。二是对中职学生常见心理问题的调查，这项调查显示 44.6% 的学生经常出现紧张、焦虑的情绪，人际关系引发的焦虑和不安占到 18.5%，有 20.4% 的学生对学校生活的适应困难，20.9% 的学生有过自杀的念头，其中尝试过自杀的学生有 4.6%，还有 25.3% 的学生对背后被议论感到紧张和愤怒。三是对学生心理辅导的方向进行调查，结果显示，学生关注前三位的问题是：人际交往 43.3%，沟通困难 36.9%，情绪管理 26.1%。这一连串的调查数据虽然不是来自我所在的中职学校，却对我在学校开展心理健康教育有很大启示：必须全面开启对中职学生心理健康教育的调研、探索和实施。

1.4.1　《中职生心理健康教育实施纲要》

2004 年，教育部为了贯彻《中共中央国务院关于进一步加强和改进未成年人思想道德建设的若干意见》，进一步加强中等职业学校学生心理健康教育，制定了《中等职业学校学生心理健康教育指导纲要》，纲要明确了中职学校心理健康教育的意义、目标、分段任务及实施要点，现将纲要内容全文摘录：

　　中等职业学校学生心理健康教育是学校德育工作的重要组成部分，加强心理健康教育是增强德育工作针对性、实效性的重要举措。中等职业学校学生正处在身心发展的转折时期，随着学习生活由普通教育向职业教育转变，发展方向由升学为主向就业为主转变，以及将直接面对社会和职业的选择，面临职业竞争日趋激烈和就业压力日益加大的环境变化，他们在自我意识、人际交往、求职择业以及成长、学习和生活等方面难免产生各种各样的心理困惑或问题。因此，在中等职业学校开展心理健康教育，是促进学生全面发展的需要，是实施素质教育，提高学生全面素质和综合职业能力的必然要求。为深入贯彻《中共中央国务院关于进一步加强和改进未成年人思想道德建设的若干意见》《公民道德建设实施纲要》和《国务院关于大力推进职业教育改革与发展的决定》的精神，进一步加强和规范中等职业学校学生心理健康教育工作，特制定本指导纲要。

　　一、心理健康教育的指导思想和基本原则

　　1. 开展中等职业学校学生心理健康教育工作，必须坚持以马列主义、毛泽东思想、邓小平理论和"三个代表"重要思想为指导，贯彻国家的教育方针，落实《中共中央国务院关于进一步加强和改进未成年人思想道德建设的若干意见》《公民道德建设实施纲要》《国务院关于大力推进职业教育改革与发展的决定》的精神，坚持以育人为本，根据中等职业学校学生生理、心理特点和发展的特殊性，运用心理健康教育的理论和方法，培养学生良好的心理素质，促进他们身心全面和谐发展。

　　2. 开展中等职业学校学生心理健康教育，要立足教育，重在指导，以学生为主体，遵循学生身心发展规律，保证教育的针对性和实效性。必须坚持以下基本原则：科学性与实践性相结合，重在体验和调适；心理素质培养与职业教育培养目标相结合；面向全体与关注个别差异相结合；发展与预防、矫治相结合，立足于发展；教师的科学辅导和学生的主动参与、家长的配合相结合。

　　二、心理健康教育的目标和主要内容

　　1. 心理健康教育的目标是提高全体学生的心理素质，帮助学生树立心理健康意识，培养学生乐观向上的心理品质，增强心理调适能力，促进学生人格的健全发展；帮助学生正确认识自我，增强自信心，学会合作与竞争，培养学生的职业兴趣和敬业乐群的心理品质，提高应对挫折、匹配职业、适应社会的能力；帮助学生解决在成长、学习和生活中遇到的心理困惑和心理行为问题，并给予科学有效的心理辅导与咨询，提供必要的援助，提高学生的心理健康水平。

2. 心理健康教育的主要内容包括：普及心理健康基本知识，树立心理健康意识，了解简单的心理调适方法，认识心理异常现象，正确认识和把握自我，以及掌握一定的心理保健常识。其重点是根据学生特点和他们在成长、学习、生活和求职就业等方面的实际需要进行教学、咨询、辅导和援助。

3. 学校必须根据学生不同年龄阶段身心发展的特点和职业发展的需要，分阶段、有针对性地设置心理健康教育的具体内容。

一年级阶段：

帮助学生适应中等职业学校的生活和学习环境，调整心态，建立信心，在学习中培养良好的学习方法和习惯，体会成功的愉悦，激发学习兴趣；鼓励学生在学习和生活中不断认识自己，开发潜能，悦纳自己、完善自己；帮助学生在专业课和其他活动中了解未来要从事的职业以及所学专业的培养目标、学习目标和生活目标，培养职业兴趣；帮助学生融入集体，在集体的建设中培养责任感、义务感、荣誉感、友谊感；了解青春期性心理现象，帮助学生学会调控情绪，正确对待异性交往。

二年级阶段：

帮助学生掌握有效的学习方法和策略，提高他们的思维能力、创新能力和操作能力；引导学生了解自己的情绪、性格和能力特征，提高自我意识，培养良好的职业意识，了解社会、认识社会，关注现实和未来职业选择的关系，树立正确的职业理想；帮助学生发展人际交往能力，建立良好的同学关系、师生关系和亲子关系；帮助学生了解生命的意义，珍惜生命，不断完善自己的人格。

三年级阶段：

帮助学生做好就业的心理准备，确立就业目标或继续学习的发展方向；引导学生利用学习和各种实践机会熟悉社会、体验社会、体验职业，根据自己的兴趣、能力和个性特点，树立正确的择业观、职业观、创业观，培养创新精神和实践能力；帮助学生树立合作与竞争意识，增强迎接职业挑战的信心，提高生活和社会适应能力，学会应对压力与挫折，保持健康、良好的心态。

三、心理健康教育的途径与方法

1. 开设心理健康教育课程。各地要根据教育部印发的《关于中等职业学校德育课课程设置与教学安排的意见》的规定，将心理健康教育纳入德育课课程体系之中，开设心理健康教育选修课程，一般每学期不少于 10 学时。

2. 开展心理辅导与咨询工作。学校要积极创造条件，建立心理咨询（辅导）室，并通过团体辅导、个别咨询、心理行为训练、书信咨询、网络咨询、开设热线电话等多种形式，对学生在成长、学习和生活中出现的心理行为问题给予指导，帮助他们排解心理困惑。对于个别有严重心理障碍和心理疾病的学生，应该及时识别并转介到专业诊治部门。

3. 在实习实训中渗透心理健康教育。实习实训是学生接触社会、体验职业的重要渠道，要引导学生进行职业心理调适，帮助学生巩固和强化积极的情感体验，克服不利于将来就业的心理倾向，正确对待职业选择和职业的变化发展，了解职业的社会意义和价值，培养职业兴趣、爱岗敬业精神和良好的职业心理素质。

4. 通过校园文化建设，营造积极、健康、向上的校园文化氛围和心理健康教育环境。同时，要充分利用各种宣传媒体，如广播、电视、网络、校刊、校报、橱窗等形式，利用第二课堂活动，广泛宣传普及心理健康知识，培养学生的心理健康意识。

心理健康教育要和学生日常教育和管理工作紧密结合，全面渗透到学校的教学、管理和服务等各项工作中。

5. 建立学校与家庭密切联系与沟通机制，通过家长学校、家长会、教师家访等各种形式，加强与学生家长的沟通，发挥家庭的作用，使学校和家庭形成合力，共同做好心理健康教育工作。

四、心理健康教育的组织与实施

1. 各级教育行政部门要切实加强对中等职业学校心理健康教育的领导和管理，积极组织学校开展心理健康教育工作，帮助解决学校在心理健康教育工作中遇到的问题和困难。要把心理健康教育，纳入对中等职业学校的督导评估范围，建立相应的规章制度。

2. 学校要把心理健康教育纳入德育工作体系，逐步建立起分管校长负责，德育工作教师为主体，班主任和专兼职心理健康教育教师为骨干，全体教师共同参与的心理健康教育工作体制。学校可配备必要的专职心理健康教育教师，其编制从学校总编制中统筹解决。根据实际需要，学校也可聘请一定数量的兼职教师或心理咨询人员。开展学生心理健康教育工作经费原则上在德育工作经费中统筹解决。学校要配置必要的心理健康教育设施，不断改善条件。

3. 加强心理健康教育教师培训。各级教育行政部门和学校要将心理健康教育内容纳入当地和学校的师资培养培训计划，对全体教师特别是德育工作教师实施学生心理健康教育方面的培训，提高全体教师的心理健康教育意识；重点组织对从事心理健康教育骨干教师的专业培训，提高他们的专业理论与操作技能水平。培训内容包括理论知识学习、操作技能训练、案例分析和实践锻炼等。教育部将组织有关专家编写教师培训用书，并有计划、分期分批培训骨干教师。

4. 加强教育教学管理，提高心理健康教育质量。学校在实施心理健康教育工作中，要从学生实际出发，以学生成长、学习和生活中遇到的各种问题和需要为主线，通过集体备课、合作教研，明确心理健康教育的重点和难点，采用科学有效的教育形式和方法，增强针对性和实效性。

5. 要注意防止心理健康教育简单化，避免把心理健康教育对象局限于少数存在心理行为问题的学生；避免把心理健康教育等同于学科教学，局限于心理学知识的传授；避免把学生的心理健康问题简单地归结为思想品德问题，不能采用生硬的教育方式。

6. 要遵循心理健康教育的专业要求，谨慎使用量表或其他测试手段，不能强迫学生接受心理测量；所用量表和测试手段一定要科学，不能简单地凭借量表测试结果下结论；对心理测试的结果，要严格保密。不允许进行考试。

7. 中等职业学校心理健康教育教材、教师用书和相关教育材料的编写、审查与选用都要根据本指导纲要的统一要求进行，进入学校的教材、教师用书和相关教育材料必须按照有关规定，经教育部或省级教育行政部门组织专家审定后方可使用。

8. 各地教育行政部门和学校要加强心理健康教育的科学研究和成果推广工作。职业教育教研部门要把心理健康教育的研究纳入工作计划，加强心理健康教育与人的全面发展、与各专业学科教学和职业素质等关系的研究。交流推广优秀科研成果和学校在开展心理健康教育方面的好经验、好做法。

1.4.2　中职生心理健康教育的具体实施

2004 年国家教育部颁布的《中等职业学校心理健康教育实施纲要》要比《中小学心理健康教育实施纲要》的修订版早 8 年之久，然而，对中职学校心理健康教育的重视和实施远不如中小学，也因此导致中职学生在心理健康教育发展的滞后和迫切。因此，必须要以点带面，让学生自主自助，在心理健康教育师资还紧缺的时候，在还没有一个像样的心理咨询室的时候，在学生们还对心理健康充满好奇和疑虑的时候，启动让更多学生受益的心理健康教育策略，先从这三件事做起：

第一，广泛开展心理健康知识科普。

中职学生相比普通高中学生最大的优势在于，他们在技能方面比较突出，绘画、音乐、手抄报、书法信手拈来，他们有更多机会参加学校各种社团活动，因此，充分利用中职学生的优势科普心理健康常识，让他们成为心理健康知识的佼佼者。校园广播站每周二播放心理健康科普文章；校园手抄报大赛主题就确定为"心理健康你我他""我的情绪我做主""架起沟通的桥梁"等，在学生的活动中潜移默化地渗透了心理健康常识，她们在不经意间了解了心理健康的标准、沟通的方式和态度以及情绪管理的方法。

第二，通过多种方式指导学生进行自我调节。

结合学生心理需求，在学校开校的新生教育中增加"新生入学适应"为主要内容的讲座，让学生在一进入学校就可以评估自己的状态，知道自己在哪些方面需要多做尝试；紧接着会通过小型的互动团辅对男生和女生分别进行"异性交往的距离""爱的距离有多远"等主题的活动辅导，让学生在了解交往的技巧和界限后，能够自主调节和发展自己的交往能力；在中职学生的学科社团活动中渗透心理调节和情绪管理的方法，例如，在中二年级学生的人文社团活动中进行"谁是真正的英雄——楚汉争霸中的人物心理特点"，在分析历史人物的心理特点和情绪状态时，让学生们感受情绪失控带来的危害，意识到情绪管理对每个人的重要意义。主张全员心育，在学科教学中提倡各科教师将学生发展中存在的问题融入教学中，结合课堂学习渗透心理健康常识，学会自主调节。多种方式的渗透和尝试，使学生对心理健康状态有了自主识别和自主调节的能力。

第三，引入危机干预机制。

在前述论文中调查显示4.6%的学生有过自杀行为，中职学生的自残或自杀行为在2015年之前就出现过，每次出现自杀危机的状况，学校总是政教处出面以处理问题行为的方式对待，学生最终要么退学回家，要么面临极大的压力在学校继续，自身心理创伤得不到足够的关怀和照顾，很容易出现二次伤害，因此，作为兼职心理辅导老师，我建议学校建立心理危机干预体系，对有心理危机的学生早发现、早干预、早处理。2016年5月，一位中职二年级男生和外校男生发生矛盾争执后被刀捅伤，学校立即启动三级应急管理，第一时间送医救治，然后通知学生家长，班主任一面告知家长相关信息，稳定家长情绪，另一方面配合当地派出所调查取证，安抚和稳定班级同学的情绪……这一危机事件的处理为之后学校心理危机的应对具有很好的示范作用。引入危机干预机制后，学生心理危机事件的处理就不再是班主任或心理辅导老师单打独斗，而是团队有序的应对，更高效、更有益于学生成长。

一篇论文的调查结果让我清晰地认识到中职生心理健康教育从哪些方面着手会更有用，在哪些方面使力会促进学生发展；更为重要的是，对这篇论文的思考让我认识到：心育是一种理念，更是一种意识，即使硬件还不具备，即使很多思路不够成熟，依然可以在实践探索和尝试，开启心育的大门。

探索

"这世间本没有路，走的人多了也便成了路。"最早的时候，人们并不愿意涉足人迹罕至的地方，尽管明知那个方向可能会有更好的风景，所以先行者总是令人崇敬。还有的时候，也不确定真的就有风景，但还是需要有人去尝试、去探索，那是为了让更多的人不浪费时间和精力在无意义的地方。所以，探索一条路并坚信跋涉的过程是有意义的，信念，会让跋涉者拥有直挂云帆的勇气和不显山露水的执着。

2.1 "心育中心"建起来了

2016 年 3 月，经过半年的筹备和装修，学校"心育中心"启动运行。我所在的中职学校经过改制形成双校运行的体制，中专和中职两所学校共存，基于学校性质和学生生源的特殊性，学校一直非常重视心理健康教育。2007年 7 月，学校建立心理咨询室，开设中一和高一新生心理健康辅导课，中二和高二学生进行学生学习生涯规划辅导，中三重点进行职业发展规划和"三职生"高考考试焦虑辅导讲座，系统开展心理健康教育工作。学校将心理健康教育作为学校教育的重要组成部分，成为提高学生心理素质、促进其身心健康和谐发展，加强和改进中职学校德育工作、全面推进职业教育素质的重要组成部分。

2.1.1 心育中心的基本设置

2015 年 10 月，学校新建教学楼，完善心理健康教育的组织和管理，专门成立"酒泉师范学校／酒泉市实验中学心理健康教育辅导中心"，按照甘肃省 A 级心理咨询室的建设标准，在甘肃省中小学心理健康指导中心专家的指导下，建成设备齐全、组织完善、人员配备专业、功能发挥充分的学校心理健康教育辅导中心。

专用场地及设备

学校心理健康教育辅导中心位于学校新教学楼 6 楼东侧，另一侧为教师办公室，辅导中心环境优雅、安静，外界干扰较少，学生进出方便，且位于教师办公区对侧，为学生提供了安全、安静的咨询辅导环境。

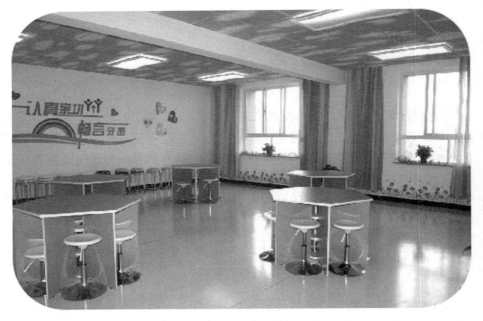

辅导中心团体辅导室

辅导中心总面积达到 450 平方米以上，建成由办公接待室、资料室、阅览室、个体咨询室、沙盘治疗室、音乐放松室、宣泄室、团体讲座室、团体辅导室和心理测评室 10 个功能区组成的功能齐全、设施完善的心理健康辅导体系。

学校总服务器安装实时更新的心理测评软件系统，有涉及学生、教师的心理测评软件 119 套。有上网计算机三台，其中一台专用于管理学生电子档案，一台用于师生智能放松的心理与心脏健康管理系统，还有一台为专职教

"心育"中心办公区

"心育中心"咨询辅导

沙盘游戏区

宣泄放松区

师的工作电脑。有专门的文件柜储存全校三个年级 34 个教学班的学生心理档案，学校兼职心理辅导老师专门负责学生档案的安全管理工作。为方便学生个体咨询联系辅导老师，学校在心理咨询室门口设立"心灵有约"信箱，同时为每班心理委员发放"心理咨询预约单"，便于学生及时联系辅导老师寻求帮助。

图书数量及其种类

学校自设立心理咨询室以来，非常重视学生心理健康自助成长。大量购买心理学相关书籍和教材。目前，心理健康教育中心有心理健康教育方面的书籍和学生心理健康读物 500 本以上，2015 年至今，订阅心理教育类专业杂志 40 余种（每年 16 种），合计 500 多册。

人员配备

时任学校副校长是应用心理学专业学士，且取得教育硕士学位，分管学校心理健康工作。心理健康辅导中心隶属学校政教处，有专职心理辅导老师 1

名，应用心理学毕业，教育硕士，国家二级咨询师资格认证；兼职心理辅导老师5名，均为大学本科及以上学历，其中4人都获得国家职业资格心理咨询师证书，其中2人为国家二级咨询师，2人为国家三级心理咨询师，1人为应用心理学本科毕业的教育硕士，且接受过专业的心理健康教育培训。在专业咨询师的带领下，我们形成了以政教处主任、团委书记、年级主任为指导，以班主任、班级德育标兵和心理委员为核心的心理健康教育服务团队，一支结构合理、专业扎实、爱岗敬业、内心阳光、关注健康的团队已成为学校心理健康教育服务工作的支柱。心理健康辅导老师负责定期进行《心灵驿站》社团辅导活动，按安排时间处理学生个案，进行个体心理辅导，整理学生辅导案例和辅导记录。

中心成立之初就已形成各年级学生心理档案，并有专门文件柜分层整理，专人负责。个体辅导通过"心灵有约"信箱和心理辅导预约单联系到每一位学生，为每位学生提供安全、畅通、温馨的沟通桥梁。2015年至今，专职心理健康教师累计参加省心理健康教育指导中心举办的培训160课时以上，兼职心理教师和具有一定心理学知识、技能的班主任、德育干部以及热衷于此项工作的其他学科教师，在近5年以来接受过市区级以上心理健康教育类培训超过90课时以上，并形成了以学校领导牵头、专业教师为主、班主任为辅的心理健康教育团队。

学生档案管理

组织制度

2016年3月，学校成立了以校长为组长的心理健康教育领导小组。副校长分管学校心理健康教育工作，心理健康教育辅导中心隶属学校政教处，完善的机构保障了学校心理健康教育辅导中心工作的良好开展，学校每年投入一万元以上用于心理咨询室的运行。专职心理辅导老师负责心理健康教育辅导中心工作，四位兼职心理辅导老师定期接受学生来访预约，中心心理辅导每周开放 7 次，共 16 小时安排专人负责接待学生个体咨询，并严格按照学校心理咨询师相关制度、规则和程序履行职责。学校自成立心理健康教育辅导中心以来，每年制订符合学校发展和学生需求的工作计划，经学校心理健康教育领导小组审核后，整合进入学校教育教学工作计划中，统一在全校安排学校心理辅导中心的相关活动。学校依据学生实际，建立班主任和学校心理健康辅导中心密切联系，心理委员负责联络班级学生和心理辅导老师，及时安排学生个体心理辅导和特异性班级心理危机干预；心理健康教育辅导中心依据学生实际制定具有针对性的主题活动，形成对中一学生进行学习心理辅导和适应性干预；中二学生开展生涯规划辅导，指导学生正确面对分科，为未来职业规划做好准备；中三学生进行考前压力缓解拓展训练及考试技巧辅导，形成系统的中职心理健康主题辅导模式。另外学校在 2017 年 9 月承担酒泉市心理健康教学技能大赛观摩研讨活动，酒泉市心理健康专家齐聚一堂就如何上好心理健康课进行热烈研讨，对相关老师颇有启发。学校每周三为社团活动时间，"心灵驿站"社团是学生喜欢的社团活动，到目前为止，已经进行"朋辈心理辅导的实施""有意思的心理学""性别心理学探微""趣味心理图片分析""趣味绘画心理分析"等五个主题近百次有趣的社团活动。

2.1.2　心育中心的运行模式

为确保学生心理健康，防范心理危机事件爆发，心理健康教育辅导中心通过电子心理档案对学生健康状况进行监测。新生入校进行心理测评，对学生中的心理不健康或心理异常个体进行筛查，及时关注心理不健康学生，转介心理异常学生，对筛查出的心理不健康学生进行跟踪辅导，并详细记录其心理状况。中二、高二、中三、高三分别进行 SCL—90 的测试，结合班主任和任课教师意见，对学生心理健康状况进行系统检测。定期监测高分预警学生的心理状态，并及时对筛查中的高预警学生进行心理干预。平均每位辅导老师每学年接待个体咨询 10—15 例，咨询老师制定详细咨询方案，详细记录每一次咨询的情况；形成完备的学生心理健康档案系统和学生咨询个案档案管理，确保学校心理辅导中心团体辅导与个体咨询相结合；家校联系紧密，有效干预和帮助心理不健康的学生走出困境。编辑校本心理健康资料《学生心理训练手册》，创建了《心灵驿站》心理健康教育普及报刊。通过心灵驿站信箱、广播站心理导航栏目、心灵热线电话、团体心理辅导等多途径多渠道对有问题的学生进行心理辅导与跟踪。

　　心理健康教育辅导中心有完善的规章制度、工作规程、咨询程序并挂在显要位置。在学校每学年的教育教学工作计划中有心理辅导室的活动安排和每学期的活动主题。学校有经费支持心理咨询室的日常开支。有与班主任联系的工作制度。心理咨询中心每周开放接待时间为15小时以上。每学年请专家做心理健康教育学术报告5次以上。

　　学校心理健康教育按照学期计划，每学年开展心理健康教育专题讲座6场；每周开展团体心理辅导活动10次，每天开展心理咨询活动1—2次；组建班级心理委员团队，开展各类辅导和培训活动；开展学校"心理健康周"主题活动；每年举办"5·25"心理健康月活动；组织学校团队成员开展课题研究。

　　学校心理健康教育中心的沙盘辅导室最受学生欢迎，是使用率非常频繁的功能室，专业的心理辅导老师为学生开展沙盘个人成长和团体成长活动；宣泄区是高三学生心理压力缓解常去的地方，呐喊宣泄仪操作简单，反馈清晰，使学生在短时间内恢复心理平静和稳定心态。

　　结合师生实际，开展心理健康教育的研究工作是做好心理健康教育服务工作的活力所在。学校专职心理咨询教师结合自己工作中遇到的实际问题和具体困难，坚持课题引领，主持参与完成了《中职学生心理问题及教育对策研究的行动研究》《普通中职教师心理素质结构的调查研究》《课堂改革中师生互动、共同发展典型案例研究》《中学校园暴力的心理学研究》《中职与高校心理健康教育衔接问题研究》等省课题5项，开展了大量的心理健康教育研究工作，撰写的论文《优化小组合作学习，提高教学效率》《课堂教学在心理健康教育的渗透》《实施有效沟通　提高课堂效率》《让教育关注学生未来——普通中职生涯教育的探索与实践》《建构维护教师健康心理的校本培训模式》《中职班主任的"养心工程"》《普通中职生涯教育的实施策略》《一回眸的幸福——教师职业倦怠的积极应对》《普通中职心理健康教育校本教材结构初探》《中职生敌对情绪的成因及教育对策》《中职生欺凌行为的心理形成及其教育对策研究》《国内校园暴力研究的最新进展和问题思考》《同伴教育——学校心理健康教育的新思路》《中职生心理健康教育之我见》《解读中学欺侮行为，探讨学生心理教育》《中学校园暴力的心理成因机制探析》《不同校园暴力的心理成因与教育对策研究》《教育需要良知、管理需要理性》等20余篇在省级以上刊物发表。2007年结合学生实际自编校本教材《酒泉市实验中学学生心理行为训练手册》，对学生进行自我激励、时间管理及自我行为矫正；2013年，我校老师与高校教师联合编著的《中职生心理健康教育读本——阳光年华，助人自助》，该书在2014年4月由东北师范大学出版社正式出版，并获评甘肃省教育科研优秀成果二等奖。这些立足校本的"草根式"教育研究工作，为学校开展心理健康教育服务工作注入了活力。

近六年的发展中，学校的心理健康教育服务工作推进有条不紊、活动开展有声有色，全校上下已经达成了共识，思想上高度重视，行动上积极有效，成功地帮助许多学生疏导了心理困惑和迷茫、解决了心理健康问题，让他们能够健康快乐地学习、成长。同时，有效地帮助教师舒缓工作压力，让老师们能够热爱本职工作、愉快地开展工作。

学校"心育"中心的运行使更多的中职学生受益，也使需要帮助的学生能够及时得到干预和帮助，虽然相较于理想的中职生新发展规划还有距离，但有了活动的基地和场所，为学校心理健康教育开启了新的一页。

2.1.3 心育中心高效运用的创新思考

心育中心建起来后，有一段时间门庭冷落，没有学生和老师光顾的心育中心显得有些多余。直到有一天，中二年级的一位女生被同班男生放在教室的一只小豚鼠吓到浑身发软，几乎哭到休克的女生被班主任送到了心理咨询室，我通过情绪放松和稳定技术让这个被吓坏的女孩慢慢平静下来，老师和学生们大概是了解了一点点心理干预的操作，随后的时间里，会接到学生们怯生生的预约，约了有时候也不能按时到，面对这样的状况，徒有机构也不能真正服务和帮助到学生。此时，我们到周边学校的心理辅导中心走访了解到，各个学校情况差不多，心理咨询室建起来后，基本上只在应对检查和参观时打开，平时使用率极低。一边是不断出现心理问题的学生，另一边却是闲置的心理健康教育中心，这是多讽刺的现象！因此，我们必须有所行动、有所创新和尝试。想要创新，就要打破以往的消极等待的状况，从"心育"的责任和目的着手。

2.1.3.1 团队协作 全员心育

一个人可以走得很快，但一群人可以走得很远！心理健康教育是一项系统工程，只有高效团队，才可能有高效运行。我们的心理健康教育团队由五人组成，这在本区域已属少见，5人均是心理学、教育学专业就更难得，五人各有所长，专职心理辅导老师1名，应用心理学毕业，教育硕士，国家高级咨询师资格认证，兼职心理辅导老师5名，均为大学本科及以上学历，其中4人都获得国家职业资格心理咨询师证书，其中2人为国家二级咨询师，2人为国家三级心理咨询师，1人为应用心理学本科毕业的教育硕士，且接受过专业的心理健康教育培训。尽管专业力量强大，但要承担全校3000余学生的心理健康教育工作，显然5个人有些势单力薄。根据学校心理健康教育的机构设置，心理健康教育辅导中心隶属学校政教处，中心一位老师同时也是学校主管领导，分管学校心理健康工作。得天独厚的学校资源让我们想到：拓展心育的人员限制，让更多的人参与到学生心理健康教育，才能让每一位学生走近心理健康、了解心理健康知识。在专业咨询师的带领下，我们形成了以政教处主任、团委书记、年级主任为指导，以班主任、班级德育标兵和心理委员为核心的心理健康教育服务团队，一支结构合理、专业扎实、爱岗敬业、内心阳光、关注健康的团队已成为学校心理健康教育服务工作的支柱。

2.1.3.2　社团活动　百花齐放

想要让学生们了解心理健康教育，单靠老师的宣传远远不够，让学生感受心理学的妙趣横生，体验心理现象的变幻莫测，分享心理活动的奇思妙想，才能让学生真正对心理健康感兴趣，才能更主动地调节自己的健康状态。

"我就想知道：为什么看着人都一样，人与人之间却有那么不同的想法？"

"我想知道怎么才能让心动的女孩关注我？"

"我想知道催眠是怎么回事，我能被催眠吗？"

"我想知道，为什么越长大越烦恼？"

……

这是我们在组建心理社团活动调研时，学生们对心理学的好奇，也正是这些好奇的问题让我们想到，要以学生的需要为中心，拓展学生的视野，把心理社团活动和学生的好奇心密切联系，于是，团队老师就给出了这样的方案：趣味心理学专题；人际关系的密码；一起来挖"我"的宝藏；我的未来不是梦……心理社团通常在活动前一周就会公布活动内容，让喜欢心理学的学生轻松愉快地了解心理常识，也能促进学生对自己心理状态的了解和调整。

2.1.3.3　个体咨询　专业规范

学校心理咨询室总是要面对一些明显有心理问题的学生，帮助他们改善自己的心理状态，积极健康地生活学习是心育中心很重要的工作。然而要做好这项工作，就需要辅导老师过硬的专业素质，既要熟练掌握心理学理论知识，又要灵活运用心理辅导技能，还要清晰心理咨询的伦理规范，因此，学校心育中心定期进行无课教研日，集体学习成长。只有专业的，才是规范的，才会有真正的尊重和共情，学生才愿意参与一起成长。

2.1.3.4　团体辅导　深入人心

学校心育中心必须要有适合本校特色的团辅活动，才能真正服务学生。关于这一点，心育中心的老师在中心成立前就有清晰的认知，所以，从2008年开始，就着力开发校本的团体辅导活动课程。哪怕工作量严重超负，仍然要求学校在每班每周设心理健康教育团体辅导活动课，学生只有在活动体验中才能更好地了解自己，也只有在活动分享中成长起来。

2.1.3.5　教育研究　立足岗位

开展心理健康教育的研究工作是做好心理健康教育服务工作的活力所在。我校专职心理咨询教师结合自己工作中遇到的实际问题和具体困难，坚持课题引领，主持参与完成了《高中生心理问题及教育对策研究的行动研究》《普通高中教师心理素质结构的调查研究》《课堂改革中师生互动、共同发展典型案例研究》《中学校园暴力的心理学研究》《高中与高校心理健康教育衔接问题研究》等省级课题5项，开展了大量的心理健康教育研究工作，撰写的论文《优化小组合作学习，提高教学效率》《课堂教学在心理健康教育的渗透》《实施有效沟通　提高课堂效率》《让教育关注学生未来——普通高中生涯教育的探索与实践》《建构维护教师健康心理的校本培训模式》《高中班主任的"养心工程"》《普通高中生涯教育的实施策略》《一回眸的幸福——教师职业倦怠的积极应对》《普通高中心理健康教育校本教材结构初探》《高中生敌对情绪的成因及教育对策》《高中生欺凌行为的心理形成及其教育对策研究》《国内校园暴力研究的最新进展和问题思考》《同伴教育——学校心理健康教育的新思路》《高中生心理健康教育之我见》《解读中学欺侮行为，探讨学生心理教育》《中学校园暴力的心理成因机制探析》《不同校园暴力的心理成因与教育对策研究》《教育需要良知、管理需要理性》等20余篇在省级以上刊物发表。

2.1.3.6　培训成长　心渠活水

拓宽学习的渠道，才能拓展自己的视野，才能高效地服务学生。学校心理健康辅导老师负责定期进行《心灵驿站》社团辅导活动，形成心理委员培训制度，心理辅导老师除安排时间处理学生个案，进行个体心理辅导，整理学生辅导案例和辅导记录之外，要大量通过网络培训和线下培训提高自己的专业胜任能力。到2016年，专职心理健康教师累计参加省心理健康教育指导中心举办的培训160课时以上，兼职心理教师和具有一定心理学知识和技能的班主任、德育干部以及热衷于此项工作的其他学科教师，在近5年以来接受过市区级以上心理健康教育类培训超过90课时以上。

2.2　我们成了"心育"示范学校

2017年，对于刚刚成立不久的学校"心育"中心而言，是不平凡的一年。这一年，我们组建了自己的心育团队，开始探索适合我们学校的心育发展之路。教无定法，心育也是如此，最有效的教育必然是建立在学生的需求基础上的。很多中职学生在进入学校之前，很少了解心理健康教育的知识，有些学生甚至没有听过"心理辅导",他们错误地认为:只有心理有病的人才会找心理辅导老师。通过对学生的调研、分析,我们开始尝试从学生心理筛查入手,同时,借助校园橱窗、展板、校园广播站等渠道广泛科普心理健康常识,渐渐形成了以学生为中心的心理健康教育模式。

这一年,我成了学校的心理健康老师。在这之前,学校转型发展,为了顺应中职发展的需求,我不得不承担中职历史教学,从 2007 年开始到 2017 年,我俨然是一名看起来合格的中职历史教师了:参加高考研讨、承担备课组长、参加学校历史课赛、名列前茅的中职历史学科考试成绩……为了保留学校心理健康教育的一片阵地,这十年从中职生行为习惯的训练到中职生生涯规划教育的探索、到中职生心理问题的专题辅导等,没有人要求,我只凭着自己的热情和对自己专业的不舍闷头摸索。这十年,一边是门外汉的历史教学要快速成长,另一边是在学生有限的两周一节的心理健康课中探索对学生真正有益的心理辅导活动。有那么一段时间,我一周的课时量是 30 节课,六个班的历史课另加高一年级的心理健康辅导课,备课和素材搜集都是在晚上加班进行的。

艰苦的劳动没有白费:我在自学历史的过程中发现所有的知识是相通的,当我再回头思考心理学问题时,发现我的思路开阔了,我可以在一个更开阔的角度去看学生的发展,选择心理教育的专题时,也不再拘泥于常规的知、情、意、行的框架。经过三届学生的实践和探索,到 2017 年我成为专职心理辅导老师时,我可以在心育中心这片天地中自如地开展各种活动,学生们通过各种科普通道和社团活动了解了心理健康的常识,开始陆续到咨询室预约,寻求帮助。

2017 年,学校根据甘肃省教育厅《关于开展第二批中小学心理健康教育特色学校争创工作的通知》(甘教基一函〔2016〕13 号),学校心育中心将过去十年的工作进行梳理和整理,以《春风化雨润心田,齐心协力促成长》为题,将学校心理健康教育工作进行汇报,考核团队评估中反馈:学校健康教育思路清晰,工作方式创新,与学生密切结合,独具特色。学校顺利通过评估,成为"省心理健康教育特色学校",同年底,又被评为"省心理健康教育示范学校"。

学校心育中心成立短短一年时间,在本地区就具有了一定的影响力,不断由兄弟院校来参观学习。

2.2.1 区域研讨带动心育发展

我所在的区域,心理健康教育的发展速度很快,到 2018 年全市有六所中小学获得国家级心理健康教育特色学校，这些学校的心理健康教师们最大的特点是好学、热情、善于思考。这为学校心育发展提供了很好的氛围，每两周，区域内心育老师会组织读书会，每学期，会有专项能力提升研讨会，每次大型心理健康教育技能大赛，会有区域老师的研课活动，大家在互相交流和学习中，增进了区域心育的联系，也带动了整个区域心育模式的发展。

2.2.2 专业领跑学校心育

依托学校良好的心理健康教育资源，学校心育老师运用专业心理学知识开展社区青少年教育活动，在全市六社区教育讲堂进行数次心理健康教育主题讲座，受到社区领导和群众的好评；依托学校心理健康教育辅导中心，学校心育老师成为酒泉市心理咨询师协会主要成员，在司法、教育、文化领域进行心理健康知识普及讲座和社区司法心理矫正，形成了一定的社会影响力，在争创"甘肃省心理健康教育特色学校"的过程中，我们不断积累和总结，努力把创建"国家级心理健康教育特色学校"作为学校心理健康教育的发展目标，更好地发挥学校心育功能，与周边学校密切联系，取长补短，促进学校心理健康水平不断提升。在同类学校中，多次通过专业的心理直播课堂和心理辅导讲座，让更大范围的人们了解心育的功能，普及心育的工作思路，让心育中心的工作模式不断完善。

2.2.3 心育示范学校的工作模式

学校心育中心成立短短一年时间，在本地区就具有了一定的影响力，不断有兄弟院校来参观学习。事实上，心育中心成立之前的近十年，我校心理健康教育从没有停止过，虽然没有独立的机构，工作却一直在摸索中发展，到2017年被评为"甘肃省心理健康特色学校"，我们已经初步形成了具有地方特色的、以学生发展为中心的中职"心育"模式。学校从转制初期就特别重视学生及教师心理健康教育工作，从2007年转制开始建立心理咨询室，并设置兼职心理辅导老师根据学生实际编制心理辅导校本教材，开展一系列针对学生和教师的心理辅导活动。

2.2.3.1 立足校本，专业发展心理健康教育基础工作

学校基本情况

酒泉师范学校始建于1918年，培养出优秀毕业生15000余名，为酒泉市的基础教育和经济、社会发展做出了突出贡献。2007年3月，酒泉市委、市政府决定保留酒泉师范学校建制，同时冠以"酒泉市实验中学"的校名。由此，学校同时举办普通中职教育和中职"幼儿艺术教育"专业教育。现有教

职工 164 人，专职教师 140 人；现有中职生 2185 人，"幼儿艺术教育"专业学生 426 人。近年来，学校认真贯彻落实《中共中央国务院关于进一步加强和改进未成年人思想道德建设的若干意见》《中小学心理健康教育指导纲要（2012 年修订）》等文件精神，高度重视师生思想品质教育和心理健康服务工作，学校于 2010 年被教育部艺术教育委员会评为"全国学校艺术教育先进单位"，2011 年被中共甘肃省委评为"甘肃省中等职业学校德育工作先进集体"，2014 年被甘肃省心理学会评为"全省心理工作先进单位"。

立足学校实际的心理健康教育基本状况

学校自 2007 年转制建立以来，就特别重视学生心理健康教育。2007 年建立学校心理咨询室，形成预防发展为主要目的、辅导干预为辅助手段的心理健康教育思路。学校发挥专业心理学教师的优势资源，编订校本教材，制定学校心理健康教育的发展纲要，使心理健康教育走进课堂，并形成中一、中二、中三年级的心理健康教育课程体系，学校激发教师全员参与心理健康教育的积极性，通过论文竞赛、主题班团会等形式，使学校心理健康教育在探索中逐步发展完善，学校也因此成为酒泉市最早开始专业心理健康教育的中职学校。2010 年，由于学校扩建，学校心理咨询室在改建范围，2015 年学校新校区建成使用，学校建成近 300 平方米的心理健康教育辅导中心，完善组织领导和机构设置，完备硬件设施，有专兼职心理健康辅导老师共 5 人，以系统的规划推动学校心理健康教育的全面实施。

2.2.3.2　突出特色，全面推进学校心理健康教育工作

健全机构，加强心理健康服务的组织领导

酒泉师范学校有良好的心理健康教育意识和氛围，有专业的心理学教师，其中应用心理学专业毕业的本科生 3 人，学前教育专业教师 1 人，这是酒泉市其他各类学校不具备的优势资源。2007 年学校成立了由校长任组长，分管德育工作的副校长任副组长，专职心理教师、政教处主任、团委书记、年级主任、班主任为成员的学校心理健康教育服务工作领导小组，指导、督促心理健康教育辅导中心开展工作，为学校开展心理健康教育服务工作提供了坚实的组织保证。同时，学校将心理健康教育作为重点工作列入年度工作计划，分学期对点落实，年终总结评价。

筹措资金，改善心理健康服务的服务条件

学校按照甘肃省中小学心理健康教育指导中心印发的《全省中小学心理咨询（辅导）室建设标准》（中职 A 级）标准，规划建设了"心理健康教育指导中心"，使用面积 250 平方米，设立"办公区""测验区""团体活动区""个体咨询区""阅览区""放松区""沙盘游戏区""宣泄区"等 8 个功能区。筹措

资金 24 万余元，在"办公区"购置沙发、桌椅、电脑、文件柜等办公设备，在"测验区"购置电脑及心理测评系统（中小学网络版），在团体心理辅导室购置触控一体机、团体心理辅导桌椅、团体心理辅导活动包，在"个体咨询区"购置沙发、椅子、茶几、花束等，在"阅览区"购置适合师生阅读的心理健康读物 40 期（本、册），在"放松区"购置智能非反馈型放松训练系统（包括非反馈豪华型放松减压型音乐放松功能椅、国家专利音乐枕、播放系统专业 CD 播放器、放松音乐光盘、催眠专用眼罩、螺旋式催眠仪等），在"沙盘游戏区"购置沙盘器材（沙盘、沙子、放置架、沙具、沙盘管理软件共 5 大部分组成），在"宣泄区"购置智能呐喊宣泄放松系统（二代）HC—XXZT—NH 和宣泄人等，规范的服务场所为学校开展心理健康教育服务工作奠定了坚实的物质基础。

优化结构，重视心理健康服务的队伍建设

学校支持心理专业教师积极参加各类培训，鼓励考取心理咨询师资格证。目前我校专职心理咨询师中有国家二级心理咨询师 2 人，国家三级心理咨询师 3 人。在专业咨询师的带领下，我们形成了以政教处主任、团委书记、年级主任为指导，以班主任、班级德育标兵和心理委员为核心的心理健康教育服务团队，一支结构合理、专业扎实、爱岗敬业、内心阳光、关注健康的团队已成为学校心理健康教育服务工作的支柱，使学校心理健康教育服务工作良好运行。

拓展阵地，营造心理健康服务的环境氛围

学校依托"心理健康教育辅导中心"开展心理健康知识的宣传和普及工作，在学校的宣传栏和校园之声广播站分别开辟"青春驿站"和"心灵有约"专栏，确立三月最后一周为"心理健康教育周"，依托 5 月 25 日心理健康日，确立五月为"心理健康教育月"，形成良好的心理健康教育氛围，全面介绍心理健康和心理咨询的基本内容，让每一个师生都知道心理健康的重要性，了解心理咨询的相关知识。在校园网站开辟"心海导航"专栏，专门介绍心理保健知识、成长励志故事、考前心理调适、人际交往技能等内容，推进学校的心理健康教育工作。借助班级"学习园地""主题班会"等大力开展心理健康的宣传和教育工作，鼓励有心理困扰的学生积极寻求心理咨询，增强学生的心理求助意识。定期评比班级心理健康教育手抄报，进行心理健康教育知识普及和宣传。设立班级"心理委员"，通过对心理委员的培训和指导，尝试同龄伙伴之间进行心理健康教育的"同伴互助"模式，及时解决同学之间的矛盾、冲突，预防校园暴力事件的发生。形式多样的心理健康教育和辅导活动已成为我校的一个特色和亮点。

丰富活动，感受心理健康服务的快乐体验

主题鲜明、内容丰富、形式多样的活动是做好心理健康教育服务工作的重要载体。为充分发挥活动"以美养心、以美育智、以美健体"的教育作用，学校开发基于"学生社团"的特色活动课程，在原有驼铃文学社、声之韵朗诵社、播音员协会等学生社团的基础上，组建学校层面的合唱队、舞蹈队、篮球队、排球队，教研组层面的话剧社、"田字格"硬笔书法社、读书沙龙、反思训练营、思维快车、英语角、英语沙龙、法律讲堂、地理空间、世界探秘、航模爱好者、博雅社、春秋学社、中国画、手工制作、书法篆刻、球类等近40个特色学生社团，把每周三下午第二节课后的两节课确定为学生社团活动时间，引导学生广泛参与各类社团活动，帮助学生拓展知识视野、增强人文素养、提高探究能力、落实体育艺术教育"2+1"项目，促进师生的心理健康。通过举办每年一次的"迎新年"书画展、春季田径运动会、"温暖校园、幸福青春"演讲比赛、"五四"校园青歌赛、"走进经典"诗文朗诵、"特长班"特色课程汇报表演、"毕业杯"球类比赛、团体健身项目比赛、"迎国庆"文艺汇报演出等系列学校文化活动，丰富师生文化生活，陶冶师生道德情操、培育师生阳光心态。

专业服务，提高心理健康服务的质量水平

科学合理的专业服务是普及心理健康常识、预防心理问题、有效疏导师生心理、及时开展危机干预的重要保障。学校教务处安排专职心理教师编制校本教材，安排心理健康教育课和团体辅导课，中一、中二每班每两周一节心理健康教育课，使心理健康教育真正走进课堂。通过每周周二至周五下午课外活动（16:10—17:50）向师生开放学校心理咨询室，安排专业的心理咨询老师坐班，耐心地帮助学生解决心理问题。个体心理咨询实行预约制，建立心理咨询教师与学生直接联系的"心理辅导预约卡"，学生自主选择自己的心理辅导老师。咨询辅导的过程中严格按照咨询的原则，做好来访记录，做到绝对保密，尊重对方，为来访学生建立详细的档案资料并跟踪调查，确保咨询成效。针对不同年级、不同学习阶段学生的心理特点，积极开展有针对性的心理讲座。中一主要侧重新生环境适应、人际交往、情绪管理、学习心理等方面的团体辅导；中二侧重异性交往、学习策略、生涯规划、韧商（AQ）训练等方面的团体辅导；中三侧重于职业规划、克服考前焦虑、应试技巧等方面的团体辅导。同时，每周二对各班级的心理委员进行心理咨询团体辅导，让他们掌握基本的心理健康知识、心理咨询的基本要领、原则等，以便他们在日常生活中更加有效地帮助同学们疏导情绪问题、缓解心理压力、解决心理问题。加强对教师队伍和学生家长的心理健康教育知识普及和宣传，充分发挥全员育人功能，提高整体的心理健康水平。学校借助班主任例会安排专职心理辅导老师对班主任进行心理健康教育知识和班级心理健康教育技能方面的培训，以提高班主任工作效率；对学校全体教师进行心理压力的缓解和情绪管理及教师幸福感的团体讲座，提升教师应对工作压力和提升教育效能的心理健康培训。

2.2.3.3 探索创新，预防与干预相结合成效显著

资源合理利用，创新开展学校心理健康教育

1. 科学使用心理测量，形成心理健康电子档案

2007年，学校心理咨询室建立初期引入心理测评系统，我们通过学校服务器链接，新生进行 SCl—90 测试筛查评估，形成新生心理健康电子档案；对筛查中相关因子分数较高的学生进行干预和辅导，预防学生出现严重心理问题；对已经表现出心理问题的学生和家长、班主任教师沟通，及时关注学生状况，使学校心理健康教育工作更有针对性和实效性。

2. 以社团活动为载体，发挥团体辅导的优势

学校每周三为学生社团活动时间，学校心理辅导教育中心设立"心灵驿站"心理健康教育社团，社团成员由学生自愿报名参加，学校心理辅导老师每学期按计划准备活动主题，每位辅导老师结合自己的专业特长，带领学生感受心理健康教育社团活动的魅力。社团成立三年以来，分别以"我的健康我做主""学科教育与心理学的关联""心理健康自我调适技巧""有意思的心理学""校园心理剧——我的生活我来演"等主题，开展近百期心理健康教育社团活动，不仅利用团体力量激发学生自我成长，而且普及了心理学和心理健康常识，成为学校心理健康教育独具特色的活动团队。

3. 充分使用干预设备，提升学生心理健康水平

学校心理咨询室和干预室在建立之初，就较高定位我校心理健康教育的发展方向，以 A 级标准引进设备，学校咨询室购置专业的心理测评系统和职业测评系统；干预室"放松区"购置智能非反馈型放松训练系统（包括非反馈豪华型放松减压型音乐放松功能椅、国家专利音乐枕、播放系统专业 CD 播放器、放松音乐光盘、催眠专用眼罩、螺旋式催眠仪等）；在"沙盘游戏区"购置团体沙盘、个体沙盘及沙盘器材（沙盘、沙子、放置架、沙具、沙盘管理软件共 5 大部分组成）；在"宣泄区"购置智能呐喊宣泄放松系统（二代）HC—XXZT—NH 和宣泄人等，心理辅导老师经过系统学习，对有需要的学生进行干预辅导，一方面充分利用干预设备为学生和教师提供服务，另一方面，确保干预设备的高利用率，使学校教师和学生更好地享受心理健康教育辅导中心的辅导和服务。

4．激发学生分享体验，建立学校心理剧展演平台

结合我校学生的实际，心理健康教育辅导中心借助心理健康周、心理健康活动月等系列活动形成校园良好的心理健康育人氛围。每年三月的最后一周为"心理健康周"，每年十月为"心理健康月"，在心理健康周和心理健康月，主要任务是进行心理健康知识普及和宣传，进行班级心理健康手抄报评比，召开班级心理健康教育主题班团会，其中最有特色的活动是三月校园心理剧的剧本展评和十月的校园心理剧表演大赛，这项活动不仅为学生提供了展示自己的平台，更重要的是为全校学生分享了自己所遇到的心理困惑及调适方式，促进了全校学生对自己学习和生活的体验和感悟。

校际合作学习，拓宽心理健康教育视野

1．建立校际心理健康教师联系平台，合作学习

在立足本校的基础上，我们还充分利用校际合作的资源、校外资源提升学校心理辅导老师的专业素质。借助酒泉市心理咨询师协会开展咨询师成长优质课展示，在学习和分享中学校心理辅导老师获益匪浅；借助甘肃省心理健康教师群分享各个学校心理健康教育的好做法、好思路，为学校心理健康教育发展提供有价值的信息；借助甘肃省心理学会会员群，获取高校教师提供的教师培训与合作交流资源，不断学习培训，更新自身的观念和知识，适应不断变化的心理健康教育需求。

2．参与省际心理健康教育技能大赛，互助成长

自 2014 年起，我校派出专、兼职心理健康教育辅导老师参加甘肃省及酒泉市中职心理健康教育优质课课堂教学技能大赛，其中，王晓梅老师两次参加全省心理健康优质课（录像课）评比，一次一等奖、一次二等奖，参加全省心理健康教育教学技能大赛获得三等奖，参加全国"一师一优"课获省级优课，参加甘肃省心理学会优质课评选一等奖；辛永林老师参加全省心理健康教育优质课评选获一等奖；柴靖老师参加全省校园心理剧评比获一等奖。在积极参赛的过程中不仅提升了我校心理健康辅导老师的专业技能，也提供了更多学习其他学校教师好的教学方法、先进教学理念的优质平台。

3．省市级心理健康教育学科带头人主导，名师引领

2007 年开始，我校王晓梅老师先后获评市级心理健康教育学科带头人、省级心理健康教育青年教学能手、甘肃省心理健康教育学科带头人、骨干教师，辛永林老师获评酒泉市心理健康教育学科带头人，心理健康辅导老师发挥名师引领的作用，成立名师工作室（归属学校理科名师工作室），不断探索创新，逐渐形成具有本校特色心理健康教育体系，心理辅导老师可以和其他老师在同一平台共同成长、进步，从而带动更多老师关注、投入学校心理健

康教育，真正形成全员心理健康教育的良好氛围。

理论实践结合，重视心理健康服务的研究工作

结合师生实际，开展心理健康教育的研究工作是做好心理健康教育服务工作的活力所在。我校专职心理咨询教师结合自己工作中遇到的实际问题和具体困难，坚持课题引领，主持参与完成了《中职生心理问题及教育对策研究的行动研究》《普通中职教师心理素质结构的调查研究》《课堂改革中师生互动、共同发展典型案例研究》《中学校园暴力的心理学研究》《中职与高校心理健康教育衔接问题研究》等省课题 5 项，开展了大量的心理健康教育研究工作，撰写的论文《优化小组合作学习，提高教学效率》《课堂教学在心理健康教育的渗透》《实施有效沟通　提高课堂效率》《让教育关注学生未来——普通中职生涯教育的探索与实践》《建构维护教师健康心理的校本培训模式》《中职班主任的"养心工程"》《普通中职生涯教育的实施策略》《一回眸的幸福——教师职业倦怠的积极应对》《普通中职心理健康教育校本教材结构初探》《中职生敌对情绪的成因及教育对策》《中职生欺凌行为的心理形成及其教育对策研究》《国内校园暴力研究的最新进展和问题思考》《同伴教育——学校心理健康教育的新思路》《中职生心理健康教育之我见》《解读中学欺侮行为，探讨学生心理教育》《中学校园暴力的心理成因机制探析》《不同校园暴力的心理成因与教育对策研究》《教育需要良知、管理需要理性》等 20 余篇在省级以上刊物发表。2007 年结合学生实际自编校本教材《酒泉市实验中学学生心理行为训练手册》，对学生进行自我激励、时间管理及自我行为矫正。这些立足校本的"草根式"教育研究工作，为学校开展心理健康教育服务工作注入了活力。

2.3 "心育"团辅活动的魅力

2.3.1 什么是心理团辅活动

团体心理辅导是在团体的情境下进行的一种心理辅导形式，它是通过团体内人际交互作用，促使个体在交往中观察、学习、体验，认识自我、探索自我、调整改善与他人的关系，学习新的态度与行为方式，以促进良好的适应与发展的助人过程。群体动力学的研究者、德国心理学家勒温认为，整体比部分重要，群体作为一种内在的关系组成的系统，其影响力或作用远大于孤立的个体。个体在群体中生活，不仅取决于个体的个人生活空间，而且也受群体心理场的制约。因此，团体心理辅导比个别心理辅导有更大的影响力和更好的辅导效益。

2.3.2　开发校本心理团辅活动课程的有效性研究

心理学研究已经发现，不同年级、不同年龄段的学生都有自己独有的心理特点，随着年龄的增长，学生的心理特点也在不断地变化发展。因此，学生的心理特点和发展规律，以及不同年龄段的认识能力、情感特征、意志品质，这些共性和个性的特点，为心理健康团体辅导的有效实施提供了可操作的基础。

霍伊特认为：心理辅导是对学生进行全面发展教育的一部分。有必要通过充分的学校服务来培养学生的潜能。学校里的所有教师都应该做好心理健康教育辅导工作，心理健康教育团辅活动通过团体互动和个体感悟、体验和提升成长，使心理健康教育的有效性得到充分的体现。

学校开展心理健康教育的途径非常多。现在，我们在各年级都开设了心理健康教育课。国家提出了相应的心理健康标准和实施要求，但没有具体的实施内容。由于教师实施心育的水平不一，使心理健康教育存在极大的随意性和不科学性。我们认为，心理健康教育要得到规范、科学的实施，必须开发适合不同学校特点、适合不同区域学生群体的校本资源。从这一方面来说，校本课程资源的开发是落实学校心育最为重要的保障。

有人预言："心理卫生将是21世纪人类健康的主题。"从这个意义上来说，教育必须要关注学生的心理，必须要培养具有健全的心理、具有一定的社会能力的、能够担负起实现伟大中国梦重任的新一代。

国外的心理健康教育一直走在我们前面，许多专家从不同的角度都进行了相应的研究，取得了很好的效果。从学校到家庭，再到社会，都对这项事业高度重视。每一所学校都有专门的心理工作者。许多国家都用课程的形式对中小学生进行心理行为指导。受过专业训练的心理健康教师，本身就是中小学的学科教师，同时也对学校心理教育的有关课程进行了深入的研究，心育校本资源的开发非常丰富。

在我国，近年来心育工作越来越受到各级政府、教育部门、学校、家庭及社会的高度重视，在学校工作中的应用有所提高，取得了很大成效。学校心育校本资源的研究已经成为当下的主流。通过心育提高学生学习的兴趣，培养积极乐观、阳光向上的学习态度；培养教师良好的工作状态，提升教学、管理水平。在学校教育教学的整个过程中，心育的作用越来越凸显。

我们清醒地认识到：虽然心育理论研究与认识水平的不断提高，虽然也有一些行之有效的经验和做法，但其基本理念在具体校本实践中并没有得到完全有效的真正落实。从"仰望星空"的理论到"脚踏实地"的实践之间仍有很大的差距。研究心育校本资源的开发，研究全面提升学生心理综合素质的途径和策略，培养健全人格，仍是持续深入推进心育的发展方向。

2.3.3　心育团辅活动校本课程设计启动

在学校心理辅导活动中，团体辅导是一种独具魅力的活动形式。学生在团辅活动中充分激发自身动力，将自己融入群体中，既有利于学生互助合作，增加亲社会行为，又可以通过群体力量提升自我认同，还可以在群体影响下，形成主流的价值观，克服自身弱点，促进交往发展。团辅活动中，学生在老师的引领下体验、感悟、分享、提升，往往可以获得更积极的情绪体验，所以，学生对团辅活动的期待总是很高。但中职学校的团辅活动很少有专门的教材，即使有，使用过程中也要进行大量的修改，便于适应本校学生。因此，2015年开始，我和我的团队开始启动开发中职学生的团体辅导活动校本课程。

经过一学期的搜集整理，《中职心理健康教育团体辅导活动设计》完成了学生最典型、最迫切需要解决的学习、适应和情绪管理三部分，并开始在学校中职一年级和二年级的心理健康课中实践尝试。由于团辅活动所涉及的主题都是源自学生学习生活中最常见的问题和现象，因此，实施后颇受学生们欢迎，也使这本校本课程小册子突出体现地方特色和具有针对性。

2.3.4　中职团体心理辅导活动校本课程的基本结构

以校本课程的研发为基本手段，以主题活动的体验为主要途径，以各种工具箱的运用为手段，全面构建学生健康心理发展的绿色通道，使心理健康从零乱走向系统，从无序走向有序，最终达到健全个性、健康生活的愿景，提高核心素养。

①形成面向全体学生的心理健康团体辅导教材，包括学习辅导、适应性辅导、情绪管理辅导三大板块，成序列，成体系，在日常的心理辅导课中全面落实。

②从教师、学生两个方面入手，建设基于学生认知特点的心育活动工具箱，保证心育推广的需要。

③形成心育"体验——感悟"教育模式，形成相关具体实施策略，将心育有效内化，成为固有的思维、行动模式，指导健康成长。

④心育团体辅导活动课程包括：学习篇8课。涵盖学习动机激发、学习能力提升、学习习惯养成、学习自主能力等；适应性心理辅导篇12课。包括学校环境适应、人际关系适应、情绪适应以及学生生活、学习过程中所涉及的相关适应问题的调节和关注力。情绪篇共10课，从对情绪的认知、体验到

情绪管理的方法，为中职学生适应中职学习生活、高效学习和成长提供了重要的支持和保障。

2.3.4.1　学习辅导篇

1　我的学习我做主
——中职生学习生涯规划辅导

一、活动目标：

1. 了解学习规划的意义。

2. 引导学生尝试进行学习规划。

3. 学生检索自己的学习过程，形成对学习过程中认知、方法、过程等环节的自我评价和自我调整。

二、活动准备

1. 依据座位分组，每四人为一组，确定组长。

2. 静心放松训练音乐。

3. 每人准备 A4 白纸。

三、适用年级：中一年级

四、活动过程

环节	活动过程	设计意图
（一）导入	1. 音乐静心放松训练：在轻柔的音乐声中，教师引导学生调整呼吸，进行身体放松训练。 2. 教师引入导入问题：我的未来不是梦，你想要怎样的未来？你目前的学习状态令你满意吗？ 3. 教师引导语：我一直认为"机遇总是降临于有德行、有准备的人"是要有规划做前提的。规划自己的学习过程，是你学习更有方向，更加积极主动。为自己进行学习规划，是一种高效学习的必要手段，对每个中职生而言，学习时间极其有限，如果不进行有效的规划，势必会造成生命和时间的浪费。作为当代中职生，若是带着一脸茫然，走在求学的路上，是很可怕的事。 今天，我们就尝试为自己进行学习规划。	1. 通过放松训练，使学生以平和安静的心态开始辅导活动，更容易清晰地做出反应。 2. 通过问题，使学生开始对自己进行剖析。

续上表

环节	活动过程	设计意图
（二）认知自己的当前状态是规划的前提	将白纸平均分成五份折叠，在老师的引导下，完成以下题目： 1. 我有"是非"标准吗？是什么？（孝敬理解父母、尊敬老师、团结同学、爱班级爱学校爱国家、遵守校规校纪国家法律法规、诚实、守信、大度、胸襟宽广等） 2. 我"懂事（什么事该做，什么事不该做，该怎样做）"吗？我的美丑观清晰吗？我做到"顺听"老师、父母的话了吗？ 3. 我有自我管理能力吗？我在哪些方面做到了自我管理？我形成了良好的学习、生活习惯了吗？[情绪管理能力、心态管理能力、时间管理能力、起居管理能力、目标（日、周、月、年）管理能力等] 4. 我有理想吗？我的理想是什么？面对理想我有哪些优劣势？实现理想的目的中有没有服务于集体、服务于社会、服务于国家的想法？这种想法强烈吗？ 5. 你如何理解品德修养与实现理想之间的关系？	1. 依据学习规划的基本原理，引导学生进行自我认识。 2. 通过综合性问题了解学生基本品质，便于对自己的学习做出更客观的分析。
（三）分析自己的学习状态，明晰学习规划的内容处理	教师指导学生对自己的学习能力进行分析，并将分析结果写在白纸的另一面。 1. 我有阅读习惯吗？对阅读的内容我有鉴别能力吗？对阅读的内容我有摘录和批注的习惯吗？你经常写"阅读启示录"吗？ 2. 听课的时候我的坐姿端正吗？听课的时候我有和老师进行目光交流的习惯吗？课堂笔记我能做到详略得当吗？我体会到参与课堂活动的重要性了吗？ 3. 自习课我是按照计划复习的吗？自习课我的学习效率高吗？如果没有老师监督，我能做到全心投入学习吗？ 4. 休息日我有整理学习资料的习惯吗？休息日我有对各学科进行阶段性复习的习惯吗？休息日我有没有因为"学习的事"，让父母亲人等忧心，如果有，我有积极地面对、从感恩的角度进行改正吗？ 5. 对学习成绩的浮动，我有积极地反思总结、积极地面对吗？我与人协作学习的能力强吗？我有没有意识到自主学习的重要性？	教师运用相关问题，引导学生分析自己的学习能力状况，领悟学习规划的主要内容。

续上表

环节	活动过程	设计意图
（四）分析学习环境，为自己的学习规划保驾护航	教师引导学生分析自己所处的学习环境，并通过分析，明细自己面对不同的学习环境该怎么做。 1. 良好的班风、校风的形成我是不可缺少的力量，我意识到了吗？"说好的、想好的、关注好的，时间久了不好的现象也许就会逐渐地消失"我同意这个说法吗？为什么？ 2. 我对"学习内环境（内心的平静、专注的思考、顽强的意志）"的重要性有过思考吗？ 3. 对不良的环境、有不良习惯的人，做好自己该做的，同时积极地去改变、感化，绝不随波逐流，坚守原则，我是这样做的吗？	通过问题引导学生分析自己的学习环境，并结合实际制订计划，提高学习的规划能力。
（五）指导学生进行学习规划	教师指导学生进行学习规划。 1. 教师讲解学习规划的主要内容及计划主体框架。 （1）执行主体。执行主体是计划的实际实施者。 （2）目标。阐明计划完成的预期结果。 （3）时间。计划实施的时段，要准确具体。 （4）地点。计划实施的物理空间，要指明场所。 （5）条件。实施计划需要的主、客观条件，完成任务的辅助项。 （6）评估。计划实施情况的检验项，评估目标达成的实际状况。 2. 教师提醒学生规划时的注意事项：包括： （1）切忌贪婪； （2）制订计划要先难后易； （3）不要让学习充斥全部计划； （4）计划要有一定的灵活性； （5）变"做"为"做完"，提高学习效率。	1. 通过教师讲解，使学生清晰学习规划的主要内容。 2. 在教师引导下，学生更好地完成自己的学习规划。
（六）教师小结	1. 计划固然好，但更重要的，在于其具体实践并取得成效。任何目标，只说不做到头来都会是一场空。 2. 机会永远偏爱有准备的人：一个人，若要获得成功，必须拿出勇气，付出努力、拼搏、奋斗。成功，不相信眼泪；成功，不相信颓废；成功不相信幻影，未来，要靠自己去打拼！	

2 我的学习我做主
——中职生学习行为辅导

一、活动目的

1. 帮助学生克服学习中的自卑心理，树立学习自信心；

2. 结合心理学研究成果使学生了解有效的学习方法；

3. 引导学生制订适合自己的学习计划，并主动规划自己的学习。

二、活动准备

1. 按学习能力状况分组，每四人为一小组；

2. 总结制订学习计划的简单而有效的方法；

3. 每组一张 A4 纸和一支粗水笔；

4. 每人一份自我教导语言提示卡和一张问题解决方法计划卡。

三、适用年级：中一、二年级

辅导过程：

环节	活动过程	设计意图
（一）导入 （课件导入心理学实验，提出问题）	课件呈现心理学实验： 美国心理学家塞利格曼和他的同事于1967年研究动物时做了一项经典实验，起初是将狗套上锁链，固定在架子上，只要信号声一响，就对其进行电击，但狗无法逃脱。在经历了多次惨无人道的电击之后，他们把狗放在一个中间用矮板墙隔开的实验箱里，狗只要跳过隔板就可以逃避电击。在这种情境中，那些没有触电经历的狗在电击一开始就会抓狂地四处逃窜，而且很快就学会了越过隔板跳到安全区域。但是令他们大大吃惊的是，那些之前惨遭电击而无法逃脱的狗，绝大部分没有学会回避电击，反而趴下来不动，忍受电击。 问题：这些狗怎么了？	有趣的心理学实验引入，通过问题，使学生反思自己的学习状态。

续上表

环节	活动过程	设计意图
（二）学习中的自卑心理	学习中自卑心理的克服 1. 学习中自卑的表现——习得性无助 问题分析：塞利格曼和他的同事站在狗的角度认为，狗已经明白它们是无助的。在反复的电击中，狗认识到不论怎么尝试逃跑都是无法摆脱电击的，这种持续的失败经验，使它们屈服于无助感，消极地接受一切，不再做任何的努力。 引申：这就是心理学中著名的"习得性无助"的实验，是一种经典条件反射行为。习得性无助，是指在某种特定的情境中，人或畜经历了某种学习后，由于其行动结果重复性地失去控制而习得的，在情感、认知和行为上表现出的消极或无反应的状态。即使以后当事件重新处于控制下，个体也会因主观认为毫无希望而不再做出任何努力。它是一种自我无能的心理体验。日常学习中的习得性无助其实是学习上自卑心理的一种表现。 问题：日常学习中自卑心理的原因？ 2. 学习中自卑心理产生的原因 （1）过去的失败经历； （2）人与人之间的学习天赋差异看得太神秘； （3）自我认识与真实自我在学习能力上的差异。 3. 学习自卑心理的危害 （1）缺乏学习的信心； （2）学习中缺乏良好的自我认知，表现学习的无能感； （3）导致焦虑和紧张困扰。 4. 消除自卑心理，培养学习自信心 活动设计：脑力激荡：齐心协力克服自卑，培养自信。 规则：每小组一人做记录，其余人相互启发出主意，列举各种可能办法，最后得出三个最有效的办法。 总结：归纳总结有效克服学习自卑心的方法。	1. 使学生了解自卑及其产生的原因。 2. 通过活动引导学生找到克服自卑心理，增强自信的方法。

续上表

环节	活动过程	设计意图
（三）认识自己的智力结构，学习必要的学习理论，提高学习的规划能力	问题：学习不够出色，是因为我们不够聪明吗？ 1. 了解智力结构理论 加德纳——多元智力理论 2. 智力测试及其分布 智力的正态分布图 3. 了解必要的学习理论。 （1）耶基斯（叶克斯）—多德森（道森）法则：比较容易的任务中，中等偏高的动机水平；比较困难的任务中，中等偏低的学习水平；中等难度的任务中，动机水平为中等。 （2）普瑞马（普雷马克）法则：把事情列出来，先处理困难的事情，再处理稍困难的事情，并且坚持做完第一件，再做第二件……一直做到最后一件喜欢的。	帮助学生了解智力理论和学习理论，明确影响学习效率的因素。
（四）我的学习我做主	问题：目前你的学习中存在哪些问题？列举学习中的优缺点。 1. 找到自己学习中的优缺点 活动：（1）学生将自己学习的优缺点写在卡片上。 （2）将卡片上的内容念给同组同学，要求同组同学提出建议，并在卡片上补充。 （3）再次根据卡片内容，反思自己的学习过程。 2. 制订学习计划，合理安排时间，规划自己的学习。 活动：（1）根据卡片内容，制订适合自己的学习计划，内容包括：学习时间的安排；学习方法适用；学习内容的规划等。 （2）将每人的学习计划在小组中讨论，使其更加客观合理，小组同学监督执行。（按自我教导语言提示卡的方式列举出自己面对具体学习任务该怎么做，然后每位成员轮流到团体中央，面对大家，大声说出自己的问题，大家给予鼓励。最后全体讨论这个方法在今后怎样实际运用。） （3）规定小组定期检查计划落实情况。	通过活动，引导学生反思自己的学习过程，并制订计划，形成他律和自律相结合，提高学习的规划能力。
（五）小结及分享	1. 学生分享辅导收获。 2. 教师小结怎么才能成为学习的主人。	

3 开发我们学习的潜能
——认识我们的大脑

一、活动目的

1. 通过观察大脑模型，了解人脑的组成以及人脑各部分的机能。

2. 通过讨论、交流，了解关于大脑保健的知识，具有科学用脑的意识并能初步学会合理安排课余作息时间。

3. 通过观察人体神经系统分布图，了解神经系统在人体全身的分布；通过观察实例，领悟人的认知过程。

4. 初步培养学生运用有关知识分析日常生活中的一些现象的能力，感受个体学习的过程。

二、活动准备

1. 人脑模型。

2. 神经元及人体神经系统分布图。

3. 卡片纸（亦可用白纸代替）。

三、适用年级：中一年级

四、活动过程

环节	活动过程	设计意图
（一）导入	问题导入：人体是一个复杂而精细的生命整合体，它究竟是怎么运行的？为什么这么多器官都像排兵布阵一样，有条不紊？ 讨论：小组讨论人体器官复杂精细，为什么能工作得如此有序、配合如此协调的原因。 观察：观察人脑模型，了解人脑的组成部分，交流自己的发现。 交流：观察脑的作用示意图，发现脑的不同区域分管着不同的任务，交流人脑的一些重要作用。	1. 引发学生讨论，激发学生对人脑知识学习的兴趣。 2. 引导学生发现大脑每一部分都有严格的分工，分管着人体的一切感觉和运动，使学生认识到大脑相当于计算机的中央处理器，具有重要的作用。

续上表

环节	活动过程	设计意图
（二）如何合理利用我们的大脑	1. 讨论问题：小组讨论为什么我们要有课间十分钟休息。 分组讨论，汇报讨论结果，教师小结。 2. 交流：联系生活实际，交流自己连续用脑后的感受。 （1）小组交流各自的感受。 （2）各小组长汇总本组同学交流结果。 3. 讨论：讨论如何合理用脑，并记录下自己认为可行的合理用脑的经验方法。 4. 交流与实践： （1）交流自己平时合理利用课余时间的经验和方法。 （2）根据自己的实际情况和学习、生活经验制定一张"我的课余作息表"。	1. 引发学生讨论、交流连续用脑后的感受，从而领悟到不合理用脑会产生一定危害，使学生关注"脑健康"问题。 2. 引导学生交流介绍科学用脑的经验，使学生意识到多动脑筋、适当的体育锻炼、足够的睡眠、合理的作息是脑健康的重要保证。 3. 通过制定"我的课余作息表"，培养学生合理用脑的健康习惯。
（三）认识大脑结构，感受人类的认知过程	1. 观察：观察人体神经系统分布图。 2. 交流：神经系统的主要组成部分以及"人体神经网"的特点。 3. 教师指导：简述大脑各部分的功能，并讲解与学习密切相关的大脑及神经活动过程。 4. 讨论：依据大脑活动特点，发挥想象，理解感觉的产生以及做出反应的过程。 5. 交流：以生活中具体的活动为例，感受人类的认知过程。	1. 指导学生观察，了解人的神经系统的构成。 2. 引发学生想象，使学生意识到人脑是人体的司令部。 3. 让学生结合生活实际，领悟人类的认知过程，并能初步利用这一过程来解释生活中人做出的一些反应的现象，理解学习过程与大脑的密切关系。
（四）小结及分享	1. 学生分享辅导收获。 2. 教师小结大脑的活动机理，再次指导学生科学用脑，有效提高学习成绩。	1. 了解学生辅导感受。 2. 小结使学生对学习内容有整体认识，强化辅导效果。

4 我们为什么学习
——中职生学习动机的激发与培养

一、活动目的：

1. 使学生初步了解学习动机；

2. 让学生掌握增强学习动机，提高学习自觉性的方法；

3. 让学生了解学习不仅对自己有好处，对祖国的强盛也有重要意义。

二、活动准备：

1. 课题小黑板；

2. 小品和心理剧。

三、适用年级：中一至中三年级

四、活动过程：

环节	活动过程	设计意图
（一）导入	同学们，现在你们坐在宽敞明亮的教室里，接受着高质量的教育。你们有没有想过自己为什么要学习呢？下面我们先来看一个小品。 1. 视频小品：我为什么要学习？ 一日下午，小西、阿明、旺姆三人在教室自修，谈论起自己的学习动机。小西希望考出好成绩，以免挨家长的责罚。旺姆希望考出好成绩使自己脸上有光，满足自己的自尊心。阿明希望学到更多的知识来充实自己。 2. 讨论：三人分别是为什么而学习的，各自心目中的成就分别是什么？	1. 通过视频文件，引入身边同学的小品，真实，贴近实际，容易激发他们的参与热情。 2. 引导学生讨论，梳理自己的学习动机状况。

续上表

环节	活动过程	设计意图
（二）教师讲授关于学习动机的心理学知识，学生了解学习与动机之间的关系	学习动机对学习活动的作用主要表现在推动和维持这两个方面。学习动机按照不同的维度可以有几种分类。 1. 关于学习动机的几种分类 （1）外在动机和内在动机 外在动机是指受外部因素影响而形成的学习动机。例如，获得优秀成绩，考入重点中学，受到教师与父母的表扬都是激发学生学习的外在环境因素。 内在动机是因个体内在需求而产生的学习动机。例如，出于提高自身文化素质需求，满足求知欲、兴趣与爱好乃至自尊自信而努力学习。一般来说，内在动机要比外在动机能更持久地推动个体学习，当然外在动机也可以转化为内在动机。 （2）近景性学习动机和远景性学习动机 近景性学习动机是指与学习活动本身直接相联系的，表现为对学习内容的直接兴趣和爱好，以及对学习活动直接追求的学习动机。 远景性学习动机是指与学习的间接结果（包括学习的社会意义与个人意义）相联系的学习动机。例如，为了实现个人的理想，为了贡献于社会等都是远景性学习动机。 2. 关于成就动机 以小品为例，分析成就动机的形成因素： （1）认知内驱力； （2）自我提高的内驱力； （3）附属内驱力。 鼓励学生激发远景性学习动机。	1. 通过教师讲解，使学生对学习动机分类有所了解。 2. 强调成就动机在学习中的重要作用。 3. 使学生在了解动机的心理学原理的基础上尝试激发自己的学习动机。

续上表

环节	活动过程	设计意图
（三）讨论，交流及心理剧表演，引导学生反思自己的学习动机，并学习主动调节自己的动机状态	1. 小组讨论问题： （1）自己的学习动机是什么？ （2）怎样调整动机，激发学习的潜力 2. 小组交流：针对问题进行讨论和交流，并指定发言人对问题进行汇总。 3. 全班集体交流： （1）怎样才能通过调整自己的动机提高学习效率？ （2）哪些动机需要调整才更有利于激发自己的学习兴趣。 4. 活动：心理剧表演：（强化学习动机的重要性） 请两组学生上来表演心理剧（内容：说服一个不愿读书的孩子要好好读书。其中扮演孩子的学生事先给他们布置过，要求他们反复强调自己不愿读书，读书是很苦的，读书没劲，读了书就不能玩了。当"长辈"的理由充分时才能转变观念。扮演长辈的则临时抽学生，当"长辈"教育乏术时，可让其他同学帮忙出点子。） 一组表演完之后，马上请同学点评。（扮演得像不像，运用方法是否正确，理由是否充分、可行） 5. 教师小结：教师针对学生分享讨论结果进行归纳：与成就动机相关的学习动机都能促使大家去学习，是取得成功的有效前提，所以这三种动机都应肯定。但三者之中哪一种动机最不易受周围环境或外部条件的影响，最持久？答案当然是认知内驱力，为什么呢？认知内驱力的产生是由内心对外界事物产生兴趣，激起探索渴望而引起的，它不会因为失败或周围人的指责而消失，它最持久，最有效。 学习满足我们的需要，帮助我们进步，社会的发展少不了学习等。并重复学生的正确回答。	1. 指导学生讨论、交流，反思自己的学习动机状态。 2. 引导学生通过交流，适时调整自己的动机状态，以提高学习的效率。 3. 通过心理剧表演，让学生结合生活实际，更深切地领悟动机与学习的密切关系。

续上表

环节	活动过程	设计意图
（四）小结	教师针对以上活动进行辅导小结：我们围绕"我为什么要学习"，展开了一系列的活动，有讨论、有交流、有表演、有点评，大家对学习有了进一步的了解，也对自己为什么要学习有了进一步的认识。 大家不仅了解了心理学上的成就动机，而且也掌握了增强学习动机、提高学习自觉性的方法。我们也应该把自身的学习和祖国的命运结合起来。学习不仅是为了自己，同样也为了我们的国家。同学们，让我们为提高自身素质、为祖国的繁荣昌盛而努力学习吧。	通过归纳，使学生进一步强化学习动机意识，从而建立积极的学习动机。

5　怎样学习最有效
——中职生学习归因

一、活动目标

1. 让学生认识到不合理归因产生的不良影响；

2. 让学生了解自己的归因特点；

3. 引导学生学会正确积极的归因。

二、理念阐述

一个人把他或她的成功或失败归因于什么，这会影响到人对今后行为的认识，若把失败归因于稳定的原因如能力不足，则当失败时一般不会再去争取胜利；若认为失败是不稳定原因造成的，如认为是自己努力不够，则将倾向于通过再努力，以求成功。

美国心理学家维纳把归因分为三个维度：

1. 原因来源，即当事人认为影响归因理论是人们用来解释自己或他人行为因其成败因素的来源，是系于个人条件（内控的），还是来自外在环境（外控的）；

2. 稳定性，即当事人自认其影响成败的原因，在性质上是否稳定，是否在类似情况下具有一致性；

3. 可控性，即当事人认为影响其成败的因素，能否由个人意愿所决定。学生总是有意无意地对自己的学习成绩、人际交往等寻找原因，学生对自己的归因方式不仅反映着他们寻找学习成绩结果的倾向，而且还会影响到学生的学习动机，甚至影响到其人格特点。因此帮助学生了解自己的归因类型，引导他们对自己学习成绩、人际交往等进行合理的归因，对激发学生的学习积极性、培养良好的人格特征显得很重要。

三、活动准备

游戏道具：针线、学生分组、心理问卷、多媒体课件。

四、适用年级：中一、二年级

五、活动过程

环节	活动过程	设计意图
（一）游戏导入：穿针引线	1. 说明游戏规则： ①每组派两位同学参加。 ②一位同学拿针，一位同学拿线，在5秒钟内将线穿过针孔。 ③要求：开始前两个人都必须将手放下，时间到时拿针的同学必须放手。 ④其他同学监督，用数"5、4、3、2、1停"来帮助计时。 2. 寻找游戏中成功和失败的原因 请参加游戏的同学讲讲成功或者失败的原因，也请同组的其他同学发表看法。 3. 教师总结，并引出主题：合理归因 归因：归因简单地讲就是寻找原因，即你对学习、工作成败的原因做出判断。今天这堂课我们就来探讨下如何进行合理地归因。	通过简单而有趣的游戏创设轻松的课堂气氛，并由此引入课题。
（二）归因自评	1. 发放问卷 2. 说明： ①选择符合自己实际情况的项目，如果你认为还有其他原因，请写在问卷下面的"其他"栏里面。 ②在你所选的内容中再选出五个最主要的，将他们依照重要的次序填写（写题号即可）。	通过问卷的方式了解学生的归因方式。

续上表

环节	活动过程	设计意图
（三）各抒己见	呈现两个情境，组织学生对其进行讨论： 1. 情境一：小溪从小就是父母的掌上明珠，由于学习成绩优异，在初中还担任班长，同学们对她也是"前呼后拥"的样子。可惜好景不长，到了中职，小溪再也找不到那种众星捧月的感觉了：宿舍里的人觉得她什么事都不干，不喜欢她，身边的同学觉得她太孤傲也都不爱搭理她。小溪孤单极了：我还是以前的我呀！为什么她们都不理我呢？肯定是她们针对我、排挤我，还联合起来欺负我！ 思考： 小溪是如何归因的？ 你如何看待小溪的归因？ 2. 学生表演情境二： 旁白：考试后，高一某班的两位同学在教室里坐在一起，闲聊起来： 甲：唉！这书真读得苦啊！ 乙：喂，这次考试考得怎样？ 甲：唉，别提了，真是惨不忍睹啊！连哭的勇气都没了。 乙：你平时够努力的，怎么会没考好呢？ 甲：是啊……初中是"希望之星"，高一就成了"流星"！唉，看来自己真的不是学习的材料啊，再努力也恐怕没用了！——你呢？ 乙：我？我跟你一样：初中也算"希望之星"，现在就成了"扫帚星"！但是我认为自己不笨，之所以落得今天这地步，都得怪老师没有把我们管好教好！你想，学生没学好，不怪老师，还能怪谁呢？ 讨论： 他们是如何归因的？ 他们以后会怎么做？	"他山之石，可以攻玉"，用具体的事例启发学生思考。

续上表

环节	活动过程	设计意图
（四）问卷分析	过渡语：说别人容易说自己难，同学们对于别人的归因方式都发表了自己的看法，现在返过头来看看同学们自己的归因又有什么样的特点。 1. 组织学生进行问卷分析 ①统计结果：单数题中，你打"√"的有几个？双数题中，你打"√"的有几个？ ②说明结果： 如果你更多地选择单数题号的选项，你可能是一个外部控制的人，也就是说你通常习惯把自己成功和失败的原因归于外部条件和环境。 如果你选择的大多是双数题号的选项，那说明你善于从自己内部寻找原因，你是一个内部控制的人。 如果你的单数题和双数题差不多，这说明你不是典型的内部控制或外部控制的人。 2. 理论分析 ①教师说明：心理学家维纳认为我们一般把原因归结为以下几个方面：能力、努力、任务难度、运气等。同学们看看自己所列出的五个重要原因是不是这几个？如果还有其他的，把它归在"其他"项里。（课件出示表格。）并且，他把人们归纳的这些原因进行了分类：从来来自于内部和外部将它分为内因和外因，从它能不能被我们个人意愿所控制将它分为可控和不可控。	中职生的认知能力和知识水平使得他们能够接受一定程度的理论知识。维纳的归因理论通过列表的方式呈现给学生，一是促使学生审视自己的归因特点，二是希望通过学生的讨论分析能明白归因影响行为。同时，引导学生注意可控的"努力"这一因素，使理论能结合实际，发挥心理辅导课的功能。

归因类别	成败归因向度			
	因素来源		可控性	
	内	外	可控	不可控
能力	√			√
努力	√		√	
任务难度		√		√
运气		√		√
其他				

②师生共同完成原因的分类。
③请个别学生说说他认为最重要的原因，并谈谈自己依照这样的归因今后会怎么做。
④提醒学生注意"努力"是唯一一个可控的因素。
⑤结合维纳的归因理论和你自己的归因特点。讨论：在归因的时候我们应该注意什么？

续上表

环节	活动过程	设计意图
（五）课堂延伸	小组讨论分享：结合具体事例谈一谈你过去是如何归因的，现在看看是否合理。	检查课堂效果。

6 怎样学习最有效

——做时间的主人

一、活动目标：

1. 使意识到时间的宝贵，学会珍惜时间；

2. 使学会分析自己的时间利用情况；

3. 使学会科学利用时间的方法并应用到学习生活中；

4. 使学会制定"今日时间管理表"并实施。

二、活动准备：

1. 制作 PPT；

2. 印好画有钟表的"昨日 24 小时"并在课前让同学详细填写；

3. 分组：6—8 人为一组。

三、适用年级：高一至高三年级

四、理念阐述：

Britton、Macan 等对时间管理行为的探讨开创了心理学家对时间管理的研究。时间管理是为了提高时间的利用率和有效性，对时间进行合理的计划和控制，有效安排与运用的管理过程。时间管理能力的强弱作为现代人性格的一个重要标志。彼得·德鲁克说："不能管理时间便什么都不能管理。"善于管理时间的人其能力强、学习成绩优秀、事业有成，倾向于做更积极的自我评价、自尊心强、自我价值感强以及对生活感到幸福满意。

环节	活动过程	设计意图
（一）导入（课件导入心理学实验，提出问题）	教师：同学们好！今天的活动我们先猜一个谜语，这个谜语是这样的：假设你有一个账号，这个账号每天进账$86400，每年进账$31536000，每晚12点进账消失，每年元旦后结算扣除。——打一词语，两个字谜底是什么？时间。 恭喜你，答对了！我注意到刚才在我播放这个谜语的过程中，有的同学在下面小声感慨，要是每天有那么多钱那么多财富就好了。同学们是不是都有这样的感慨？（是）那同学们有没有发现其实我们每天确实拥有那么多财富？ 我们把单位换成秒，这些财富不都是我们的了吗?! 我们有了钱要投资要存起来，这些都是对金钱的管理，以便让钱更多。那么面对这么一大笔财富我们要不要管理呢？ 今天我们就来谈谈如何管理好我们的时间财富。	谜语导入辅导内容，激发学生对辅导内容的兴趣。
（二）为什么要管理时间	1. 讨论问题：我们为什么要管理时间？时间管理对我们有意义吗？ 2. 学生讨论结果分享，教师小结：时间需要管理，时间管理可以帮助我们发现自己的时间管理问题，帮助我们节约时间，帮助我们提高时间的使用效率，以便让我们的成绩更出色。我们中职阶段的主要任务是学习，我们管理自己时间财富的目的之一就是要让时间转化为成绩。 "不能管理时间便什么都不能管理。"法国的一位作家曾这样感叹过。善于管理自己时间的人因为对时间的合理规划与控制从而得到了最高的效率，因而成就了自己的成功，比如大文豪钱钟书，因为热爱文学而将自己的时间管理中的大部分时间拿来参与文学创作。世界首富比尔·盖茨因为对电脑感兴趣而将自己的大部分时间甚至大学的时间都规划在内去搞设计……这类人还有很多很多。与此相对的是，有些人由于不善于管理时间而一生碌碌无为。让我们就从现在开始尝试着管理好自己的时间财富吧。	1. 设计问题讨论，让学生体会并检索关于时间管理的信息。 2. 通过教师小结使学生准确理解时间管理的意义。

续上表

环节	活动过程	设计意图
（三）我的时间都去哪儿了	1. 过去二十四小时 教师引导：非常高兴同学们在此之前已经有了时间管理的意识，我也为同学们的积极进取心态而骄傲。不过，我们要想管理好时间，只靠自己的意识还是不够的，我们还需要做很多，比如我们所能支配的时间财富，还要明白以前时间管理的一些漏洞，然后再寻找到适合的策略。 （1）我们所能支配的时间财富。 我们具体看看你过去的24小时都是怎么管理的。请大家拿出课前发的表格《过去二十四小时》。 （2）学生分享自己的24小时：你的24小时都做了哪些事情呢？这些事情都花了多少时间？我们一起来做个归类统计。 在这24小时里： ·睡觉时间：有多少？上课时间：有多少？自学时间：有多少？日常事务时间：有多少？聊天时间：有多少？吃饭时间：有几个小时？还有多少时间不知道干什么了？ 请三个同学来谈谈看他的时间利用情况。（罗列到黑板上） 根据学生罗列归纳出以下现象：a. 上课时间用分钟统计：这说明他们上课学习非常用心，对这部分的时间利用情况非常的清楚。这也许是时间管理后的结果。（精确度不一样）b. 每个人上课的时间不一样：一个是记错了，一个是上课开小差。c. 相同的是每个人的不知道花在哪里的时间都比较多。 2. 学生反思：为什么有的同学自学时间多而有的同学少呢？（因为他把其他人用来聊天的时间用来不知道做什么的时间给用在了学习上）。结合自己的时间利用情况进行反思，看看你的时间管理情况和这三个同学有什么不同？为什么？为什么你的学习时间没有别人的多呢？	1. 通过学生罗列过去24小时，使学生清楚自己在时间管理中存在的问题。 2. 学生在反思自己的时间管理中，学会管理自己的时间。

续上表

环节	活动过程	设计意图
（四）我们的时间漏洞在哪里	通过案例分析，学生讨论小明时间管理中存在的问题 案例：小明的时间管理 早上： 小明是高一的同学。今天早上6点就醒了，想早点起来去教室看看书，可又觉得6点40还要晨跑，再回来太麻烦，便打消了这个念头，继续睡。结果起床铃打过了都不知道，醒来看看表，只有5分钟就晨跑了。很快穿衣服洗完脸，一路狂奔到了操场，还好，没有迟到。跑步完了去食堂，足足排了10分钟的队才打到早饭。饭后到了教室早读，他发现自己不知该先看什么书，拿起英语课本觉得应该先看语文。拿起语文课本觉得还是该先看英语。拿起又放下好几次以后终于决定用一种最简便的方法决定，那就是抛硬币。结果是先看语文。 问题：赖床，排队，犹豫。 中午： 回到寝室，想休息一下，可寝室的同学聊得热火朝天。他想，与其被别人吵不如我自己吵，于是加入到了讨论的行列。有个同学谈着谈着说自己要去教室抄单词，并问他去不去。（因为早上的单词默写太差而导致被罚抄10遍。他也有份。老师说第二天检查）他说，"我明天再抄好了，说不定明天老师忘记了我就不用抄了。不过昨天老师布置的作业下午上课前要交，我还没有开始做。看来无论如何自己得牺牲中午的休息时间了。"还好，中午时间比较多，不用那么急，两人边走边逛。结果一逛不打紧，原来3分钟的路自己硬是走了10分钟。写好作业，发觉今天下午要上物理课，而自己的课本居然没有带。要赶紧回去拿，不然下午要出问题。匆匆忙忙赶回来后发现好像自己头发还没有打理。这太影响形象了，一定要回去收拾一下。又匆忙跑回宿舍。 问题：聊天，拖时间，走路，打扮，时间重复。	1. 案例分析使学生更具体地感受时间管理的漏洞。 2. 讨论中反省自己的时间管理漏洞。

续上表

环节	活动过程	设计意图
（四）我们的时间漏洞在哪里	晚上： 由于中午没有休息，第一节晚自习特别想睡，但又觉得睡觉太耽误时间了，勉强拿起化学作业本，看了10分钟还没有做3题化学选择题。小明想，我做作业困，拿点杂志提提神，结果一发而不可收，看了一节课45分钟。第二节课先做比较拿手的数学。数学开始还容易，可后面的那道题太难了，放弃吗？不行，不能遇难而退，我一定要把它给解决了。结果这一道题目耗了他半个多小时还没有解出来。这个时候他决定放弃。可一看表，只有几分钟了，还有物理作业、化学作业、政治作业没有做，没有办法，只有抄后面的答案了。 问题：效率低，看杂志，难题处理。 总的问题是：缺乏规划。	
（五）怎么才能成为时间的主人	1. 学生讨论：学生针对以上案例，讨论如何很好地管理时间。 2. 教师补充：板书好学生的解决策略以后，补充介绍对缺乏规划的处理办法——制定今日时间管理表。 3. 教师总结：我们觉得比较有效的时间策略是： （1）有时间管理的意识：惜时，有统筹意识。（2）加快速度：走路，吃饭，做题的速度。（3）利用好点滴时间：如课间，如等待的时间。（4）制订计划：制定一个时间管理表。这个表由三个部分组成，第一部分是要做的事情，然后就重要性进行排序，接着就是执行，执行好了以后做标记。 结束语：昨天的24小时匆匆而过，给我们留下了很多的遗憾；今天的24小时正在进行着，但也即将过去，而未来的24小时又是我们通过今天的把握而把握的。同学们，请把握自己的时间，把握自己的命运。珍惜了今天，才有可能拥有可爱的明天。管理好了今天才管理好明天。祝愿同学们都能管理好今天的时间财富。	运用讨论、分析、教师引导等多种方法指导学生正确规划时间。
（六）拓展作业	请给未来的24小时制定一个时间管理表。	具体实践，强化辅导效果。

7 怎样学习最有效
——中职生记忆策略指导

一、活动目标：

1. 学生能粗略地了解记忆和遗忘的基本知识；

2. 学生能利用遗忘规律和掌握几种有效的记忆方法。

二、教学准备：关于记忆 PPT

三、教学方法：游戏　讲授法　讨论法

四、设计理念：记忆力是智力的基本要素之一。人们通过记忆来积累知识、经验。学生在学习过程中，几乎所有的知识都需要记忆的参与。记忆能力是学生学习能力的重要组成部分。尤其是学生进入中职后，课程增多，内容增多，要记忆的东西较多。因此，学生必须进一步加强有意记忆，由机械记忆为主转向意义记忆为主。了解一下遗忘规律，掌握一点记忆方法和技巧很重要。

五、教学对象：中职一至三年级学生

六、教学过程

环节	活动过程	设计意图
（一）导入：暖身活动导入辅导主题	1. 暖身活动： （1）记忆大比拼 大家先全神贯注地观察下列 6 组数字，然后再努力记住它们，看看在两分钟内能记住多少。 3141592653　510383　310918370707 9081726354　0517130191192　491625364964 请同学报告记忆结果，分享记忆方法。 教师总结：虽然大家记忆的结果不同，但是都说出了自己是怎样记忆的，可见不同的人有自己不同的记忆方法。 （2）记忆大搜索 请大家写出一句广告词的准确内容，并思考自己为什么对它记得如此牢？ （3）教师总结： 原因有很多，如经常播出，形象，朗朗上口，感兴趣等。通过上面两个小游戏，大家猜到今天上课的内容了吗？没错，今天，我们就来共同研究一下如何提高记忆效率。	1. 通过活动导入主题，激发学生兴趣。 2. 引导学生感受自己的记忆状态。

续上表

环节	活动过程	设计意图
（二）打开记忆之门	升入中职以后，科目增多，大家普遍觉得课程紧，要记的内容多，脑子整天似乎忙不过来了，而且经常出现"记得快，忘得快；记得慢，忘得更快"的现象。许多人抱怨记不过来，或者埋怨脑袋不灵光，但实际的情形却不完全是这样。很大程度上是因为我们不了解记忆和大脑的工作方式和规律，逆规律而行，因此，学点记忆和遗忘方面的知识很重要。下面我们就先简单地了解一些关于记忆和遗忘的知识。 教师：大家可能都知道这样一种现象，当你数两叠钞票，在数到第二叠一半的时候，有人插进来和你说话，干扰了你的数数，这时你可能还记得第一叠钞票有多少张，但却不记得第二叠数到哪里了。为什么我们会对这两个数的记忆有差别呢？现代心理学认为，这是因为你把第一叠的钞票数放进了长时记忆，而把第二叠的钞票数只放在短时记忆中。 1. 了解记忆分类 教师：上面出现了长时记忆和短时记忆的概念，这是怎么分的呢？ 心理学家根据信息保持时间的长短，将记忆分为感觉记忆、短时记忆和长时记忆。感觉记忆的存储时间大约为 0.25~2 秒，长时记忆的存储时间长，从 1 分钟以上到许多年甚至终身。短时记忆是感觉记忆和长时记忆的中间阶段，保持时间大约为 5 秒~2 分钟。任何信息都必须经过感觉记忆和短时记忆才可能转入长时记忆。 总结：所以，我们想要牢记所学的知识，就是要想办法将新学到的暂时保存在感觉记忆或短时记忆中的知识转入长时记忆中。 2. 了解遗忘 教师：关于遗忘，大家一定深有体会。比如，大家在考试中的暂时遗忘经历，明明知道该填的那句古诗词，但就是想不起来。 干扰说：输入大脑的信息储存以后，受到内外因的干扰而无法提取。 例：考试、演讲中的暂时遗忘经历。 消退说：暂时神经联系得不到强化而消退所致，记忆痕迹不常被强化、重复，容易随时间而淡薄。	通过教师讲解，使学生理解记忆的心理学原理，有助于学生调整自己的记忆状态。

续上表

环节	活动过程	设计意图
（二）打开记忆之门	例：你能否想起上周一中午你吃什么饭菜？二年级第一学期同桌姓名？ 3. 了解遗忘的规律 （1）先快后慢。 艾宾浩斯遗忘曲线 结论：在学习识记完某一知识后，遗忘就开始发生，尤其在起始阶段遗忘的速度较快。 （2）抽象的无意义的不理解的材料容易忘。分别呈现三组材料，总结规律。 第一组　th eli ttl eb oy si tsd own 第二组　he wa nts to stu dy eng lish 第三组　please tell me all about that 结论：从这里，我们不难发现第三组内容最容易记住。同样，我们发现，政、史、地课本中的内容易忘，相反，小说、影片往往记得很清楚；一段描写景物的文字和表现同样内容的图画，后者往往更容易记住。 （3）处在识记中间部分的材料容易忘记。 学生A背诵朱自清《荷塘月色》的段落："曲曲折折的荷塘上面，弥望的是田田的叶子……" 学生B背诵刘禹锡《陋室铭》："山不在高，有仙则名……孔子云：'何陋之有'" 教师：大家在记忆一段长长的文字时，发现开头和结尾部分比中间部分更容易记住，这就是前摄抑制和倒摄抑制的作用。先（后）学习的材料对后（前）学习的材料产生的干扰作用叫作前摄抑制（倒摄抑制）。 教师：遗忘还有许多其他规律，比如长时间记忆相同的内容，自己不感兴趣的内容，松散无结构的内容等，同学们也可以结合自身实际，去总结出更多的遗忘规律。	

续上表

环节	活动过程	设计意图
（三）记忆效率的提高策略	1. 讨论问题：根据你所了解的遗忘规律，下面请同学们分成三个小组进行讨论，针对遗忘的规律，我们可以通过哪些方法，提高记忆的效率。 2. 学生分享：学生自由讨论，分享结果。 3. 教师总结：同学们提出了很多有效的方法，比如及时复习；尽量把抽象的枯燥的材料赋予意义，增加形象感，使之生动有趣（谐音法、归类记忆、图表图解、联想法、歌谣口诀）；尽量消除前摄和倒摄抑制的作用（将课文分成若干小段加以记忆，然后再串起来记忆；晚上睡觉前和早上刚起床时安排较难记忆的材料的学习）；不同的内容穿插记忆等等。 4. 学以致用 教师：请同学们选用一定的方法记忆下列内容 1. 火车、河流、风筝、大炮 奇特联想：火车在河流上奔跑　风筝跟着大炮在飞 2. 马克思的生日：1818年5月5日 谐音法：马克思一巴掌一巴掌把资产阶级打得呜呜直哭 3. 苹果、马、香蕉、大象、蚂蚁、橘子（归类记忆） 4. 与中国相邻的国家：越南、俄罗斯、缅甸、蒙古、不丹、哈萨克斯坦、塔吉克斯坦、吉尔吉斯斯坦、印度、老挝、尼泊尔、朝鲜、巴基斯坦、阿富汗 歌谣口诀法：月娥姑娘（越南、俄罗斯）很腼腆（缅甸），蒙着布单披三毯（蒙古，不丹，哈萨克斯坦、塔吉克斯坦、吉尔吉斯斯坦），度过稀泥（印度、老挝、尼泊尔）去朝鲜，吧唧吧唧一身汗（巴基斯坦、阿富汗）	1. 通过讨论充分激发学生主体参与。 2. 教师小结是学生对记忆效率的提高方法有效整合。 3. 学以致用及时检测学生对记忆方法的运用。
（四）小结	结束语：正确的方法是成功的保证，只有认识规律、利用规律，才能把事情做得更好，达到事半功倍的效果。记忆的方法和策略多种多样，需要大家在不断尝试中善于总结，找到最适合自己的记忆方法，从而提高记忆效率。	

8　怎样学习最有效
——中职生学习适应及策略指导

一、活动目标：

1．使学生对中职学习有初步的认识，并对自己进入中职以来在学习上面临的诸多问题有一个大致的了解。

2．培养学生对中职学习的较好态度，对今后的学习有一个大致的计划。

3．引导学生学会一些有益于中职学习的技能，使学生在学习方法、学习策略、学习安排等方面有一定的改进。

二、活动方式：

1．活动参与。

2．互动讨论。

三、理论分析

中职阶段是青年期的开始，是人生中从"动荡不安"走向成熟的时期，初中毕业生进入高一后，不少人出现对中职学习生活的不适应：有的学生习惯于已有的初中生活，较长时间内不能接受新的学习环境和学校的管理。对高一学习的不适应，极大地影响了学生心理的健康发展和学习能力的提高。因此有必要对学生进行学习适应的教育，使高一新生尽快适应新的学习，帮助学生缩短过渡时期，让他们的中职生活有一个良好的起点，以积极的心态投入到新的学习、生活中去。

本次辅导课将通过让学生参与一系列的活动和互动讨论，让学生对中职的学习以及自己的学习情况有一个初步的了解，并在这个过程中让学生自发地发现自己身上存在的问题，以及想到一些可行的解决方法，初步培养学生一些有益于中职学习的技能。

四、辅导对象：高一年级学生

五、活动过程

环节	活动过程	设计意图
（一）导入（暖身活动）	活动一：暖身活动 教师引导语：大家刚刚在上个星期经历了考试的炼狱，都很辛苦，那么我们这节课就先请同学们来玩儿一个活动，轻松一下。活动的名称叫作"单手抗压"，看看哪个同学的抗压能力最强，等到活动结束以后，我们再来随机采访几位同学，让他们各自谈谈自己的感受。 单手抗压： （1）活动规则：同桌两人为一组，一个同学负责抗压，另外一个同学负责监督，抗压的同学将一只手举起。注意手肘不能支撑任何外力，然后手掌平摊，另一个同学将书本一本一本地往上叠，直到手支撑不了为止，看抗压的同学能支撑多久。 （2）学生分享活动感受：活动结束以后邀请两位学生谈谈自己在活动过程中的体会，引发出学生面对中职学习上的压力的思考，教师在活动过程中应给予适时的关注与反馈。 （3）教师小结：大家在刚才的活动中体会到了不堪重负的感觉了吧，随着书本一本一本地往上叠，我们的手臂会感到很酸、很累。同样，随着中职课程一门一门地增加，考试的接踵而来……大家觉得累吗？是不是有很多困惑呢？那么我们就利用今天这节课的时间来和大家一起寻找高效的学习方法。	活动导入，以利于激发学生参与的热情，为之后的辅导创设轻松愉悦的氛围。
（二）如何应对学习中的挫折（主题活动）	活动二：礼尚往来 教师事先在黑板上画上一个礼盒，下面有四个子单元：分别是学习方法、时间安排、文理偏科、心理落差。 1. 活动规则：（1）首先告诉学生将全班分成四个大组，每一组拥有一个礼盒，但是现在礼盒只有一个名称，里面具体的东西要由学生来填充。 （2）学生按照教师给出的四个子单元的范围，结合日常学习生活中的事情进行讨论：讨论一下在日常生活中大家在各自规定的方面存在着哪些困惑和问题，尽可能地每组派代表给出一个或者两个具有典型性的问题。 （3）讨论结束以后派出一名代表到黑板前在各自的礼盒旁边写出自己所在组提出的问题，要求语言尽量的简单精练。	1. 活动设计使学生感受学习中的困难，符合高一学生的认知特点。 2. 通过教师小结，引导学生更理性地认识考试失败。

续上表

环节	活动过程	设计意图
	（4）然后将问题分派给各组，进行交换讨论解决。1—3组、2—4组，分别进行相互发难与问题解决，看哪一组接得住对方的礼盒，而且提出的解决方法又多。 备注：在活动过程中，首先，教师应先对这四个礼盒的名称作一定的解释，避免学生对名词不了解。然后在学生讨论的过程中，教师应给予及时的关注，对一些学生有疑问的地方做一些适当的解释。在对学生所提出的解决方法时给予适当的引导，并做出小结和客观评价，在适当的时候也可以进行自我暴露，讲一讲自己的看法，但是要注意价值的中立。在整个过程中，教师应该始终积极关注学生，对学生进行引导和鼓励，鼓励他们大胆地说出自己心里的想法，充分做到分享与体验。	
（二）如何应对学习中的挫折（主题活动）	2. 教师引出考试应对问题：考试是我们学习生活中很大的一块内容，我想大家对考试都有很深的体会：考试前，要复习这个复习那个，要做很多的题，很担心。考试以后成绩没有出来以前，心中忐忑不安，担心成绩会怎么样。成绩出来以后，如果不理想的话，要担心怎么跟爸爸妈妈交代，跟老师交代。总之就是一个字"烦"。所以我想大家来讨论一下：你们是如何看待考试的，又是如何看待考试成绩的？ 3. 学生交流并回答老师的问题。在学生回答的过程中，教师应该给予反馈和评价，并且进行适当的小结。 4. 教师归纳小结：刚才的同学讲得非常不错，我想也代表了大多数在座的同学的心声，同学们对考试的态度都非常地理性，认为考试只是检验学习情况的一种手段而不是目的，也有同学认为学习重要的是过程而不是结果，一次考试的失败不代表永远的失败。	

续上表

环节	活动过程	设计意图
（三）高效学习策略指导（补充活动）	活动三：动用你的100只眼睛 （1）活动规则：首先给予大家2～3分钟的时间来观察教室里的一些事物，包括窗、窗帘、课桌椅、讲台、班级的同学等等所有细节，时间结束以后，邀请学生走上讲台，背对大家，由学生发问，如：你同桌今天穿的是什么颜色的衣服？讲台上摆放了什么？要求学生回答。 （2）学生依据活动感受进行讨论：怎样才能提高学习效率？讨论后，分享结果。 （3）教师小结：刚才的那个游戏反映了大家的观察能力。学习是多方面能力的综合运用。最适合自己的策略便是最有效的学习策略，制定好的学习策略，通常要考虑以下几个方面： 1. 提高学习心理的素质，包括：（1）学习的动机。（2）学习的兴趣。（3）学习的情感、意志和态度。 2. 掌握科学的学习方法。安排好学习的各个环节，包括：（1）预习。（2）听课。a. 做好课前准备。精神上的准备十分重要。保持课内精力旺盛，头脑清醒，是学好知识的前提条件。b. 集中注意力。思想开小差会分心等一切都要靠理智强制自己专心听讲，靠意志来排除干扰。c. 认真观察、积极思考。不要做一个被动的信息接收者，要充分调动自己的积极性，紧跟老师讲课的思路，对老师的讲解积极思考。结论由学生自己的观察分析和推理而得，会比先听现成结论的学习效果好。d. 充分理解、掌握方法。e. 抓住老师讲课的重点。f. 做好课堂笔记。笔记记忆法，是强化记忆的最佳方法之一。同时做笔记充分调动耳、眼、手、心等器官协同工作可帮助学习。g. 注意和老师的交流，目光交流，提问式交流，都可以促进学习。（3）作业的方法。作业是提高思维能力，复习掌握知识，提高解题速度的途径。（4）复习的方法：a. 课后回忆，即在听课基础上把所学内容回忆一遍。b. 精读教材。对教材理解的越透，掌握得越牢，效率也就自然提高了。	1. 活动趣味性强，引导学生在活动中体验自己的学习能力。 2. 通过教师指导，使学生清楚从哪些角度调整自己的学习策略。

续上表

环节	活动过程	设计意图
（三）高效学习策略指导（补充活动）	c. 整理笔记。d. 看参考书。这是补充课外知识的好方法。e. 查缺补漏，系统掌握知识结构。f. 循环复习。将甲复习完后复习乙，在复习完乙后对甲再进行一次复习，然后前进……这种循环复习利于记忆。科学的学习方法可用如下歌谣来概括：课前要预习，听课易入脑。温故才知新，歧义见分晓。自学新内容，要把重点找。问题列出来，听课有目标。听课要专心，努力排干扰。扼要做笔记，动脑多思考。课后须复习，回忆第一条。看书要深思，消化细咀嚼。重视做作业，切勿照搬抄。编织知识网，简洁又明了。 3. 发展智力，提高能力。 （1）发展观察力。观察是掌握知识、搞好学习的重要环节，也是成才的必要条件。聪明，即耳聪目明，即听力强，视力强，实指观察力强，掌握科学的观察方法，要a. 明确的目的和周密的计划；b. 灵活应用各种观察法，如重复观察、比较观察、定期观察、与思考相结合的观察等。 （2）提高记忆能力。一切智慧的根源都在于记忆。记忆的原理是随时间变化的，在学习后的几天内遗忘的速度非常的快。但过了一星期后遗忘速度便趋缓了。因此记忆的关键便在最容易遗忘的那几天里巩固复习。选择最佳的时间段进行记忆，由于每个人的情况不同而无法做一个绝对的定论。但是掌握好时间安排是提高记忆能力永远不变的真理。为了同遗忘做斗争，正确安排复习时间便是选择最佳学习时间段了。 a. 及时复习。把识记过的材料再拿来识记，使之巩固。其生理基础是对暂时神经联系不断强化，使它的痕迹进一步巩固。由于遗忘是先快后慢的，因此复习必须及时，要在遗忘尚未大规模开始前进行。 b. 在时间和量上合理安排复习。实验证明：相对集中一段时间学习同一内容，记忆效果好。但也要适当分散，因为复习时间过于集中容易发生干扰；过于分散容易发生遗忘。	

续上表

环节	活动过程	设计意图
（三）高效学习策略指导（补充活动）	c. 交替地分配时间学习也可以提高记忆。科学实验证明：用相等频率的电脉冲刺激脑神经细胞，反应敏捷，可是一旦反复刺激时间过长，神经细胞的反应便消失了。休息一段时间后，反应得以恢复。人的记忆也是如此。法国科学家居里夫人就曾说过："我同时读几种书，因为专门研究一种东西会使我的宝贵的头脑疲倦。"因此我们必须"分配交替"地进行记忆。 d. 另外，采用各种记忆方式也有效果。如特征记忆；歌诀记忆；形象记忆；比较记忆；联想记忆等。 （3）发展思维能力。 中职学习对我们而言，是一个崭新的起点，是一幅崭新的画卷，上面有多少浓墨重彩就要靠大家用自己的眼睛、用自己的心灵去发现，你可以在不断的观察中发现中职学习的规律，发现适合自己的方法和风格，等到有一天你就会恍然大悟：原来中职是那个样子的，正所谓"众里寻他千百度，蓦然回首那人却在灯火阑珊处"。	
（四）小结	结束语："书山有路勤为径，学海无涯苦作舟"，我觉得光有"勤为径"和"苦作舟"还不够，关键是我们要找对路，找对好的方法和策略，这样的话才能事半功倍，才能脱颖而出。最后在这个新的起点上我送大家一句话："I believe I can fly，and I can touch the sky！"希望每个同学在新的征程上都能够自信慢慢地扬帆。	

2.3.4.2 心理适应篇

1 珍惜青春年华
——宝贵的中职学习生活

辅导目标：

1. 通过活动理解中职阶段是人生发展的黄金时期；
2. 通过活动分享过去对就读学校的印象；
3. 通过活动交流入校以来的各种感受；
4. 通过活动增强学生珍惜青春年华的紧迫感。

辅导重点：

1. 通过活动体验过去印象与当下感受的差别；

2. 通过活动增强珍惜青春年华的紧迫感。

辅导难点：

1. 通过活动明白青春期在人生成长中的重要意义；

2. 通过活动增强珍惜青春年华的紧迫感。

课前准备：大白纸、水彩笔、双面胶。

活动过程：

活动过程	活动内容	活动目的
课前导入	同学们，紧张的中职学习生活已经开始。祝贺大家跨进了人生一个全新的且是极为重要的学习里程。中职阶段决定着我们今后上什么样的大学，选择什么样的专业，成就什么样的人生。但是，心理学把人的一生分为不同的阶段，我们目前正处于青春期。今天，我们在这里共同探讨有关"珍惜青春年华，适应中职生活"的话题，大家有兴趣吗？ 首先，我们做个游戏：游戏的名字叫"唱反调"。 如此积极的参与，让我感受到了同学们青春期洋溢着热情、激情、活力与朝气。老师相信，我们在小学、初中时学习过程中，同学们对"青春"二字并不陌生。下面，我们进行一个活动。	引出话题，并通过热身活动活跃气氛，为下面开展活动做好铺垫。
开展活动	活动一：青春对我们中职生意味着什么 活动任务： 1. 能说清楚个人对"青春"二字的看法； 2. 能说出自己或同学在青春期发生的故事； 3. 能说出名人有关"青春"的名言警句。 活动过程： 1. 分组： 根据人数随机分组，每组6-7人；推选出小组长、记录员和重点发言人。 2. 个人回忆，并写出与活动任务相关的关键词。 （老师给每小组发一张4K大白纸、一盒12色水彩笔、一卷双面胶） 3. 小组交流： 人人发言，小组长安排好发言次序，并由记录员做好发言记录。 4. 共同分享： 每组重点发言人将记录了要点的大白纸张贴在小组旁边的墙上或者黑板上，对小组交流的好词好句、典型事例进行讲解。（各小组轮流进行）	活动一是让同学们通过回忆、反思自己对"青春"的认识，正处在"青春期"的中职生既有失败的教训，也有成功的体验，关键是最终要增强中职生珍惜青春年华的时间紧迫感。

续上表

活动过程	活动内容	活动目的
开展活动	5. 辅导教师小结： 听了同学们的交流，老师知道了同学们对"青春"二字的理解，我们在青春期有过挫折时的泪水，但更多的是成功的喜悦。特别是大家认识到青春是宝贵的、多彩的、易逝的。"一万年太久，只争朝夕。"迈入中职，我们要有分秒必争、惜时如金、时不我待的紧迫感去走过中职生活，最终金榜题名、圆梦大学。 如果说考取理想的大学是峰顶的一面旗帜，她在峰顶守候三年的时间等待着我们去高举。那么，大家选择的_____（认真填写校名）就是你今后记忆中挥之不去的"母校"，母校是帮助大家登上峰顶的"云梯"。下面，我们再进行一个活动，听听大家对这座"云梯"的认识。 活动二：说长道短：我的母校 活动任务： 1. 写出初中时对"新母校"的印象（三点）； 2. 写出入校以来我在"新母校"的所见、所闻、感受； 3. 通过交流，体会自己对母校的认识的偏差。 活动过程： 1. 写出上初中时我对母校的印象： （1）上初中时，我听说这所学校_____； （2）上初中时，我听说这所学校_____； （3）上初中时，我听说这所学校_____。 2. 写出入校以来我对母校的感受： （1）我见到的最难忘的一件事（或现象）_____； （2）我听到的最激动的一件事（或现象）_____； （3）我感受的最动人的一件事（或现象）_____。 3. 小组交流： 要求人人发言，小组长安排好发言次序、发言记录。 4. 共同分享： 每组自愿发言人将记录了要点的大白纸张贴在小组旁边的墙上或者黑板上，对小组讨论中的典型组员的新发现、新感受进行讲解。（各小组轮流进行） 5. 辅导教师小结： 听了同学们的交流，老师明白同学们对母校的认识、看法、想法。其实，在咱们甘肃省有370余所普通中职，有些学校治学严谨、影响全省、享誉全国；有些学校努力发展、追求创新、特色发展。学校只是我们健康成长的"摇篮"，如何在这所学校苗壮成长，更需要同学们勇于探究、勤奋学习，特别是注重学习习惯的培养，努力做到认真预习、专心听课、及时复习、练后反思、独立完成作业、积极应考、阅读自学、总结归纳等。	活动二是让同学们在"说长道短"的氛围中回忆、思考对母校的认识。并通过过去的印象和当前的感受对比，增强同学们对母校的"认同感"。因为我们将在这里汲取"养分"，走向成功。我们是母校的孩子，"今日我以母校为荣，明日母校以我为荣"的进取思想。

续上表

活动过程	活动内容	活动目的
开展活动	常言道："他山之石，可以攻玉"，在今后的学习中，我们既要坚持好自己的好方法、好习惯，也要尝试其他同学的好方法、好习惯，取长补短，老师相信，成功属于勤奋、踏实、用功的我们。 活动三：精神加油站 活动任务： 1. 说说我知道的有关学习或做人的名言警句； 2. 说出给自己（或同伴）的一句学习格言。 活动过程： 1. 每人说出（或）写出一句有关学习或做人的名言警句。 　　　　　　　　　　　　　　　。 2. 每人说出（或）写出给自己（或同伴）的一句学习格言。 　　　　　　　　　　　　　　　。 3. 每人把自己知道的一句名人名言警句或给自己（或同伴）的一句学习格言小组内交流。 4. 全班分享：每组推选一名组员说说自己知道的一句名人名言、警句或给自己（或同伴）的一句学习格言进行共同分享。 教师小结：常言道："听君一席话，胜读十年书"。听了同学们的名言警句、豪言壮语，老师也对同学们的学习充满了信心和期待，相信大家在今后的学习中，把它作为自己的座右铭，激励自己，挑战困难，肯定会走出自己潇洒、成功的人生。	活动三是让同学们以名人名言、警句为精神动力，增强学习的主动性、自觉性和积极性，不断鼓励自己，勤奋学习，走向成功。
教师总结	肯定本次活动的成绩，感谢同学们的积极参与，为同学们送去美好的祝愿。	

2 走好青春期
——心理健康知多少

辅导目标：

1. 通过活动了解青春期心理健康的基本标准；

2. 通过活动了解青春期可能遇到的心理困惑；

3. 通过活动掌握科学应对青春期心理不适的策略。

辅导重点：

1. 通过活动了解青春期心理健康的基本标准；

2. 通过活动了解青春期可能遇到的心理不适。

辅导难点：

1. 通过活动明确青春期需要助人与自助；
2. 通过活动掌握应对青春期心理不适的策略。

课前准备：大白纸、水彩笔、双面胶；

张真演唱的歌曲《我被青春撞了一下腰》、郑智化演唱的歌曲《水手》。

活动过程：

活动过程	活动内容	活动目的
课前导入	今天，我们先欣赏一首张真演唱的歌曲《我被青春撞了一下腰》。 同学们，一曲轻盈舒缓的歌曲把我们的思绪带到了遥远的地方。踏着青春快速变化的节奏，我们有泪水、有沮丧，我们有梦想、有希望；不管怎么说，青春有时需要放缓脚步，体会无拘无束、自由自在的逍遥。 《致我们终将失去的青春》中写道：青春是什么？ 青春，是一杯茶，常品不腻；青春，是一本书，百读不厌。 青春，是一江水，奔流不止；青春，是一支歌，永不言败。 青春，是魏紫姚黄，丽句清辞难形容其美丽；青春，是和璧隋珠，生花妙笔难描绘其珍贵。 青春，是萍踪浪迹的状态；青春，是四海为家的勇敢。 青春，是一段激情燃烧的岁月；青春，是一段魅力四射的日子。 青春期的我们有矛盾、有彷徨、有爱恨、有成败。而心理健康至关重要。	引出话题，并通过歌曲欣赏，放松身心，为冷静思考营造氛围。
开展活动	活动一：健康标准我知道 活动任务： 1. 能说出个人对"健康"的认识； 2. 能列举青春期心理健康的标准。 活动过程： 1. 分组： 根据人数随机分组，每组6-7人；推选出小组长、记录员和发言人。 2. 个人思考，并写出有关"健康"和"心理健康标准"的关键词。 健康是指＿＿＿＿＿＿＿＿＿＿＿＿； 心理健康的标准：＿＿＿＿＿＿＿＿＿＿＿。 （老师给每小组发一张4K大白纸、一盒12色水彩笔、一卷双面胶）	活动一是让同学们通过思考、表达自己对"健康""心理健康标准"的认识，目的不是让同学们记住概念，而是引起大家对个人身心健康状况的关注。明白健康的身心是需要自觉调整、主动维护。

续上表

活动过程	活动内容	活动目的
开展活动	3. 小组交流： 人人发言，小组长安排好发言次序，并由记录员做好发言记录。 4. 共同分享： 每组重点发言人将记录了对"健康"和"心理健康标准"的关键词的大白纸张贴在小组旁边的墙上或者黑板上，对小组交流中同学们的不同认识进行讲解。（各小组轮流进行，其他成员可以追问或补充） 5. 辅导教师小结： 听了同学们的交流，老师知道了同学们对"健康""心理健康标准"的理解，我们每个人的心理处于健康与亚健康的状态之间。因为在青春期，家庭提供的衣、食、住、行的实际水平和我们的需要之间有一定差距，学校组织学习、考试、活动会影响我们的情绪，特别是在与同学、老师、家长交往中会产生误会、委屈甚至是冲突，这都可能会给我们的学习生活带来压力，我们的心理也会处于不适状态而不能自拔，有些同学会产生精神上的痛苦。	
	活动二："我"的压力有多少 活动任务： 1. 回忆过去"我"最痛苦的一段经历或一件事情及其原因； 2. 思考入校以来"我"最痛苦的一段经历或一件事情及其原因。 活动过程： 1. 写出过去"我"最痛苦的一段经历或一件事情及其原因： 经历或事情：＿＿＿＿＿＿＿＿＿＿＿＿＿＿＿。 原因：＿＿＿＿＿＿＿＿＿＿＿＿＿＿＿＿＿。 2. 写出入校以来"我"最痛苦的一段经历或一件事情及其原因： 经历或事情：＿＿＿＿＿＿＿＿＿＿＿＿＿＿＿。 原因：＿＿＿＿＿＿＿＿＿＿＿＿＿＿＿＿＿。 3. 小组交流： 人人发言，小组长安排好发言次序、发言记录。 4. 共同分享： 每组自愿发言人将记录了要点的大白纸张贴在小组旁边的墙上或者黑板上，对小组讨论中组员的共性的、典型的压力经历或事件进行讲解。（各小组轮流进行）	活动二是让同学们在回忆、思考的基础上。体会压力无时不在、无处不在，感受压力不仅会影响我们的情绪，也会影响学习效果。

续上表

活动过程	活动内容	活动目的
开展活动	5. 辅导教师小结： 听了同学们的交流，老师能理解同学们在学习生活中经历的困惑、压力、挫折。有些也给部分同学造成了内心持久的痛苦。其实，每个人在生活中都遇到矛盾、冲突和压力，也就是心理学家所说的心理不适。如何及时化解心理困惑，缓解负性情绪，让大家放下包袱、轻装上阵，在中职阶段显得尤为重要。	
	活动三：甩掉"包袱"又何妨——科学应对青春期的心理不适 活动任务： 1. 思考我知道的积极化解矛盾冲突的成语故事或寓言故事； 2. 思考我知道的能缓解紧张情绪、消除心理不适的好办法。 活动过程： 1. 写出化解矛盾冲突的成语故事或寓言故事： _____。 2. 写出缓解紧张情绪、消除心理不适的好办法： _____。 3. 每人把自己知道的成语故事、寓言故事或化解心理危机的好做法在小组内交流。 4. 全班分享：每组推选一名组员共同分享小组交流中的好成语、好故事、好做法。 教师小结：听了同学们的交流，老师也受到启发和鼓舞。其实生活中随时需要我们勇敢正视矛盾、挑战困难、走出泥潭。正如歌曲《水手》中所唱："苦涩的沙 吹痛脸庞的感觉／像父亲的责骂 母亲的哭泣／永远难忘记／年少的我／喜欢一个人在海边／卷起裤管光着脚丫踩在沙滩上／总是幻想海洋的尽头有另一个世界／总是以为勇敢的水手是真正的男儿／总是一副弱不禁风孬种的样子／在受人欺负的时候总是听见水手说／他说风雨中这点痛算什么／擦干泪不要怕 至少我们还有梦……" 最后，欣赏郑智化的歌曲《水手》。 肯定本次活动的中的积极表现，感谢同学们的积极参与，为同学们传递正能量。	活动三是让同学们正确看待生活中的矛盾、冲突及其引发的心理不适，树立自觉主动化解消极、负性情绪的观念。

3　匹夫不可夺志
——好男儿志在四方

辅导目标：

1. 通过活动理解每个人都有自己的"梦"；
2. 通过活动说出自己的童年"梦"、未来"梦"；
3. 通过活动说出实现未来"梦"的打算。

辅导重点：

1. 通过活动理解我们的"梦"就是人生理想；
2. 通过活动认真思考并表达实现未来"梦"的打算。

辅导难点：

1. 通过活动制定符合个人实际能力的"心愿卡"；
2. 通过活动提出符合个人实际情况的行动计划。

课前准备：大白纸、水彩笔、双面胶；

张雨生的歌曲《我的未来不是梦》、栾添翔的歌曲《好男儿志在四方》。

活动过程：

活动过程	活动内容	活动目的
课前导入	同学们，2013年在中国大地家喻户晓、妇孺皆知的时尚流行语叫"中国梦"。"中国梦"是中共中央总书记、国家主席在参观"复兴之路"成果展时提出的。"中国梦"凝聚着每一个华夏儿女的梦想，是实现中华民族伟大复兴的国人梦。"中国梦"的本质内涵是国家富强、民族复兴、人民幸福。 下面咱们进行一个热身活动——"头脑风暴"： 问题：老师念成语，请您迅速说出成语故事的主人公是谁？ 要求：不假思索、脱口而出。 成语：闻鸡起舞、凿壁偷光、囊萤映雪、卧薪尝胆、破釜沉舟； 主人公分别是：＿＿＿＿、＿＿＿＿、＿＿＿＿和＿＿＿＿、＿＿＿＿、＿＿＿＿。 自古及今，从一个国家、民族、军队、企业、集团，到一个单位、部门、学校、班级、家庭及其成员都有各自的心愿、梦想。这也告诉我们，人人都有"梦"。	围绕2013年中国人的流行语引出课题，并通过成语故事感受人既要有志向，还要有志气。

续上表

活动过程	活动内容	活动目的
开展活动	活动一：制作心愿卡：分享童年"梦"、未来"梦" 活动任务： 1. 能说出个人的童年"梦"； 2. 能说出符合个人实际情况的未来"梦"； 活动过程： 1. 分组： 根据人数随机分组，每组6-7人；推选出小组长、记录员和发言人。 2. 个人思考，在"心愿卡"正面写出自己的童年"梦"，反面写出未来"梦"（别忘了留下自己的尊姓大名）。也可填写在下面的横线上： 我的童年"梦"：_____。 我的未来"梦"：_____。 3. 我来读，你来猜： 各小组推荐一人读出小组内若干人的童年"梦"与未来"梦"，除本组成员外的其他同学猜，猜对了可以向猜准者和被猜者给予掌声鼓励（或由二人在全班表演一个节目）。 （可根据时间多少调整宣读的小组数） 4. 辅导教师（或指定学生）小结： 听了同学们的童年"梦"、未来"梦"，老师也想告诉大家我的童年"梦"、未来"梦"，（辅导老师根据教学情况"自我暴露"，用这种自我开放技术增进师生关系）。 其实，每个人的每一天可以说是在"追梦"，是在努力实现理想（人生奋斗目标），是提高个人能力、走向理想彼岸、服务社会发展、实现人生价值的过程。下面我们一起欣赏张雨生演唱的歌曲《我的未来不是梦》。 是啊，在追梦的过程中，"我的心跟着希望在动""你是不是像我曾经茫然失措，一次一次徘徊在十字街头"。人生并不是一帆风顺的，正如同学们实现步入不同大学的"梦"的过程，需要我们勤奋学习，而"学如逆水行舟，不进则退。"在实现未来"梦"的过程，你有什么打算呢？	活动一是让同学们通过回忆童年"梦"、规划未来"梦"，明确今后的个人理想和抱负，并通过交流活动，起到相互借鉴、相互鼓励的作用。

续上表

活动过程	活动内容	活动目的
开展活动	活动二：制订行动计划——实现梦想我能行 活动任务： 说出并积极主动交流我实现未来"梦"的具体打算（至少5个方面）。 活动过程： 1. 思考并写下我实现未来"梦"的具体打算： （1）为了圆梦，从今天开始我要_____； （2）为了圆梦，从今天开始我要_____； （3）为了圆梦，从今天开始我要_____； （4）为了圆梦，从今天开始我要_____； （5）为了圆梦，从今天开始我要_____； （6）为了圆梦，从今天开始我要_____； （7）为了圆梦，从今天开始我要_____。 2. 小组交流： 人人发言，小组长安排好发言次序、发言记录。 3. 共同分享： 每组发言人将记录了要点的大白纸张贴在小组旁边的墙上或者黑板上，对小组讨论中组员的共性的、独特的打算进行讲解。（各小组轮流进行） 4. 辅导教师小结： 听了同学们的交流，老师已经听到了同学们的发自内心的铮铮誓言。是呀，在今后的学习生活中，我们要以"不达目的，誓不罢休"的毅力和勇气，去实现我们的未来"梦"。在实现梦想的路途中，我们要披荆斩棘、乘风破浪、勇往直前，来添翔演唱的歌曲《好男儿志在四方》中所唱： ·好男儿志在四方，勇往直前不怕风和浪； ·我要带着那梦想去远航，乘风破浪驶向成功彼岸； ·好男儿志在四方，告诉自己一定要勇敢； ·用我的双手努力去开创，全力以赴实现心中梦想…… 下面，欣赏来添翔演唱的歌曲《好男儿志在四方》。	活动二是让同学们理解"有梦想谁都了不起。"进一步体会有了未来"梦"，积极合理的行动很重要。

续上表

活动过程	活动内容	活动目的
开展活动	活动三：同龄人的启示 活动任务： 阅读《含泪奔跑的阳光少年》，写一篇500字左右的读后感。 活动过程： 1. 阅读材料《含泪奔跑的阳光少年》。 2. 在下面的横线上写下300字左右的读后感。 _____ _____ _____ _____ _____ _____ _____ _____ _____ 3. 共同分享：交流个别同学的读后感。 4. 辅导老师小结：在实现梦想的人生旅途上，可能有坎坷与挫折，如果遇到坎坷与挫折，我们要学会去理性面对。	活动三是让同学们在学习同龄人的感人故事的基础上，理解实现梦想并不是一帆风顺，很多时候要经得起困难的考验。
教师总结	肯定本次活动中的积极表现，感谢同学们的积极参与、踊跃发言。介绍今后的学习生活中将在学校精神文化的熏陶、制度文化规范、活动文化的历练下，同学们感受文化传递的正能量，为我适应新环境指点"迷津"。	

4　成才的摇篮
——感受学校精神文化

辅导目标：

1. 通过活动了解学校精神文化的主要内容；

2. 通过活动体会母校精神文化的内涵；

3. 通过活动感受精神文化对我们成长的作用。

辅导重点：

1. 通过活动了解母校精神文化的主要内容；

2. 通过活动体会母校精神文化的内涵。

辅导难点：

1. 通过活动理解学校精神文化的实质内涵；

2. 通过活动领会母校精神文化给我传递的正能量。

课前准备：大白纸、水彩笔、双面胶；

有《校歌》的学校，辅导老师准备学校的《校歌》。

活动过程：

活动过程	活动内容	活动目的
课前导入	同学们，"文化"就是以文化人的意思。校园精神文化建设是校园文化建设的核心内容，也是校园文化的最高层次。它主要包括校园历史传统和被全体师生员工认同的共同文化观念、价值观念、生活观念等意识形态，是一个学校本质、个性、精神面貌的集中反映。校园精神文化又被称为"学校精神"，并具体体现在校风、教风、学风、班风和学校人际关系上。有人把校园文化视为学校的隐形课程，对师生员工具有陶冶、规范、凝聚、激励、辐射作用。这里，为同学们带来了国内部分大学的文化大餐，我们一起品味。	引导学生理解要适应环境，学会善于感受环境中传递正能量的文化元素。

续上表

活动过程	活动内容	活动目的
开展活动	活动一：感受学校精神文化魅力 活动任务： 1. 了解反映学校精神文化的主要内容。 2. 能简单说明学校精神文化中"我"的新发现。 活动过程： 1. 分组： 根据人数随机分组，每组6-7人；推选出小组长、记录员和发言人。 2. 欣赏下面的标志，说说你发现了什么？ 校训：爱国　进步　民主　科学 校训：自强不息　厚德载物； 校训：实事求是 校训：博学而笃志，切问而近思	活动一是让同学们通过认识名校的文化元素，激发学生向往知名高校、走进知名大学的积极性。

续上表

活动过程	活动内容	活动目的
开展活动	校训：学为人师，行为世范 校训：知术欲圆　行旨须直 3. 在下面的横线上写出"我"的新发现： ＿＿＿＿＿＿＿＿＿＿＿＿＿＿＿＿＿＿＿ ＿＿＿＿＿＿＿＿＿＿＿＿＿＿＿＿。 4. 小组交流： 人人发言，每个人说说校徽、校训蕴含的文化元素。小组长安排好发言次序，并由记录员做好发言记录。 5. 辅导教师小结： 小结要突出学校精神文化的育人功能。 当我们选择目前就读的这所学校，我想不仅仅是这所学校的社会声誉吸引着我们，从根本上来说，是母校一代又一代师生在多年的改革、建设、发展中凝聚的优良传统、校风学风，入校以来，有些同学已经感受到这里的文化气息，这就是学校的精神文化所在。在今后的学习社会中，我们将在这个成才的摇篮中接受文化的熏陶感染。今天，我们一起来揭开"她"神秘的面纱。首先共同欣赏我校的《校歌》。 （没有《校歌》者，可在网络下载兄弟学校励志歌曲。如四川邻水中学校歌《放飞理想》、山西省运城市河津市龙岗路河津中学校歌） 学校往往通过其"三校四风"（三校即校训、校徽、校歌，四风即校风、教风、学风和领导作风）来凝练其精神文化，教导我们该做什么，告诫我们不该做什么，使求学其中的学子心灵深处铭刻"文化"的烙印，让学生即便走到天涯海角也能耳熟能详、牢记于心，永远受到激励和鼓舞。	

续上表

活动过程	活动内容	活动目的
开展活动	活动二：说三道四——我对母校精神文化知多少 活动任务： 1. 能说出反映母校精神文化的主要内容。 2. 能简单阐明精神文化的基本内涵。 活动过程： 1. 分组： 根据人数随机分组，每组6-7人；推选出小组长、记录员和发言人。 2. 在下面的横线上写出（画出）我就读的母校相应的内容。 校歌名称：＿＿＿＿＿＿＿＿＿＿＿＿＿； 校徽： ＿＿＿＿＿＿＿＿＿＿＿＿＿； 校训：＿＿＿＿＿＿＿＿＿＿＿； 校风：＿＿＿＿＿＿＿＿＿＿＿； 教风：＿＿＿＿＿＿＿＿＿＿＿； 学风：＿＿＿＿＿＿＿＿＿＿＿； 领导作风：＿＿＿＿＿＿＿＿＿。 （老师给每小组发一张4K大白纸、一盒12色水彩笔、一卷双面胶） 3. 小组交流： 人人发言，每个人说清楚以上反映学校精神文化的内容，并简要解释其蕴含的文化内涵或者对你的启示。小组长安排好发言次序，并由记录员做好发言记录。 4. 共同分享： 每组发言人将记录了对精神文化内容及其释义的关键词的大白纸张贴在小组旁边的墙上或者黑板上，对小组交流中的同学们的不同认识进行讲解。（各小组轮流进行，其他成员可以追问或补充）	活动二是让同学们感受母校的学校精神，在校歌美妙的旋律中理解学校精神文化和精神实质以及对莘莘学子的殷切期盼。
教师总结	听了同学们的交流，老师也进一步了解同学们对我校精神文化及其内涵的理解。是啊，一代又一代在这里执教的"无名英雄"，一届又一届在这里求学的莘莘学子，和着《校歌》的旋律，在学校"三校四风"的感召下，一起成长，共同进步，以实际行动践行着校园精神文化，创造着一个又一个奇迹。 肯定本次活动中的积极表现，感谢同学们的积极参与，为同学们传递正能量。	

5 没有规矩不能成方圆
——认识学校制度文化

辅导目标：

1. 通过活动理解制度在学生成长中的重要作用；
2. 通过活动知道学校的主要规章制度；
3. 通过活动理解"没有规矩不成方圆"的内涵。

辅导重点：

1. 通过活动理解制度在学生成长中的重要作用；
2. 通过活动知道学校的主要规章制度。

辅导难点：

1. 通过活动理解"没有规矩不成方圆"的内涵；
2. 通过活动理解践行学校规章制度的重要意义。

课前准备： 大白纸、水彩笔、双面胶。

活动过程：

活动过程	活动内容	活动目的
课前导入	同学们，你看到"规矩"这两个字分别指的是什么？ "规"指的是圆规，木工干活会碰到打制圆窗、圆门、圆桌、圆凳等工作，古代工匠就已知道用"规"画圆了；"矩"也是木工用具，是指曲尺，所谓曲尺，并非弯曲之尺，而是一直一横成直角的尺，是木匠打制方形门窗桌凳必备的角尺。 今天，"没有规矩不能成方圆"已成俗语，常强调做任何事都要有一定的规矩、规则、做法，否则无法成功。"规"和"矩"合并成一个新词，"规矩"可解作一定的法则、标准、规范或习惯。 常言道："国有国法，家有家规"。其实国法、党纪、军令、行道、家规等都是用来维护秩序、弘扬正气、保证公平、净化环境、凝聚人心、融洽关系的基本准则和道德规范。	引出话题，理解"规矩"的内涵及其作用。

续上表

活动过程	活动内容	活动目的
开展活动	活动一：启蒙教育——家训家规不可小视 活动任务： 1. 能说出个人知道的"家训家规"及其名句； 2. 能说出家训家规对个人成长的启示。 活动过程： 1. 分组： 根据人数随机分组，每组6-7人；推选出小组长、记录员和重点发言人。 2. 在下面横线上填写"我"知道的"家训家规"及其名句： 家训家规：＿＿＿＿＿＿＿＿＿＿＿＿＿； 其中名句：＿＿＿＿＿＿＿＿＿＿＿＿＿； 成长启示：＿＿＿＿＿＿＿＿＿＿＿＿＿。 （老师给每小组发一张4K大白纸、一盒12色水彩笔、一卷双面胶） 3. 小组交流： 人人发言，小组长安排好发言次序，并由记录员做好发言记录。 4. 共同分享： 每组重点发言人将记录了要点的大白纸张贴在小组旁边的墙上或者黑板上，对小组交流的主要家训家规、名句及成长启示进行讲解。（各小组轮流进行） 5. 辅导教师小结： 听了同学们的交流，老师知道了同学们对传统文化知道的真不少。在传统社会，学校教育一般为贵族所有，老百姓的启蒙教育主要是"三百千千"即《三字经》《百家姓》《千字文》和《千家诗》，其中的很多内容今天仍值得学习借鉴。而流传至今的家训家规，如清·李毓秀的《弟子规》被誉为"开蒙养正最上乘"，以及其他的家训家规对今天的青少年处理好亲子关系中的意义不可小视。 一般人看来，规矩是用来约束人的言行的。其实，在当今社会，幼儿做游戏得遵守游戏规则，运动员参加体育比赛有竞技规则，工人师傅上班得遵守安全操作规程等。人类的社会活动总要受到各项规章制度的规范，从而使参加活动者有公平、公正的保障。教育更是如此，教育者为了让受教育者健康成长，通过制定规章制度、守则等引导规范受教育者的言行举止。	活动一是让同学们在内容丰富、思想鲜明的家训家规中体会长辈对晚辈的期望。理解适应环境不仅要适应如何学习，还要适应如何做人。

续上表

活动过程	活动内容	活动目的
开展活动	活动二：说长道短：学校制度的利与弊 活动任务： 1. 写出"我"知道的学校的主要规章制度； 2. 交流"我"对学校的制度利与弊的理解。 活动过程： 1. 写出"我"知道的学校（或班级）的主要规章制度名称或基本要求： （1）仪容仪表方面的制度：＿＿＿＿＿＿＿； （2）纪律考勤方面的制度：＿＿＿＿＿＿＿； （3）学分认定方面的制度：＿＿＿＿＿＿＿； （4）课堂纪律方面的制度：＿＿＿＿＿＿＿； （5）自习学习方面的制度：＿＿＿＿＿＿＿； （6）就寝纪律方面的制度：＿＿＿＿＿＿＿； （7）卫生保洁方面的制度：＿＿＿＿＿＿＿； （8）同学交往方面的制度：＿＿＿＿＿＿。 2. 写出学校（或班级）的规章制度对我们成长的利与弊 （1）利：＿＿＿＿＿＿＿＿＿； （2）弊：＿＿＿＿＿＿＿＿＿。 3. 小组交流： 要求人人发言，小组长安排好发言次序、发言记录。 4. 共同分享： 每组自愿发言人将记录了要点的大白纸张贴在小组旁边的墙上或者黑板上，对小组讨论中组员对制度利与弊进行讲解。（各小组轮流进行） 5. 辅导教师小结： 听了同学们的交流，老师理解对制度持不同意见。下面我们进行"心理剧"表演，大家进一步感受学校制度对我们成长的重要作用。	活动二是让同学们了解学校已有的规章制度，并理解规章制度在中职生成长中的积极作用。
	活动三：微型心理剧表演 活动任务： 1. 能依据老师提供的剧情积极扮演剧情中的角色； 2. 能充分表达不同角色的心理体验。 活动过程： 1. 分组： 根据人数随机分组，每组6-7人；推选出小组长。	活动三是让同学们通过心理剧表演，深切感受中职生违纪违规带来的后果，树立主动适应环境、自觉遵守纪律的思想观念。

续上表

活动过程	活动内容	活动目的
开展活动	2. 剧情介绍： 剧情 1：夜不归宿 寒风刺骨的晚上 10:30，查宿的 H 老师来到 × 寝室，发现喜欢进网吧的本宿舍的小 T 和大 S 夜不归宿，H 老师安排本宿舍其他 4 名同学上街去网吧找人。 剧情 2：巧遇 周六下午 2:00，高二（2）班男生小 C 的父亲从乡下领着上初二的妹妹来宿舍看望小 C，伏案读书的舍友说小 C 出去了，父女没见到小 C，却看见床头上贴着的一张小 C 与女同学的大头贴，父亲失望而去，但在出校门不远处碰见酩酊大醉的小 C 与女同学"亲密"。 剧情 3：上课了 某日上午第二节课上课铃响了，刚刚大学毕业的英语女老师 W 面带微笑来教室上课，班内小 N 和小 M 传篮球，W 老师组织好纪律开始上课，不到 1 分钟，班里的小 G 和小 K 同学突然厮打起来…… 3. 分解任务： 辅导老师安排各小组长上前抽签，确定各小组表演的"心理剧"剧情卡片。 4. 表演准备： 小组长宣读剧情并根据剧情进行扮演角色分工，为了表现不同角色的心理感受，允许对剧情细节内容和剧情后续发展可以自由发挥，并进行预演。 5. 心理剧表演： 各小组轮流进行表演。 6. 辅导教师点评： 看了同学们的表演，老师相信同学们感受到了违反学校规章制度可能导致的后果。是啊，学校通过制定各项规章制度，来引导同学们积极健康、乐观向上的学习态度。进入中职阶段学习，同学们最难适应的可能是对学校制度的逆反、敌对等。在今后的学习中，我们改变不了学校的规章制度，那就需要以积极的态度适应各项规章制度，因为"没有规矩不能成方圆"。	
教师总结	肯定本次活动的成绩，感谢同学们的积极参与，为同学们送去美好的祝愿。	

6　成长大舞台
——感受学校特色文化活动

辅导目标：

1. 通过活动理解特色文化活动是人生发展中丰富知识、锻炼才能的重要途径；

2. 通过活动了解学校形成品牌的特色文化活动；

3. 通过活动激发学生乐于参加学校文化活动的自觉性。

辅导重点：

1. 通过活动理解特色文化活动是人生发展中丰富知识、锻炼才能的重要途径；

2. 通过活动了解学校形成品牌的特色文化活动。

辅导难点：

通过活动激发学生乐于参加学校文化活动的自觉性。

课前准备：大白纸、水彩笔、双面胶。

活动过程：

活动过程	活动内容	活动目的
课前导入	同学们，如果说学校的精神文化、制度文化以"明示"的方式来引导中职生如何"走好青春路，迈好第一步"，学校的特色文化活动则为我们搭建"丰富知识、锻炼才干，书写青春、展示特长"的舞台。今天，我们来探讨特色文化活动的意义、价值。	引出话题，引导学生对各项活动的兴趣。
开展活动	活动一：难忘的一次活动 活动任务： 1. 能说清参加过的一次难忘活动； 2. 能说出难忘的原因； 3. 能表达活动对"我"心理成长的帮助（或启示）。 活动过程： 1. 分组： 根据人数随机分组，每组6-7人；推选出小组长、记录员和重点发言人。 2. 回忆难忘的一次活动。 （1）活动名称：_____、活动时间：_____； （2）难忘的原因：_____； （3）对"我"心理成长的帮助（或启示）： _____。 （老师给每小组发一张4K大白纸、一盒12色水彩笔、一卷双面胶）	活动一是让同学们通过回忆、反思"我"难忘的一次活动，引导同学们感受参加活动不仅带来乐趣，而且有助于个人情绪调节、自信培养、能力锻炼等心理的成长。

续上表

活动过程	活动内容	活动目的
开展活动	3. 小组交流： 人人发言，小组长安排好发言次序，并由记录员做好发言记录。 4. 共同分享： 每组重点发言人将记录了要点的大白纸张贴在小组旁边的墙上或者黑板上，对小组交流的典型活动和对某人成长的帮助（或启示）进行讲解。（各小组轮流进行） 5. 辅导教师小结： 听了同学们的交流，老师知道了同学们参加活动不仅感到快乐、学到知识、得到锻炼、受到教育，有的同学还在活动中忘掉了烦恼、找到了自信、发现了个人"闪光点"；有的同学还在活动中感受到了集体中的温暖、增进了师生之间、家长与孩子之间、同学之间的理解。在新的学习环境中，我们要顺利适应环境，就要积极参加有益于身心健康的文体特色活动。下面，我们来了解我校的特色文化活动，如果大家积极参与这种集体活动，对今后同学们的身心健康、能力提升定有帮助。	
	活动二：分享文化大餐：我校的特色文化活动 活动任务： 1. 写出"我"知道的我校特色文化活动（至少写出两项活动）； 2. 表述参加特色活动的好处。 活动过程： 1. 写出"我"知道的我校特色文化活动及其好处： （1）特色活动名称：＿＿＿＿＿＿＿＿＿； 参加活动的好处：＿＿＿＿＿＿＿＿＿。 （2）特色活动名称：＿＿＿＿＿＿＿＿＿； 参加活动的好处：＿＿＿＿＿＿＿＿＿。 （3）特色活动名称：＿＿＿＿＿＿＿＿＿； 参加活动的好处：＿＿＿＿＿＿＿＿＿。 2. 小组交流： 要求人人发言，小组长安排好发言次序、发言记录。侧重交流活动对个人认识、情绪、意志等心理活动过程的影响和对正确认识自我、悦纳自我等方面的意义。 3. 共同分享： 每组自愿发言人将记录了要点的大白纸张贴在小组旁边的墙上或者黑板上，对小组讨论中的组员的好处（深刻体会）进行讲解。（各小组轮流进行）	活动二是让同学们在"说长道短"的氛围中回忆、思考对母校的认识，并通过过去的印象和当前的感受对比，增强同学们对母校的"认同感"。因为我们将在这里汲取的"养分"，走向成功。我们是母校的孩子，要树立"今日我以母校为荣，明日母校以我为荣"的进取思想。

续上表

活动过程	活动内容	活动目的
开展活动	4. 辅导教师小结： 听了同学们的交流，老师明白同学们对特色文化活动在丰富阅历、拓展知识、锻炼才干、促进健康等方面的认识。 活动三：别样的教育 活动任务： 1. 阅读山东省昌乐二中65公里远足拉练活动材料； 2. 说出兄弟学校的特色文化活动对"我"成长的启示。 活动过程： 1. 写出阅读特色活动过程中"我"的新发现。 _____。 2. 写出兄弟学校的特色文化活动对"我"成长的启示： _____。 3. 小组交流：每人把特色活动对"我"的启示组内交流。 4. 全班分享：每组推选一名组员对小组成员的"启示"进行共同分享。 教师小结：课外特色文化活动对我们的成长至关重要。南宋诗人陆游在《冬夜读书示子聿》中写道"古人学问无遗力，少壮工夫老始成。纸上得来终觉浅，绝知此事要躬行。"从书本上得到的知识终归是浅显的，最终要想认识事物或事理的本质，还必须自己亲身的实践。参加富有特色文化实践活动，对我们很有裨益。	活动三是让同学们以名人名言、警句为精神动力，增强学习的主动性、自觉性和积极性，不断鼓励自己，勤奋学习，走向成功。
教师总结	肯定本次活动的成绩，感谢同学们的积极参与，告诉同学们：在中职学习生活中，要合理安排学习时间，积极参加学校开展的特色文化活动。	

7 社团活动
——伴"我"成长的"合作社"

辅导目标：

1. 通过活动了解学校主要的学生社团及其活动宗旨；
2. 通过活动交流参加学生社团活动的打算；
3. 通过活动理解参加有益于身心健康的学生社团活动可以培养中职生的适应环境能力。

辅导重点：

通过活动了解学校主要的学生社团及其活动宗旨。

辅导难点：

1. 通过活动交流参加学生社团活动的打算；
2. 通过活动理解学生社团在中职生健康成长中的积极作用。

课前准备：大白纸、水彩笔、双面胶。

活动过程：

活动过程	活动内容	活动目的
课前导入	同学们，学生社团是指学生为了实现会员的共同意愿和满足个人兴趣爱好的需求、自愿组成的、按照其章程开展活动的群众性学生组织。学生社团是我国校园文化建设的重要载体，是我国学校第二课堂的引领者。	介绍学生社团的性质和作用。
开展活动	活动一：感受兄弟学校学生社团的魅力 活动任务： 1. 了解兄弟学校学生社团的主要活动及其社会影响； 2. 能说明学生社团对中职生提高适应能力的重要作用。 活动过程： 1. 分组： 根据人数随机分组，每组6-7人；推选出小组长、记录员和发言人。 2. 阅读"兰州一中交响乐团"的活动信息，下面横线上填写相关的内容： 主要活动：_____。 社会影响：_____。 成长帮助：_____。	活动一是让同学们通过了解兄弟学校的同龄人参加的社团活动，正确认识学生社团在青少年适应环境、健康成长中的重要意义。

续上表

活动过程	活动内容	活动目的
开展活动	3. 小组交流： 人人发言，说说各具特色的学生社团活动对社会的影响和对社团个人的成长帮助。小组长安排好发言次序，并由记录员做好发言记录。 4. 辅导教师小结： 小结要突出学生社团的"合作性"，对参与其中的每个成员在扬长避短、展示特长、陶冶情操、强身健心，提高人际交往能力和组织管理能力等方面的积极作用。 活动二：说三道四——走进我校学生社团 活动任务： 1. 能说出我校主要的学生社团； 2. 能说出你选择参加某一学生社团的打算。 活动过程： 1. 分组： 根据人数随机分组，每组6-7人；推选出小组长、记录员和发言人。 2. 在下面的横线上写出知道的我校学生社团名称及其特色活动。 社团名称：＿＿＿＿＿，特色活动：＿＿＿＿＿； 社团名称：＿＿＿＿＿，特色活动：＿＿＿＿＿； 社团名称：＿＿＿＿＿，特色活动：＿＿＿＿＿。 如果自愿选择参加某一学生社团，"我"的打算： ＿＿＿＿＿＿＿＿＿＿＿＿＿＿＿＿＿＿＿＿。 （老师给每小组发一张4K大白纸、一盒12色水彩笔、一卷双面胶） 3. 小组交流： 人人发言，重点交流个人参加某一社团的打算。小组长安排好发言次序，并由记录员做好发言记录。 4. 共同分享： 每组发言人将记录了对精神文化内容及其释义的关键词的大白纸张贴在小组旁边的墙上或者黑板上，对小组交流中同学们的打算进行重点讲解。（各小组轮流进行。） 5. 辅导教师小结： 听了同学们的交流，老师了解到咱们班同学们的爱好广泛，说明了绝大多数同学态度积极、心态阳光，这对我们尽快适应中职生一定很有帮助。	活动二是让同学们感受我校的学生社团，并交流同学们对自己兴趣特长认识的基础上，说清楚参加某一社团的打算。

续上表

活动过程	活动内容	活动目的
开展活动	活动三：设计活动——展示我的社团活动组织管理能力 活动任务：（二选一） 1. 假如"我"是学校辩论社的活动部长，本周举办以班级为代表队的辩论赛，请简要设计一次辩论会活动实施方案。 2. 假如"我"是某一场辩论赛正方或反方代表队的辩手，写出开篇陈词。 活动过程： 1. 老师提供辩论赛辩题： 场次　　　　　　　　辩题 初赛 第一场　正方：社会秩序的维系要靠法律 　　　　反方：社会秩序的维系要靠道德 第二场　正方：先天遗传比后天环境更重要 　　　　反方：后天环境比先天遗传更重要 第三场　正方：个人利益和集体利益可以两全 　　　　反方：个人利益和集体利益不可两全 第四场　正方：金钱是万能的 　　　　反方：金钱不是万能的 第五场　正方：愚公应该移山 　　　　反方：愚公应该搬家 预赛 第六场　正方：知足者常乐 　　　　反方：不知足者常乐 第七场　正方：自律更重要 　　　　反方：他律更重要 第八场　正方：应试教育有存在的必要性 　　　　反方：应试教育没有存在的必要性 决赛　　正方：顺境成才 　　　　反方：逆境成才 2. 在下面的横线上写出"我"的活动实施方案或辩手开篇陈词： _____ _____ _____ _____ _____ _____。	

续上表

活动过程	活动内容	活动目的
开展活动	3. 小组交流： 人人发言，交流个人实施方案或开篇陈词。小组长安排好发言次序，并由记录员做好发言记录。 4. 共同分享： 每组推荐1名发言人将比较完善的辩论赛实施方案或开篇陈词进行重点讲解。（各小组轮流进行，其他成员就不合理的内容可以追问或补充。）	
教师总结	听了同学们的交流，老师了解到咱们班同学们具有很强的活动策划能力和活动应变能力，保持这种昂扬向上、积极参与的精神，对我们的学习成长一定有帮助。 肯定本次活动中的积极表现，感谢同学们的积极参与，为同学们传递正能量。	

8 我的师哥师姐
——分享母校的优秀学子

辅导目标：

1. 通过活动了解学校师哥师姐的优秀风采；

2. 通过活动体会"榜样就在身边"的道理；

3. 通过活动引导学生在学习、做人方面向师哥师姐学习。

辅导重点：

1. 通过活动了解学校师哥师姐的优秀风采；

2. 通过活动体会"榜样就在身边"的道理。

辅导难点：

通过活动增强学生在学习、做人方面向师哥师姐学习的自觉性。

课前准备：大白纸、水彩笔、双面胶；

学校有校史展室的辅导老师提前组织学生参观校史展室。

活动过程：

活动过程	活动内容	活动目的
课前导入	同学们，著名雕塑大师罗丹说过："生活中不是没有美，而是缺少发现美的眼睛。"在感动中国的评选活动中，2011年评选出了"重孝德，八岁养女侍奉养母十二年；知感恩，花季少女带着瘫母上大学"的感动人物——山西师范大学临汾学院在校学生孟佩杰。	介绍学生社团的性质和作用。
开展活动	活动一：感受《身边的感动》——小手捧出大孝心 活动任务： 1. 了解孟佩杰的成长心路历程； 2. 交流孟佩杰感人故事对"我"的启示。 活动过程： 1. 分组： 根据人数随机分组，每组6-7人；推选出小组长、记录员和发言人。 2. 观看视频资料：《身边的感动》——小手捧出大孝心 视频资料来源：http://news.cntv.cn/program/dongfang shikong/20111130/117023.shtml 3. 在下面横线上写出观后感： _____ _____ _____ _____ _____。 4. 小组交流： 人人发言，说说孟佩杰感人事迹的观后感。小组长安排好发言次序，并由记录员做好发言记录。 5. 辅导教师小结： "天有不测风云，人有旦夕祸福。"感动中国推选委员丁俊杰这样评价孟佩杰：孝顺，是中国人的传统美德。孟佩杰，付出的是孝心，赢得的是尊重，一个感动中国人的平凡女孩。推选委员王振耀说：童稚的年岁，她一力撑起几经风雨的家。她的存在，是养母生存的勇气，更激起了千万人心中的涟漪。 颁奖辞：在贫困中，她任劳任怨，乐观开朗，用青春的朝气驱赶种种不幸；在艰难里，她无怨无悔，坚守清贫，让传统的孝道充满每个细节。虽然艰辛填满四千多个日子，可她的笑容依然灿烂如花。其实，我们每个人是幸福的，我们要学会快乐地学习生活。	活动一是让同学们通过观看同龄人的感人事迹，引导学习孟佩杰面对困境以积极的心态适应挫折环境，迎难而上、勇往直前的优秀品质。

续上表

活动过程	活动内容	活动目的
开展活动	活动二：身边的榜样——走近我身边的感动 活动任务： 1. 能说出我校"十佳校园之星"或"班级十佳之星"及其"闪光点"； 2. 感受"榜样就在身边"的道理； 活动过程： 1. 分组： 根据人数随机分组，每组6-7人；推选出小组长、记录员和发言人。 2. 在下面的横线上写出校园十佳之星（或我认可的班级十佳之星）。 诚信之星：_____，他／她的"闪光点"：_____； 勤学之星：_____，他／她的"闪光点"：_____； 进步之星：_____，他／她的"闪光点"：_____； 友爱之星：_____，他／她的"闪光点"：_____； 节俭之星：_____，他／她的"闪光点"：_____； 助人之星：_____，他／她的"闪光点"：_____； 孝敬之星：_____，他／她的"闪光点"：_____； 守纪之星：_____，他／她的"闪光点"：_____； 健体之星：_____，他／她的"闪光点"：_____； 环保之星：_____，他／她的"闪光点"：_____； （老师给每小组发一张4K大白纸、一盒12色水彩笔、一卷双面胶） 3. 小组交流： 人人发言，重点交流某位学习榜样的"闪光点"。小组长安排好发言次序，并由记录员做好发言记录。 4. 共同分享： 每组发言人将记录了"身边榜样的闪光点"的关键词的大白纸张贴在小组旁边的墙上或者黑板上，对小组交流中的榜样的"闪光点"进行讲解。（各小组轮流进行。） 5. 辅导教师小结： "尺有所短寸有所长。"听了同学们的交流，老师了解到咱们身边的榜样比比皆是，他们平凡但不平庸，平常但不甘落后，取得了可喜可贺的成绩。在今后的学习中我们要学习他们身上表现出的诚实守信、勤奋好学、迎难而上、友爱相处、勤俭节约、乐于助人、孝敬父母、遵章守纪、爱好运动、志愿环保等优秀品质。 老师让同学们参观了我校的校史展室，里边有专栏介绍了从这里起航的优秀学子，下面我们重温他／她们的骄人事迹。	活动二是让同学们用善于发现"美"的眼睛洞察身边师哥师姐中的"榜样"在学习生活中表现出的待人接物、为人处事的可贵品质。

续上表

活动过程	活动内容	活动目的
开展活动	活动三：校友风采——母校的骄子 活动任务： 1. 能说出"我"知道的从母校起航的优秀学子的骄人业绩。 2. 能说出"母校骄子"对"我"引发的思考。 活动过程： 1. 在下面的横线上写出"我"知道的从母校起航的知名校友及其业绩： 校友姓名：_____，骄人业绩：_____； 校友姓名：_____，骄人业绩：_____； 校友姓名：_____，骄人业绩：_____。 知名校友引发的"思考"：_____ _____ _____ _____ 2. 小组交流： 人人发言，交流个人了解到的母校的骄子的业绩和精神。小组长安排好发言次序，并由记录员做好发言记录。 3. 共同分享： 每组推荐1名发言人将本组成员理解到的知名校友的业绩品质，特别是引发"我"的思考进行重点讲解。（各小组轮流进行，其他成员就不合理的内容可以追问或补充。） 4. 辅导教师（或学生）小结： 听了同学们的交流，我们了解到我校知名校友的业绩以及由他/她们引发的我们的"思考"。其实，他/她们在这里求学时，年龄和在座的各位比较接近，正是他们积极适应中职学习环境，恰当处理文化课学习与能力提高的关系，脚踏实地、追求卓越，取得了骄人的业绩。老师相信同学们也能向他们学习，若干年以后在不同的岗位上为国争光！最后，我们一起欣赏歌曲《再过二十年》。	活动三是让同学们用善于发现"美"的眼睛洞察身边师哥师姐中的"榜样"在学习生活中表现出的待人接物、为人处事、励志创业的可贵品质。
教师总结	肯定本次活动中的积极表现，感谢同学们的积极参与，为同学们传递正能量。	

9　阅读
——书籍是人类进步的阶梯

辅导目标：

1. 通过活动理解"书籍是人类进步的阶梯"；

2. 通过活动掌握正确地读书方法；

3. 通过活动体会阅读是帮助我们适应环境、保持心理健康的重要手段。

辅导重点：

1. 通过活动理解"书籍是人类进步的阶梯"；

2. 通过活动掌握正确的读书方法。

辅导难点：

通过活动体会阅读是帮助我们适应环境、保持心理健康的重要手段。

课前准备：大白纸、水彩笔、双面胶。

活动过程：

活动过程	活动内容	活动目的
课前导入	同学们，有关读书的名言警句激励一代又一代背井离乡的学子在知识的海洋中遨游。例如汉代文史家司马迁的"行千里路，读万卷书。"杜甫："读书破万卷，下笔如有神""学富五车（惠施），才高八斗（曹植）。""书到用时方恨少，事非经过不知难。"汪洙编纂的《神童诗》中写道"天子重英豪，文章教尔曹；万般皆下品，唯有读书高。"宋代陆游在《冬夜读书示子聿》中云："纸上得来终觉浅，绝知此事要躬行。"今天，我们共同探讨有关阅读的话题。	
开展活动	活动一：我与经典名著的故事 活动任务： 1. 回忆对"我"最有影响的经典名著（至少3部）； 2. 说出最有影响的经典名著对"我"带来的变化。 活动过程： 1. 分组： 根据人数随机分组，每组6-7人；推选出小组长、记录员和发言人。 2. 在下面横线上写出对"我"最具影响的名著及简要读后感： （1）书名：《_____》； 观后感：_____。 （2）书名：《_____》； 观后感：_____。 （3）书名：《_____》； 观后感：_____。	

续上表

活动过程	活动内容	活动目的
开展活动	3.　小组交流： 人人发言，重点交流阅读对"我"改变思想认识、体验快乐情绪、克服困难挫折、走出心理阴影等方面带来的变化。小组长安排好发言次序，并由记录员做好发言记录。 4.　辅导教师小结： 中国有句古话："开卷有益。"德国大诗人歌德说过："读一本好书就等于和一位高尚的人对话。"阅读文学名著，就是在和一位位文学大师对话。读一本好书，就好比和一位伟人对话。古人云："以铜为鉴，可以正衣冠；以古为鉴，可以知兴衰；以人为鉴，可以明得失；以史为鉴，可以知兴替。"通过阅读，我们还可以感受风雨雷电、气象万千、江河奔腾、潮起潮落、春夏秋冬、花开花落、物竞天择、优胜劣汰、群雄争霸、王朝更替的自然和社会变化规律。也会因扣人心弦的故事情节所打动：时而喜形于色，环呼雀跃；时而泪流满面，泣不成声。时而心惊肉跳，毛骨悚然；时而痛心疾首，捶胸顿足。这就是读书带给我们的情意变化。 活动二：取长补短——分享我的读书方法 活动任务： 1.　能说出"我"喜欢的图书种类； 2.　能说出"我"常用的读书方法。 活动过程： 1.　分组： 根据人数随机分组，每组 6-7 人；推选出小组长、记录员和发言人。 2.　在下面的横线上填写我喜欢的图书种类及阅读方法。 （1）图书种类：_____，阅读方法：_____； （2）图书种类：_____，阅读方法：_____； （3）图书种类：_____，阅读方法：_____。 （老师给每小组发一张 4K 大白纸、一盒 12 色水彩笔、一卷双面胶） 3.　小组交流： 人人发言，重点交流"我"的阅读方法。小组长安排好发言次序，并由记录员做好发言记录。 4.　共同分享： 每组发言人将记录了"阅读方法"的关键词的大白纸张贴在小组旁边的墙上或者黑板上，对小组交流中独特的阅读方法进行讲解。（各小组轮流进行。）	

续上表

活动过程	活动内容	活动目的
	5. 辅导教师小结： "条条大路通罗马。"在阅读的世界里，我们每个人都有适合自己学习方式的阅读方法。在中职紧张的迎考过程中，我们可以利用课余时间根据个人发展的需要，采取不同的方法选读不同的著作，以调节我们的情绪、缓解我们的压力、激发我们的热情。	
开展活动	活动三：博采众长——名人读书方法有感 活动任务： 1. 了解名人读书的常用方法； 2. 能说出各种读书方法的利与弊。 活动过程： 1. 学习下面的材料： **名人读书法** 孔丘的"学思结合法"："学而不思则罔，思而不学则殆。" 子思的"五之法"："博学之、审问之、慎思之、明辨之、笃行之。" 王充的"古今法"："知古不知今谓之陆沉，知今不知古谓之盲瞽。" 韩愈的"提要钩玄法"："记事者必提其要，纂言者必钩其玄。" 朱熹的"三到法"："要口到、眼到、心到。" 徐特立的"古今中外法"："把古今结合，中外结合，变为我的。" 陶铸的"细嚼慢咽法"："做学问的功夫，是细嚼慢咽的功夫。" 谢觉哉的"挤钻法"："没有时间，挤；学不进去，钻。" 邓拓的"积累法"："古今有学问的人、有成就的人，总是十分注意积累的。" 巴金的"苦学法"："苦学能够战胜一切。学问的宫殿不分贫富都可以进去。" 赵树理的"淘金法"："读书也像开矿一样，沙里淘金。" 华罗庚的"厚薄法"："书由厚变薄是阅读能力提高的标志。" 冰心的"创新法"："读书恨与古人同。" 李准的"先浓后淡法"："先浓后淡更有味。" 李政道的"杂七杂八法"："我是学物理的。不过，我不专看物理书，还喜欢看杂七杂八的书，多看一些头脑就比较活跃。"	

续上表

活动过程	活动内容	活动目的
开展活动	陈善的"出入法": "既能够钻进去,又能跳出来。"(资料来源: http://www.gzlib.gov.cn/readcommend/dsff/dsff_detail.do? id=186417) 2. 在下面的横线上填写不同阅读方法的利与弊。 (1)"＿＿＿＿＿＿＿＿＿＿＿"读书法: "利"有:＿＿＿＿＿＿＿＿＿＿; "弊"有:＿＿＿＿＿＿＿＿＿＿。 (2)"＿＿＿＿＿＿＿＿＿＿＿"读书法: "利"有:＿＿＿＿＿＿＿＿＿＿; "弊"有:＿＿＿＿＿＿＿＿＿＿。 (3)"＿＿＿＿＿＿＿＿＿＿＿"读书法: "利"有:＿＿＿＿＿＿＿＿＿＿; "弊"有:＿＿＿＿＿＿＿＿＿＿。 (老师给每小组发一张4K大白纸、一盒12色水彩笔、一卷双面胶) 3. 小组交流: 人人发言,重点交流"我"对阅读方法的"利""弊"分析。小组长安排好发言次序,并由记录员做好发言记录。 4. 共同分享: 每组发言人将记录了"利与弊"的关键词的大白纸张贴在小组旁边的墙上或者黑板上,对小组交流中主要观点进行讲解。(各小组轮流进行。) 5. 辅导教师小结: 分享了同学们对名人的读书方法的"利与弊"分析,我们发现不同的学习内容适合不同的阅读方法,不同的人也形成了不同的阅读方法。但是,不同的阅读方法会影响读书学习的效果,我们不仅要"好读书,读好书",而且要养成良好的阅读习惯,提高适应中职阶段学习生活的适应能力。	
教师总结	肯定本次活动中的积极表现,感谢同学们的积极参与,为同学们传递正能量。	

10　音乐
——调节情绪的"润滑剂"

辅导目标：

1．通过活动感受不同音乐激发人不同的情绪体验；

2．通过活动了解音乐与心理健康之间的关系；

3．通过活动理解音乐是保证心理健康的重要途径之一。

辅导重点：

1．感受音乐与人情绪变化的关系；

2．了解音乐与心理健康之间的关系。

辅导难点：

理解音乐是保证心理健康的重要途径之一。

课前准备： 大白纸、水彩笔、双面胶；

下载本节课需要的乐曲。

活动过程：

活动过程	活动内容	活动目的
课前导入	同学们，西方有一位哲人认为：世界上有两件最奇妙的东西，那就是数学和音乐。数学用0~9这十个数字来表现逻辑的世界；音乐则用C~B这七个音符来表达感情的世界。音乐这种声音的艺术，从原始的歌唱到后来的器乐乃至今天的乐队，在不同的社会背景下都会激起人心的波澜。	
开展活动	活动一：欣赏音乐 活动任务： 1．了解不同音乐的节奏旋律的差别； 2．理解音乐对人的心理影响。 活动过程： 1．欣赏下列音乐演奏片段： （1）二胡曲《月夜》； （2）钢琴曲《命运交响曲》； （3）笛子曲《牧民新歌》； （4）二胡曲《赛马》； （5）古筝曲《十面埋伏》。 2．分别写出"我"对以上乐曲特点的概括： （1）二胡曲《月夜》的特点：＿＿＿＿＿＿＿； （2）钢琴曲《命运响曲》的特点：＿＿＿＿＿＿； （3）笛子曲《牧民新歌》的特点：＿＿＿＿＿＿；	

续上表

活动过程	活动内容	活动目的
	（4）二胡曲《赛马》的特点：＿＿＿＿＿＿＿＿＿＿； （5）《十面埋伏》的特点：＿＿＿＿＿＿＿＿＿＿。 3. 不同乐曲对"我"的心理影响： ＿＿＿＿＿＿＿＿＿＿＿＿＿＿＿＿＿＿＿ 4. 小组交流： 人人发言，说说不同音乐的特点及其对"我"的心理影响。小组长安排好发言次序，并由记录员做好发言记录。 5. 辅导教师小结： 古人所谓"乐之为务，在于和心。"音乐作为一种声波，当其频率、节奏、强度等与人体内部的振动频率、生理节奏一致时，便会发生同步的和谐共振，产生一种类似细胞按摩的作用，从而起到镇静、镇痛、降压等综合的效果。人们通过接触不同的音乐信息，体会到愉快、轻松、甜蜜、思念、悲怆、愤怒、忧伤、哀怨、惊恐的情绪体验，引起强烈的感情共鸣，使积攒的负性情绪得到释放和宣泄，从而恢复心理平衡。	
开展活动	活动二：不解之缘——我与音乐的故事 活动任务： 1. 能说出"我"最喜欢的音乐类型或曲目； 2. 能说出"我"喜欢这类（曲）音乐的原因； 活动过程： 1. 分组： 根据人数随机分组，每组6-7人；推选出小组长、记录员和发言人。 2. 在下面的横线上写出"我"喜欢的音乐类型及其原因。 （1）我喜欢的音乐类型：＿＿＿＿＿＿＿＿＿； （2）我喜欢的音乐曲目：＿＿＿＿＿＿＿＿＿； （3）我喜欢这类（曲）音乐的原因：＿＿＿＿＿。 （老师给每小组发一张4K大白纸、一盒12色水彩笔、一卷双面胶） 3. 小组交流： 人人发言，重点交流喜欢某一类（曲）音乐的原因。小组长安排好发言次序，并由记录员做好发言记录。 4. 共同分享： 每组发言人将记录了喜欢的音乐类型和曲目及其原因的关键词的大白纸张贴在小组旁边的墙上或者黑板上，对小组交流中交流的要点进行讲解。（各小组轮流进行。）	

续上表

活动过程	活动内容	活动目的
	5. 辅导教师小结： 在我们的成长过程中经历着不同的故事，每一个故事往往伴随着喜、怒、哀、乐的情绪体验，有了不同的情绪体验我们也学会了通过欣赏音乐来调整自己的情绪，说明音乐是调节心理状态的"润滑剂"。	
开展活动	活动三：学会鉴赏——并非所有的有益的 活动任务： 1. 了解音乐与人的身心健康的关系。 2. 理解音乐是保证心理健康的重要途径之一。 活动过程： 1. 阅读下面的材料： 不是所有的音乐对人的身心健康都是有益的。医学实验证明，音乐的类型会影响脑部血液的循环，有的音乐会增加脑部的血量，使血液活动顺畅；有的相反，会降低血液循环的速度，缓和外界的刺激。 国外有位心理学家曾对3个不同的交响乐队的208名队员进行了分析。结果发现，以演奏古典乐曲为主的乐队成员，心情大都平稳愉快；以演奏现代乐曲或以演奏现代乐曲为主的成员，70%以上的人患有神经过敏症，60%以上的人急躁，22%以上的人情绪消沉，还有些人经常失眠、头痛、耳痛和腹泻。 还有人对一些音乐爱好者做过调查，发现在经常欣赏古典音乐的家庭里，人与人的关系相处得和睦；经常欣赏浪漫派音乐的人，性格开朗，思想活跃；而热衷于嘈杂的现代派音乐的家庭里，成员之间经常争吵不休。据说是长期听这种音乐，会使神经系统受到强烈的刺激，甚至破坏心脏和血管系统的正常功能。 （资料来源：http://daily.cnnb.com.cn/xqb/html/2010-05/27/content_195785.htm） 2. 说出以上资料对"我"引发的"思考"： ＿＿＿＿＿＿＿＿＿＿＿＿＿＿＿＿＿＿＿＿＿ ＿＿＿＿＿＿＿＿＿＿＿＿＿＿＿＿＿＿＿＿＿ 3. 小组交流： 人人发言，交流个人以上资料对"我"引发的"思考"。小组长安排好发言次序，并由记录员做好发言记录。	

续上表

活动过程	活动内容	活动目的
开展活动	4. 共同分享： 每组推荐 1 名发言人将本组成员的"思考"进行讲解。（各小组轮流进行，其他成员就不合理的内容可以追问或补充。） 5. 辅导教师（或学生）小结： 音乐是我们生活的"调味品"。今后我们要根据需要去欣赏各具风格的音乐，是我们及时化解消极情绪，保持健康的、向上的、乐观的精神状态。 最后，我们一起欣赏太极养生音乐加长版《风轻云淡》片段。（资料来源：http://www.56.com/w38/play_album-aid-4384879_vid-NTYzMDQ2MzQ.html）	
教师总结	肯定本次活动中的积极表现，感谢同学们的积极参与，为同学们传递正能量。	

11 运动
——强身健心的基本保证

辅导目标：

1. 通过活动理解运动与身体健康的关系；
2. 通过活动理解运动与心理健康的关系；
3. 通过活动掌握科学运动的主要方法。

辅导重点：

1. 理解运动与身体健康的关系；
2. 掌握科学运动的主要方法。

辅导难点：

理解运动与心理健康的关系。

课前准备：大白纸、水彩笔、双面胶。

活动过程：

活动过程	活动内容	活动目的
课前导入	法国思想家伏尔泰提出了"生命在于运动"的格言。据说他喜欢散步、跑步、击剑、骑马、游泳、爬山、日光浴等运动。直到80岁高龄时，还和朋友一起登山看日出。今天，我们来探讨有关运动与健康的关系。	引出话题，并通过热身活动活跃气氛，为下面开展活动做好铺垫。
开展活动	活动一：我运动，我快乐 活动任务： 1. 说说"我"喜欢的体育运动项目； 2. 说出参加体育运动带来的快乐。 活动过程： 1. 写出"我"喜欢的运动项目。 _____。 2. 写出参加体育运动给"我"带来的快乐。 _____。 3. 小组交流：把自己喜欢的体育运动项目及其给"我"带来的好处在小组内交流。 4. 全班分享：每组推选一名组员说说经常参加运动给"我"带来的快乐。 5. 教师小结：伟大领袖毛泽东曾说过："身体是革命的本钱"。同学们参加体育运动不仅强身健体，而且培养了积极、乐观的心态。 活动二：健康离不开运动 活动任务： 1. 对"我"的健康状况进行自我评价； 2. 说出对"中日韩中职生健康调查部分结果"的想法。 活动过程： 1. 分组： 根据人数随机分组，每组6-7人；推选出小组长、记录员和发言人。 2. 对"我"的健康状况进行自我评价： 对身体健康状况的自评_____，对心理健康状况的自评_____。 A. 很满意　B. 满意　C. 较满意　D. 不满意	

续上表

活动过程	活动内容	活动目的
开展活动	3. 阅读下面资料。 上海市社会科学院青少年研究所 2011 年 4 月 19 日公布了一项关于中国、日本、韩国三国中职生身心健康状况的调查。报告显示，中国中职生在三国同龄人中心理压力最低，但体质相对较差。 调查结果显示，中国中职生的心理压力最低。中日韩中职生认为近一年"经常有"精神压力的比例分别为 16.0%、32.8%、47.1%，但中日两国中职生的抑郁情绪和焦虑情绪水平，则显著高于韩国中职生。在产生心理压力的来源中，学习问题和毕业去向是三国中职生共同的主要压力源。面对压力，中国中职生倾向于选择忍耐、睡觉和一个人玩等"隐忍"的应对方式。在以中职生因病请假的状况来反映健康状况的调查中，调研者发现中国中职生的身体素质比日韩中职生差，从未因病或伤请假的比例从高到低分别为韩（71.6%）、日（53.1%）、中（45.4%）。 （资料来源：http://www.chinanews.com/edu/2011/04-20/2984451.shtml） 写出"我"对"中日韩中职生健康调查结果（节选）"的想法＿＿＿＿＿＿＿＿＿＿＿＿＿＿＿＿＿＿＿＿＿＿＿＿＿＿＿＿＿＿＿＿＿＿＿＿。 （老师给每小组发一张 4K 大白纸、一盒 12 色水彩笔、一卷双面胶） 4. 小组交流： 人人发言，对以上两个问题分别进行交流，小组长安排好发言次序，并由记录员做好发言记录。 5. 共同分享： 每组发言人将记录了要点的大白纸张贴在小组旁边的墙上或者黑板上，对小组交流中的满意度统计结果和对资料的"想法"进行讲解。（各小组轮流进行） 6. 辅导教师小结： 听了同学们的交流，老师了解了同学们对自我健康状况的评价以及对"中日韩中职生健康状况资料"的所思所想。其实，影响身心健康状况的因素很多，主要包括饮食结构、生活习惯、娱乐方式、生活态度等。中职生活的确压力重重，我们在适应中职学习生活的过程中要把握"劳逸结合、张弛有度"的基本原则，顺利适应中职阶段的学习生活。	

续上表

活动过程	活动内容	活动目的
开展活动	活动三：运动有利于健康 活动任务： 1. 了解运动对"生理健康"的重要意义； 2. 理解运动对"心理健康"的重要作用； 活动过程： 1. 阅读《运动与健康》《运动与认知》等材料（附后）： 2. 写出"我"对运动与健康的关系的认识： （1）运动对"生理健康"的重要意义： ＿＿＿＿＿＿＿＿＿＿＿＿＿＿＿＿＿＿＿＿； （2）运动对"心理健康"的重要作用： ＿＿＿＿＿＿＿＿＿＿＿＿＿＿＿＿＿＿＿＿。 3. 小组交流： 要求人人发言，小组长安排好发言次序、发言记录。 4. 共同分享： 每组发言人将记录了要点的大白纸张贴在小组旁边的墙上或者黑板上，对小组讨论中的组员的认识发现进行讲解。（各小组轮流进行） 5. 辅导教师小结： 听了同学们的交流，老师明白同学们对运动与健康的认识比较准确。中职阶段由于课业负担比较重，在实际学习生活中，大多数同学运动的时间无法保证。所以我们要养成早睡早起的好习惯，既不开夜车，也不贪睡。 最后，欣赏屠洪刚演唱的歌曲《中国功夫》。	
教师总结	肯定本次活动的成绩，感谢同学们的积极参与，为同学们送去美好的祝愿。	

12 影视
——缓解学习压力的法宝

辅导目标：

1. 通过活动分享"我"喜欢的影视作品对健康成长的意义；
2. 通过活动掌握如何欣赏影视作品；
3. 通过活动理解影视作品在培养中职生适应能力方面的积极作用。

辅导重点：

1. 理解影视作品在陶情益智方面的重要意义；
2. 理解如何在影视作品中汲取健康成长的"营养"。

辅导难点：

理解影视作品在培养中职生适应能力方面的积极作用。

课前准备：大白纸、水彩笔、双面胶。

活动过程：

活动过程	活动内容	活动目的
课前导入	美国好莱坞有一个电影公司，叫作"梦工厂"，这个名字真是一个再贴切不过的比喻了。好的影视作品不但为公司带来了票房梦想，亦成就了多少艺员的明星之梦。一部好的电影，是一个好梦，更是一个难以想象的神话；它的魅力，更使人回味无穷。今天，我们来探讨有关影视与健康的关系。	引出话题，并通过热身活动活跃气氛，为下面开展活动做好铺垫。
开展活动	活动一：分享：我最难忘的一部电影或电视剧 活动任务： 1. 介绍"我"的一部电影或电视剧； 2. 说出"我"最难忘的一部电影或电视剧对我成长的意义。 活动过程： 1. 写出"我"最难忘一部电影或电视剧名称： _____。 2. 写出"我"最难忘的一部电影或电视剧对我健康成长的意义。 _____ _____。 3. 小组交流：把"我"最难忘的电影或电视剧对我健康成长重要意义在小组内交流。 4. 全班分享：每组推选一名组员说说经常参加运动给"我"带来的快乐。	

续上表

活动过程	活动内容	活动目的
开展活动	5. 教师小结： 影视中的人物或事件都撷取生活中的片段，通过对这些片段的艺术的讲述或是描述，以小见大，来折射生活、折射人物、折射历史，它反映一定时期的社会面貌、社会现象，或是一定时期人们的心理需求和价值取向。这种价值教育、娱乐消遣的功能，不仅影响着我们的是非观、善恶观、美丑观，也让观众在一阵阵的笑声之中放松心情，达到了消遣娱乐的作用，为观众带来了愉悦和快乐。	
	活动二：学会鉴赏：影视作品的利与弊 活动任务： 1. 了解影视作品的基本特点； 2. 理解学会鉴赏影视作品的重要意义。 活动过程： 1. 阅读下面的材料： 　　　李连杰谈少林寺：误导了多少年轻人 　　即将登陆央视一套的大型励志真人秀节目《出彩中国人》，昨日元旦期间也在加紧录制。功夫巨星李连杰吸引了大批身怀绝技的选手至现场，他们都想博得偶像的青睐，但当面对这些苦练武术却又对武术本质懵懂不已的晚生后辈，李连杰不禁深感自责，甚至开始怀疑起自己当年参演电影《少林寺》是否正确。 　　随着年岁渐长，李连杰开始反思自己的"武林之路"，"《少林寺》对我很重要，当时大家能喜欢，我特别高兴。"但他又说起了深埋心底的烦扰，"我30岁以后开始自责：当初为什么要拍这部戏，我又误导了多少青少年学武？他们明明都没弄清武术是什么。"当有选手因看了《少林寺》去习武，却被一些人拉去打群架时，李连杰连连叹息："就是有这样的事发生，我才自责。" （资料来源：http://www.sina.com.cn　2014年01月02日 11:28 新华网） 2. 在下面的横线上写下"我"的读后感： _____ _____ _____。	

续上表

活动过程	活动内容	活动目的
开展活动	3. 小组交流： 人人发言，对读后感进行小组交流。小组长安排好发言次序，并由记录员做好发言记录。 4. 共同分享： 每组发言人将记录了要点的大白纸张贴在小组旁边的墙上或者黑板上，对小组交流中不同角度剖析的读后感进行讲解。(各小组轮流进行) 5. 辅导教师小结： "一千个读者就有一千个哈姆莱特"，这句话被广泛用来说明莎士比亚塑造的哈姆莱特这个典型人物的复杂性。鲁迅曾经这样谈论《红楼梦》，"《红楼梦》是中国许多人所知道，至少，是知道这名目的书。谁是作者和续者姑且勿论，单是命意，就因读者的眼光而有种种：经学家看见《易》，道学家看见淫，才子看见缠绵，革命家看见排满，流言家看见宫闱秘事……"不管是文学作品还是影视作品，对读者和观众都会产生不同的影响。中职生要善于读出精华，看出门道，学会鉴赏影视作品，在遇到问题和困难时，善于借鉴影视作品传递的正能量和价值观，从而保持健康昂扬的精神状态，迎接生活学习中的挑战！	
	活动三：欣赏影片：《紫香槐下》 活动任务： 1. 理解"你会为我鼓掌吗？你会只为我鼓掌吗？"蕴含的人生哲理。 2. 写一篇800字的观后感： _____ _____ _____ _____ _____	
教师总结	列宁曾经说过："电影具有在精神上影响群众的非凡能力。"电影和电视是青少年与广阔的外界联系的重要窗口。优秀影视作品是青少年体验人生精彩、学习做人道理的便捷途径，在引导青少年形成正确的世界观、价值观过程中起着积极的促进作用。我们要善于运用优秀影视作品的艺术感染力，帮助自我健康成长。	

2.3.4.3 情绪篇

1　情绪知多少
——堪谈古今情不尽

辅导目标：

1．理解情绪的概念和类型；

2．学生能注意到自己的情绪变化，并对自己的情绪有一定的认知能力；

3．培养学生分析不同情绪变化的原因。

辅导重点：

1．理解情绪的多样性；

2．理解情绪不断变化的原因。

辅导难点：

1．理解情绪的多样性；

2．理解情绪不断变化的原因。

课前准备：大白纸、水彩笔、双面胶。

宋祖英的《大地飞歌》

活动过程	活动内容	活动目的
课前导入	小王是一名初二的学生，在期中考试中他的成绩是全班第一名，为此他兴奋得翻来覆去一夜睡不着觉，认为自己真是不简单，觉得周围的一切都是那么美好。可是好景不长，在期末考试中他却考砸了，他同样又是一夜没合眼，认为自己怎么这样无能，真是丢人，无法向父母交代。第二天，同学小李说风凉话了："小王，全班第一名不是那么好拿的，上一次还不知道你是怎么给蒙上了。"小王听了顿时生起一股无名的火，觉得自己咽不下这口气，于是一拳打过去……小李把这事告诉了班主任，小王知道自己这下可闯了祸，既后悔又害怕…… 思考： 1．期中考试后，小王的心情怎样？ 2．期末考试成绩公布后，小王有什么反应？ 3．听到小李说风凉话时，小王有什么反应？ 4．当小李把自己的遭遇告诉了班主任后，小王的心情又如何？	通过学生在学习中常见事例引出话题，并通过事例感受情绪的多样性和多变性。

续上表

活动过程	活动内容	活动目的
开展活动	活动一：猜一猜我的心情 活动任务： 1. 了解情绪是什么？ 2. 学会控制表情和表演相应的情绪。 3. 学会通过表情判断他人的情绪状态。 活动过程： 1. 同学分成小组，每组由教师发给两个写有情绪词汇的卡片。 2. 小组派代表根据卡片上的词汇，上台表演此词所表现的情绪。 3. 本小组其他同学竞猜该同学表演的是何种情绪，并写在纸上。猜中率高的小组获胜。 4. 共同分享：不同的人有不同的表情和情绪变化。 5. 辅导教师小结： 通过刚才的活动，同学对情绪有了一个基本的了解，对情绪的类型和多样性有了亲身体验。相信对活动开始前"考试后小王情绪在不同的情境下出现了哪几种情绪有了准确的答案"。那么究竟情绪是什么？ 情绪是人各种的感觉、思想和行为的一种综合的心理和生理状态，是对外界刺激所产生的心理反应，以及附带的生理反应，如：喜、怒、哀、惧等。在现实生活中，当我们与人或事打交道时，总会产生一定的态度，这都是我们对客观物所形成的一种态度上的体验，这种体验，心理学上称之为情绪。	活动一让学生理解情绪的概念和类型。
	活动二：画一画我的情绪彩带 活动任务：通过回忆体验情绪的多变性和稳定性。 活动过程： 1. 回忆上一周你的情绪是怎样的。 2. 把每一种情绪用一种颜色来代表，把你体验到的情绪按顺序画成一条情绪彩带。画完之后，在班上展示，并说出情绪彩带的特点。 3. 播放歌曲：《大地飞歌》 播放完歌曲，让同学们填上刚才的歌词： 如果感到快乐你就拍拍手 如果感到紧张你就深呼吸 如果伤心你就找朋友 如果感到愤怒你就数星星 4. 共同分享：这首歌既表现了人们愉快、喜悦的心情，也体验了情绪的变化。 5. 辅导教师小结： 情绪是多样的，又是不断变化的，有的情绪还具有明显的稳定性。	活动二让学生在回忆、思考的基础上。体会情绪是不断变化的，有的情绪还具有明显的稳定性。

续上表

活动过程	活动内容	活动目的
开展活动	活动三：说一说情绪的变化原因 活动任务：了解引起情绪变化的原因。 活动过程： 1. 前面猜猜我的表情游戏竞赛中获胜小组和失败小组同学分别谈谈自己当时的心情。 2. 课件显示漫画。写出自己的情感体验，进行组内交流，并分析产生差异的原因。 3. 小组讨论并回答：画中的主人公对下雨产生的情绪有什么不同？为什么会产生不同的情绪？ 4. 共同分享：同样是面对下雨，两个人情绪体验完全不同，主要是由于心理需求、兴趣爱好不同造成的。 5. 辅导教师小结： 引起某种情绪的原因是多种多样的。人们由于心理需求、兴趣爱好、志向等不同，对同一事物或现象会产生不同的看法，其情绪感受也会有差别。当出现某种情绪的环境情境或个人生理、心理需求及个人对事物的看法变化时其相对应的情绪也会跟着变化。	活动三让学生理解引起情绪变化的原因是多种多样的。
教师总结	最后，肯定本次活动中同学们的积极参与和表现，基本实现了本活动的目标，使同学们了解了情绪和基本类型，也亲身体验了情绪的多样性，同时对情绪变化的原因也有了一定的理解。	

2 郁闷是雾霾
——冲散雾霾心晴朗

辅导目标：

1. 通过活动了解什么是郁闷心情；
2. 通过活动了解郁闷对学习和生活的危害；
3. 通过活动掌握如何消除郁闷心情的方法。

辅导重点：

1. 通过活动了解郁闷对学习和生活的危害；
2. 通过活动掌握如何消除郁闷心情的方法。

辅导难点：

1. 通过活动了解郁闷对学习和生活的危害；
2. 通过活动掌握如何消除郁闷心情的方法。

课前准备：大白纸、水彩笔、双面胶。

王洛宾的歌曲《青春舞曲》。

活动过程：

活动过程	活动内容	活动目的
课前导入	今天，我们先欣赏一首王洛宾的歌曲《青春舞曲》。同学们，一曲轻松愉快的歌曲让我们的心情明朗了起来，踏着轻盈快乐的舞步，我们有的心中充满了明媚的阳光，我们的胸膛盛开着怒放的玫瑰；曾经的泪水、郁闷随着音乐的节奏"飞去无踪影"了。接下来就让我们积极参加今天的活动。	引出话题，放松身心，为活动营造氛围。
开展活动	活动一：郁闷心情早知道 活动任务： 1. 能说出个人对"郁闷"的理解和体验； 2. 能列举出曾经在学习和生活中的郁闷。 活动过程： 1. 分组： 根据人数随机分组，每组6-7人；推选出小组长、记录员和发言人。 2. 个人回忆，并写出有关"郁闷"的关键词。 郁闷是指_____； 郁闷的个体体验：_____； 曾经出现过的郁闷心情：_____。 （老师给每小组发一张4K大白纸、一盒12色水彩笔、一卷双面胶） 3. 小组交流： 人人发言，小组长安排好发言次序，并由记录员做好发言记录。	活动一是让同学们通过思考、表达自己对"郁闷"的了解和体验。目的不是让同学们记住概念，而是引起大家对个人身心健康状况的关注。

续上表

活动过程	活动内容	活动目的
	4. 共同分享： 每组重点发言人将记录了对"郁闷"和"郁闷体验"的关键词的大白纸张贴在小组旁边的墙上或者黑板上，对小组交流中同学们的不同认识进行讲解。（各小组轮流进行，其他成员可以追问或补充） 5. 辅导教师小结： 听了同学们的交流，老师知道了同学们对"郁闷"和"郁闷体验"的理解。郁闷是人的一种生理与心理现象，我们每一个人都会有过郁闷心情的体验，郁闷也是当代青少年用得最多的词之一，说明在很多青少年中间普遍存在着憋屈和闷闷不乐的情况，这就是郁闷心情。	
开展活动	活动二：郁闷的危害知多少 活动任务： 1. 回忆过去"我"最郁闷的一段经历或一件事情及其原因； 2. 思考入校以来"我"最郁闷的一段经历或一件事情及其原因。 活动过程： 1. 写出过去"我"最郁闷的一段经历或一件事情及其原因： 经历或事情：_____； 原因：_____。 2. 写出入校以来"我"最郁闷的一段经历或一件事情及其原因： 经历或事情：_____； 原因：_____。 3. 小组交流： 人人发言，小组长安排好发言次序、发言记录。 4. 共同分享： 每组自愿发言人将记录了要点的大白纸张贴在小组旁边的墙上或者黑板上，对小组讨论中组员的共性的、典型的郁闷经历或事件进行讲解。（各小组轮流进行） 5. 辅导教师小结： 听了同学们的交流，老师能理解同学们在学习生活中经历的委屈、烦恼和闷闷不乐。有些也给部分同学造成了内心持久的痛苦。其实，每个人在生活中都遇到矛盾、委屈和烦恼，也就是心理学家所说的心理不适。如何及时化解心里的委屈、纠结、郁闷，缓解负性情绪，让大家放下包袱、轻装上阵，在中学阶段显得尤为重要。	活动二是让同学们在回忆的基础上体验郁闷和说出郁闷对自己学习生活的不良影响。

续上表

活动过程	活动内容	活动目的
开展活动	活动三：甩掉"郁闷"又何妨——科学化解释放郁闷 活动任务： 1. 思考我知道的积极化解释放郁闷心情的成语故事或寓言故事； 2. 思考我知道的能化解、释放郁闷心情的好办法； 3. 通过游戏忘却消除郁闷心情。 活动过程： 1. 写出化解憋屈、郁闷的成语故事或寓言故事： _____。 2. 写出释放郁闷心情的好办法： _____。 3. 可按分成的小组玩"猫抓老鼠"的游戏。 4. 每人把自己知道的成语故事、寓言故事或化解心理危机的好方法以及在游戏中的个人情绪体验在小组内交流。 5. 全班分享：每组推选一名组员共同分享小组交流中的好成语、好故事、好方法以及在游戏中放松的感觉。 教师小结：听了同学们的交流，和同学们一起玩游戏，老师也受到启发和鼓舞，挥身充满了力量。其实生活中随时需要我们自信地正视憋屈、挑战困难、释放郁闷、走出泥潭。正如歌曲《青春舞曲》中所唱： 太阳下山明朝依旧爬上来 / 花儿谢了明年还是一样开 / 美丽小鸟飞去无踪影 / 我的青春小鸟一样不回来 / 别的那呀呀哟 / 别的那呀哟 / 我的青春小鸟一样不回来 冰雪消融春风就会吹过来 / 风雨过后阳光依旧放光彩 / 美丽小鸟飞去无踪影 / 我的青春小鸟一样不回来 / 别的那呀呀哟 / 别的那呀哟 / 我的青春小鸟一样不回来 下山的太阳清晨一早爬上来 / 山河春回大地花盛开 / 美丽小鸟飞去又飞来 / 愿我的青春永远留下来 / 别的那呀呀哟 / 别的那呀哟 / 愿我的青春永远留下来 最后，让我们再一次欣赏歌曲《青春舞曲》。	活动三是让同学们正确看待生活中的矛盾、憋屈及其引发的心理郁闷，树立自觉主动调节消极、负性情绪的观念。
教师总结	肯定本次活动的举办和实现既定的目标，感谢同学们的积极参与，为同学们传递正能量。	

3　猜疑是枷锁
——解除枷锁胸舒畅

辅导目标：

1．通过活动使学生明白猜疑是一种不健康的心理状态。

2．认识到猜疑对自己和别人的危害。

3．正确认识自己的这种状态，学习如何避免和克服猜疑。

辅导重点：

掌握避免和克服猜疑的方法。

辅导难点：

如何避免和克服猜疑。

课前准备：大白纸、水彩笔、双面胶；《疑人偷斧的故事》的视频片段。

活动过程：

活动过程	活动内容	活动目的
课前导入	放映《疑人偷斧的故事》视频片段，教师引导学生思考主人公的心理状态。	引出话题，为下面开展活动做好铺垫。
开展活动	活动一：理解猜疑 活动任务： 1．观看《疑人偷斧的故事》视频片段； 2．让同学们总结《疑人偷斧的故事》中主人公是一种怎么的心理状态。 活动过程： 1．分组： 根据人数随机分组，每组4-6人；推选出小组长、记录员和发言人。 2．同学们分组讨论一下以上事例中的主人公有什么心理表现？（老师给每小组发一张4K大白纸、一盒12色水彩笔、一卷双面胶） 3．小组交流： 人人发言，小组长安排好发言次序，并由记录员做好发言记录。 4．共同分享： 每组重点发言人将记录有讨论结果的大白纸张贴在小组旁边的墙上或者黑板上，对小组交流中同学们的不同认识进行讲解。（各小组轮流进行，其他成员可以追问或补充）	通过视频让学生了解什么是猜疑心理。

续上表

活动过程	活动内容	活动目的
开展活动	5. 教师总结： 猜疑是主观臆断所产生的一种不健康的心理状态。猜疑者总以为别人在议论自己，看不起自己，抱着以邻为壑的态度，无中生有，搬弄是非，总把别人的善意作恶意，结果不仅会产生人际关系的裂痕，而且会造成严重的人际冲突。	
	活动二：认识猜疑的危害 活动任务：让学生对猜疑心理的危害有明确的认识。 活动过程： 1. 分组： 根据人数随机分组，每组4~6人；推选出小组长、记录员和发言人。 2. 同学们分组讨论一下猜疑心理对我们的学习和人际交往有什么危害？（老师给每小组发一张4K大白纸、一盒12色水彩笔、一卷双面胶） 我们不妨再看一个关于"邻居和斧子"的故事。 一个人打算向邻居借斧子，但又担心邻居不肯借给他，于是他在前往邻居家的路上一直在胡思乱想："如果他说自己正在用怎么办？" "要是他说找不到怎么办？" "……" 想到这些，这人自然对邻居感到不满： "邻里之间应该和睦相处，他为什么不肯借给我？" "假如他向我借东西，我一定会很高兴地借给他。" "……" 这人一路上越想越生气，于是等到敲开邻居的门后，他说的不是"请把你的斧子借给我用一下吧"，却张嘴说道："留着你的破斧子吧，我才不借呢！" 结果惹得邻居莫名其妙。 3. 小组交流： 人人发言，小组长安排好发言次序，并由记录员做好发言记录。 4. 共同分享： 每组重点发言人将记录有讨论结果的大白纸张贴在小组旁边的墙上或者黑板上，对小组交流中同学们的不同认识进行讲解。（各小组轮流进行，其他成员可以追问或补充）	通过活动让学生理解猜疑心理的危害。

续上表

活动过程	活动内容	活动目的
开展活动	5. 教师总结： 猜疑是人性的弱点之一，历来是害人害己的祸根，是卑鄙灵魂的伙伴。一个人一旦掉进猜疑的陷阱，必定处处神经过敏，事事捕风捉影，对他人失去信任，对自己也同样心生疑窦，损害正常的人际关系，影响个人的身心健康。猜疑心理的意思是时时处处怀疑别人，会影响彼此的信任。 生活中我们常会碰到一些猜疑心很重的人，他们整天疑心重重、无中生有，认为人人都不可信、不可交。如有的人见到几个同学背着他讲话，就会怀疑是在讲他的坏话；老师有时对他态度冷淡一些，就会觉得老师对自己有了看法等等。他们总觉得别人在背后说自己坏话，或给自己使坏。喜欢猜疑的特别注意留心外界和别人对自己的态度，别人脱口而出的一句话很可能琢磨半天，努力发现其中的"潜台词"，这样便不能轻松自然地与人交往，久而久之不仅自己心情不好，也影响到人际关系。这种人心有疑惑，不愿公开，也少交心，整天闷闷不乐、郁郁寡欢。由于自我封闭，阻隔了外界信息的输入和人间真情的流露，便由怀疑别人发展到怀疑自己、怀疑自己的能力，失去信心，变得自卑、怯懦、消极、被动。	
	活动三：如何克服猜疑 活动任务：让学生掌握消除猜疑的方法。 活动过程： 1. 分组：根据人数随机分组，每组4-6人；推选出小组长、记录员和发言人。 2. 同学们分组讨论一下如何消除猜疑心理？（老师给每小组发一张4K大白纸、一盒12色水彩笔、一卷双面胶） 3. 小组交流：人人发言，小组长安排好发言次序，并由记录员做好发言记录。 4. 共同分享：每组重点发言人将记录有讨论结果的大白纸张贴在小组旁边的墙上或者黑板上，对小组交流中同学们的不同认识进行讲解。（各小组轮流进行，其他成员可以追问或补充）	通过活动让学生掌握消除猜疑的方法。

续上表

活动过程	活动内容	活动目的
开展活动	5．辅导教师总结： 分析原因，克制情绪。当发现自己开始怀疑别人时，应当立即寻找产生怀疑的原因，在没有形成思维之前，引进正反两个方面的信息。如"疑人偷斧"中的那个农夫，如果失斧后冷静想一想，斧头会不会是自己砍柴时忘了带回家，或者挑柴时掉在路上，那么，这个险些影响他同邻人关系的猜疑，或许根本就不会产生。 培养自信，自我安慰。每个人都应当看到自己的长处，培养起自信心，相信自己能处理好人际关系。如果觉得别人怀疑自己，应当安慰自己不必为别人的闲言碎语所纠缠，不要在意别人的议论，这样不仅解脱了自己，而且还取得了一次小小的精神胜利，产生的怀疑自然就烟消云散了。 及时沟通，消除猜疑。世界上不被误会的人是没有的，关键是我们要有消除误会的能力与办法，如果误会得不到尽快的解除，就会发展为猜疑；猜疑不能及时解除，就可能导致不幸。所以如果可能的话，最好同你"怀疑"的对象开诚布公地谈一谈，以便弄清真相消除误会。猜疑者生疑之后，冷静地思索是很重要的，但冷静思索后如果疑惑依然存在，那就该通过适当方式，同被疑者进行推心置腹的交心。若是误会，可以及时消除；若是看法不同，通过谈心，了解对方的想法，也很有好处；若真的证实了猜疑并非无端，那么，心平气和地讨论，也有可能使事情解决在冲突之前。	
教师总结	我们常会碰到一些疑心很重的学生，尤其是处于青春叛逆期的女孩子，他们整天疑心重重，无中生有，认为人人都不可信、不可交。最终自己整天闷闷不乐，郁郁寡欢。之前由于她们的头脑被封闭性思路所主宰，会觉得猜疑顺理成章，后来一切豁然开朗之时，又觉得自己荒谬可笑，错怪了别人。故在平时学习和人际交往要有自信、宽容的心态，在一些信息不明确的状态下最好通过沟通增加信息的准确性和透明度，使问题得以良好解决。	

4　叛逆是暴雨

——狂风暴雨磨棱角

辅导目标：

1．让学生正确认识逆反心理。

2．让学生了解叛逆心理的危害。

3．找到自己化解逆反心理，减少逆反行为的方法。

辅导重点：

在课堂活动的基础上，让学生找到克服逆反心理的方法。

辅导难点：

让学生找到自己化解逆反心理、减少逆反行为的方法。

课前准备：大白纸、水彩笔、双面胶。

活动过程：

活动过程	活动内容	活动目的
课前导入	游戏：特别任务 教师小结：叛逆心理是指人们为了维护自尊，而对对方的要求采取相反的态度和言行的一种心理状态。叛逆心理是青少年成长过程中经常会出现的一种心理状态，是该年龄阶段青少年的一个突出的心理特点。因为青少年正处于心理的"过渡期"，其独立意识和自我意识日益增强，迫切希望摆脱成人的监护。他们反对成人把自己当"小孩"，而以成人自居。为了表现自己的"非凡"，就对任何事物都倾向于批判的态度。正是由于他们感到或担心外界忽视了自己的独立存在，才产生了叛逆心理，从而用各种手段、方法来确立"自我"与外界的平等地位。叛逆心理虽然说不上是一种非健康的心理，但是当它反应强烈时却是一种反常的心理。它虽然不同于变态心理，但已带有变态心理的某些特征。如果不及时加以矫正，发展下去对青少年的成长非常不利。	通过游戏引导学生对本次活动的兴趣。
开展活动	活动一：逆反心理的表现 活动任务：通过活动让学生理解逆反心理的表现。 活动过程： 1．分组： 根据人数随机分组，每组4-6人；推选出小组长、记录员和发言人。 2．同学们分组讨论一下逆反心理的表现（老师给每小组发一张4K大白纸、一盒12色水彩笔、一卷双面胶）。 3．小组交流： 人人发言，小组长安排好发言次序，并由记录员做好发言记录。	通过活动让学生了解逆反心理的表现。

续上表

活动过程	活动内容	活动目的
	4. 共同分享： 每组重点发言人将记录有讨论结果的大白纸张贴在小组旁边的墙上或者黑板上，对小组交流中同学们的不同认识进行讲解。（各小组轮流进行，其他成员可以追问或补充） 5. 教师总结： 逆反心理的表现有不喜欢按照别人说的去做；认为绝大多数规章都是不合理的，应该废除，如果父母再三叮嘱同一件事会使他感到厌烦；对于那些与老师对着干的同学大加赞赏；认为大人的话有漏洞，大人的批评常常引起他们反感和愤怒；一旦决定做某件事，不管别人怎样劝阻也不会改变主意；越是不让他做的事，就越要去做，你叫他往东，他一定往西，就是存心不让大人顺心，也不让自己听从大人的，觉得自己很有主见等。	
开展活动	活动二：逆反心理害人害己 活动任务：通过活动让学生理解逆反心理的危害。 活动过程： 1. 分组： 根据人数随机分组，每组4~6人；推选出小组长、记录员和发言人。 2. 同学们分组讨论一下逆反心理有哪些危害？（老师给每小组发一张4K大白纸、一盒12色水彩笔、一卷双面胶） 3. 小组交流： 人人发言，小组长安排好发言次序，并由记录员做好发言记录。 4. 共同分享： 每组重点发言人将记录有讨论结果的大白纸张贴在小组旁边的墙上或者黑板上，对小组交流中同学们的不同认识进行讲解。（各小组轮流进行，其他成员可以追问或补充） 5. 教师总结： "逆反期"的心理、行为如果不加以正确引导，会导致青少年对人对事产生多疑、偏执、冷漠、不合群、对抗社会等病态性格，使之信念动摇、理想泯灭、意志衰退、工作消极、学习被动、生活萎靡等，进一步发展还可能向犯罪心理和病态心理转化，从而走向极端。这在杨女士的小孩身上就得到体现。据杨女士说，她和丈夫忙了一天后回到家，身心疲惫，与儿子很少交流，而对儿子的一些行为看不惯时，便会忍不住予以责骂。	通过活动让学生认识到逆反心理的危害。

续上表

活动过程	活动内容	活动目的
开展活动	活动三：我不要叛逆 活动任务：结合自己的经历，想想你今后打算怎么做，让自己的父母更融洽、更和谐地相处。也不要让父母对你失望。 活动过程： 1. 分组： 根据人数随机分组，每组4-6人；推选出小组长、记录员和发言人。 2. 同学们分组讨论一下青少年如何克服叛逆。（老师给每小组发一张4K大白纸、一盒12色水彩笔、一卷双面胶） 3. 小组交流： 人人发言，小组长安排好发言次序，并由记录员做好发言记录。 4. 共同分享： 每组重点发言人将记录有讨论结果的大白纸张贴在小组旁边的墙上或者黑板上，对小组交流中同学们的不同认识进行讲解。（各小组轮流进行，其他成员可以追问或补充） 教师小结：针对叛逆问题，有这些建议： 1. 多阅读一些伟人、科学家成功事迹的书刊，开阔视野，不断激励自己，明白只有胸怀宽广，能接受他人意见的人才能成就伟大的事业。 2. 多帮助父母做一些家务事，可以增进感情。而且一同做事可以使人变得心情愉快，是沟通交流的好时候。 3. 明白父母的一番苦心，试着和他们讲道理而不是一味地反抗，取得双赢的成果。 4. 正确地认识自己，不断完善自己，培养对自我心态进行调节的能力，学会正确归因和自我疏导。比如，用心理换位法理解他人的心情；减少对他人的责难和埋怨；用自我激励法来振奋精神，克服自卑，树立自信；用情境和心理转移法、归因客观投射法和自我宽容法来减轻过重的心理压力、痛苦和自责。	通过活动让学生掌握克服逆反的方法。
教师总结	亲爱的同学们：现在的你们，正生长在璀璨而美丽的生命季节，你们有激情、有梦想，当然也有些叛逆，标榜着你们所谓的个性和成长，但是始终不能否认的事，你们是朝气蓬勃、可爱又善良的孩子，在面临着成长阶段中必然出现的心理逆反期这一阶段，就让老师、家长还有我们自己一起努力，来走过这一段特殊的路，我相信你们是很出色的新一代学生，也相信你们会如愿以偿、梦想成真。下面伴随着我送给大家的这首《我相信》，结束我们今天的讲座，同时也希望你们在今天有所收获，相信自己，打开心灵，放飞梦想。	

知识拓展：

☆叛逆心理对中职生人生观的形成和身心健康都是不利的。它会导致青少年出现对人对事多疑、偏执、冷漠、不合群等病态性格，使之精神萎靡、学习被动、意志衰退、信念动摇、理想泯灭等。叛逆心理的进一步发展，还可能向病态心理、犯罪心理转化。

☆逆反期孩子的普遍体现

青少年历来都受到心理学家、教育学家及家长的特殊关注。从十二三岁到十七八岁，孩子生理上基本成熟，认识和情感有了飞速的发展，是理想、信念、世界观开始形成的重要时期。在这个阶段，由于生理成熟与心理成熟的不平衡性，受自我意识觉醒等因素的影响，青少年心理发展呈现错综复杂、矛盾重重的局面，逆反心理的表现十分突出。

对正面宣传作反面思考

有相当数量的青少年对学校、领导、教师的宣传，表现出一种不认同、不信任的反向思考。他们往往以社会上某些个别的不公正的事实来以偏概全地全盘否定正面宣传。同样，也有一些青少年不能从全局出发，从一定高度上去把握现实，片面地夸大社会主义制度的某些不完善和资本主义制度的某些可取之处，有时甚至进行有意无意的反面宣传。

对榜样及先进人物的无端否定

在教育过程中，许多教育者和家长都希望通过先进人物的感人事迹来教育感染青少年，唤起他们的热情，以期达到激励后进的目的。但结果却往往适得其反。一些先进人物被说成是沽名钓誉的"投机家"或"傻子"，无端怀疑这些先进人物的动机，进而否定他们的先进事迹。对于身边的榜样，则冠以"拍马屁"给予排斥和嘲笑。

对不良倾向产生情感认同

在一些青少年当中，打架斗殴被看作是有胆量；与老师、领导公开对抗被视为有本事；哥们儿义气等不良的行为倾向却赢得了很多人的认同。而对于乐于助人、爱护集体、爱护公物、遵守校规校纪的青少年则被肆意讽刺、挖苦，造成在集体氛围里好人好事无人夸、不良倾向有市场、正不压邪的局面。

对思想教育、遵章守纪要求的消极抵抗

有逆反心理的青少年，对于思想政治教育十分冷淡，认为思想政治教育大而空、形式化，不符合青少年的现实生活。因此，对思想政治教育采取应付、抵制、消极对抗的态度。

5 侥幸是邪念
——守株待兔终一回

辅导目标：

1. 通过活动使学生明白侥幸是一种不健康的心理。

2. 认识到由于侥幸而产生的不良后果。

3. 正确认识自己的这种状态，学习如何避免和克服侥幸心理。

辅导重点：

1. 认识到侥幸的危害。

2. 掌握避免和克服侥幸的方法。

辅导难点：

1. 认识到侥幸的危害。

2. 掌握避免和克服侥幸的方法。

课前准备：大白纸、水彩笔、双面胶。

活动过程：

活动过程	活动内容	活动目的
课前导入	表演剧：明朝刘元卿《贤奕编·警喻》中有则寓言，读来颇耐人寻味： 森林里住着一群猩猩。它们喜欢喝酒，还喜欢穿着草鞋学人走路。猎人就选了一块空地，放上几坛甜酒，摆上大大小小的酒杯，还编了许多草鞋，用草绳串起来放在旁边。猩猩一看这个阵势，就知道是猎人设下的圈套。它们坐在树上，高声叫骂："你们这班该杀的！放几坛甜酒、几双草鞋就想让老子上当？甜酒、草鞋是什么好玩意儿！我们就那么嘴馋！瞎了眼的！"骂着骂着，觉得嘴巴有点发干，鼻子还闻到阵阵酒香。 有只猩猩忍不住了："喂，弟兄们，这些傻瓜既然为咱们准备了这么多甜酒，咱们为什么不去尝它一小杯呢？不喝白不喝，咱们少喝一点儿，不喝醉，不上当就是了。"他的提议正合大家的心意，猩猩们纷纷溜下树来。 它们先拿小杯喝，一边喝，一边还在骂设下圈套的猎人。喝着喝着，觉得小杯太费事，就换了大一点的酒杯。它们越喝越觉得酒味喷香，满嘴流蜜，最后，干脆抓起大缸子往嘴里灌。一会儿，猩猩们就喝得酩酊大醉，双眼乜斜，满脸飞红，脚步踉跄，一个个发起酒疯来了。它们追逐嬉闹，厮打咬架，又把草鞋套到脚上，歪三倒四地学人走路。 这时候，埋伏在周围的猎人随着一声锣响，扑向猩猩。喝醉的猩猩想往森林里逃，却被脚下的草绳纷纷绊倒，都被捉住了。	以小品的形式，创设情境，引出话题为活动顺利开展营造氛围。

续上表

活动过程	活动内容	活动目的
开展活动	活动一：常在河边走，怎能不湿鞋 活动任务： 1. 了解什么是侥幸心理； 2. 学会分析产生侥幸的原因。 活动过程： 1. 分组：根据人数随机分组，每组4-6人；推选出小组长、记录员和发言人。（老师给每小组发一张4K大白纸、一盒12色水彩笔、一卷双面胶） 2. 同学们分组讨论一下以上故事中猩猩是什么心理：_____。 同学们分组讨论一下以上故事中的猩猩为什么会产生这种行为呢：_____。 3. 小组交流： 人人发言，小组长安排好发言次序，并由记录员做好发言记录。 4. 共同分享： 每组重点发言人将记录有讨论结果的大白纸张贴在小组旁边的墙上或者黑板上，对小组交流中同学们的不同认识进行讲解。（各小组轮流进行，其他成员可以追问或补充） 5. 教师总结： 所谓侥幸，是指人在偶然中意外的收获，或者说避免意外的灾祸。心理学和行为学认为：侥幸心理是人的不正常的心理反应，是指行为人为了追求个人目的，对自己的行为所要达到的结果，过于自信，而不负责的、放纵的、投机的一种心理状态。它表现在目的上，就是只追求一种自我的满足；表现在行为上，是一种消极的、放纵的、不计后果的心理反应。侥幸心理分为两个方面：一种是有目的的。行为人知道自己这么做可能会带来不良后果，而为了达到个人的目的不计后果、不顾一切。另一种是盲目的。行为人对自己的行为所产生的后果及能否达到预期目的，事先预料不到，这就是我们平时所说的"闯大运"。	以问题来引发思考，让学生理解什么是侥幸。

续上表

活动过程	活动内容	活动目的
开展活动	活动二：侥幸是邪念 活动任务： 1. 每个人回忆曾经的侥幸心理对自己学习和生活带来的不良影响。 2. 分组讨论侥幸还有哪些危害。 活动过程： 1. 分组： 根据人数随机分组，每组4-6人；推选出小组长、记录员和发言人。 （老师给每小组发一张4K大白纸、一盒12色水彩笔、一卷双面胶） 2. 每个人回忆曾经的侥幸心理对自己学习和生活带来哪些不良影响： _____ _____ _____ 写出侥幸心理对学习和生活还有哪些危害： _____ _____ _____ 3. 小组交流： 人人发言，小组长安排好发言次序，并由记录员做好发言记录。 4. 共同分享： 每组重点发言人将记录有讨论结果的大白纸张贴在小组旁边的墙上或者黑板上，对小组交流中同学们的不同认识进行讲解。（各小组轮流进行，其他成员可以追问或补充） 5. 教师总结： 侥幸心理的危害主要体现在三个方面。一是认为小节无害。认为小失误可以原谅，可以理解，这是安全生产意识不强的表现。二是从众攀比。自己没有衡量是非的标准，而是把眼睛盯在别人身上，特别是看到他人因违反法规制度没得到惩罚，心理不平衡，觉得他能这么做，我也可以，最终引发事故。三是过高估计自己。干别人不敢干的事，甚至是法律法规明令禁止的事。上面三种心理都是在拿自己的生命作赌注，将生命当儿戏的一种侥幸心理。	通过活动和集体讨论，让学生体会侥幸的危害。

续上表

活动过程	活动内容	活动目的
开展活动	活动三：克服侥幸 活动任务： 1. 了解通常如何克服侥幸心理； 2. 掌握几种克服侥幸心理的方法。 活动过程： 1. 分组： 根据人数随机分组，每组 4-6 人；推选出小组长、记录员和发言人。 2. 同学们分组讨论一下克服侥幸心理的方法？（老师给每小组发一张 4K 大白纸、一盒 12 色水彩笔、一卷双面胶） _____ _____ _____ 自己思考还有哪些克服侥幸的方法： _____ _____ _____ _____ 3. 小组交流： 人人发言，小组长安排好发言次序，并由记录员做好发言记录。 4. 共同分享： 每组重点发言人将记录有讨论结果的大白纸张贴在小组旁边的墙上或者黑板上，对小组交流中同学们的不同认识进行讲解。（各小组轮流进行，其他成员可以追问或补充） 5. 教师总结： 香港有一句禁毒广告语，我觉得，可以很好回答这个问题。"不可一，不可再！"首先，不可一！初次"作案"前是一个非常重要的时间点，此时，你要克服的就只有"侥幸心理"而已。 具体方法是：一定要把最坏的情况的每一个细节想清楚！如果最坏情况是不能接受的，那么就绝对不要做！因为，你做了，若是失败了，你就要接受惩罚，最坏情况你就自己兜着受吧！即使成功了，下次你必须要克服更多的"推论心理"才能刹住车。	通过小组讨论掌握预防侥幸的方法。

续上表

活动过程	活动内容	活动目的
开展活动	有人问了：我为什么要刹住车呢？做坏事不受惩罚不是挺好吗？对于这些人，无语的同时，还要告诉这些人一个规律：概率事件都是会向平均数回归的。显然，做了坏事不被惩罚也只是个概率，而且是小概率事件而已！始终会回归平均数，不可能次次交好运。从数学的角度来说，你每多做一次坏事得逞，你下一次被惩罚的概率就会增加。这就是"不可再"！总之，要保持对侥幸心理的警惕，对事情、对自己和他人负责。只有这样，侥幸心理才会慢慢离去！	
教师总结	侥幸是邪念——守株待兔终一回，不管在生活中还是学习上我们都要培养理性思维，事件或结果的出现要以其发生的概率为判断标准。	

知识拓展：

为什么人人都存在侥幸心理

　　侥幸心理是人人都会有的，只是比较脚踏实地的人不太会在意自己的这种心理，他们更看重自己的实干取得的成就；而一些存在投机心理的人，则比较容易相信自己的侥幸心理，相信运气。一般侥幸心理重的人，生活态度通常来说都不很积极。比如明知违法还要犯罪的时候，比如买彩票或者炒股的时候，比如高考学生在考前猜题什么的，都是侥幸心理的表现，从人们口头表达来看多是"可能、也许、万一、大概……"之类的。我觉得侥幸心理是人们一种自我保护的本能，比如当人们遇到压力、风险、危机而感觉焦虑时，心理会失去平衡，为了防止这种不平衡无限制地扩展下去从而导致人出现精神问题，就需要一种不确定的乐观情绪来支撑起人的精神层面，这种乐观不是基于现实的，甚至是和现实相反的，它的作用就是暂时稳定人的精神；但是侥幸心理就如同心理上的吗啡，如果过度依赖侥幸心理来安慰自己，就是一种自我催眠了，不仅会导致现实生活中的种种问题，而且也容易患上精神疾病。

　　侥幸心理是几乎人人都有的一种心态，这种心态会使人相信通过某种偶然的不确定事件的发生而使自己获得意外的收益或者躲过某种确定可以出现的灾难，是一种与事情的常态发展相违背的心理预期。在特定的条件之下，这种心理预期会为人带来一定的乐观态度，在人失败条件下的悲观时，会起到一定的心理支撑作用，使人不至于为了当前事情的发生而心情沉重以至于精神崩溃，这是侥幸心理存在的积极意义。在大多数条件之下，人们是不会在意这种侥幸心理的，因为他的发生或者存在是基于偶然，存在的概率很低，但对于一些懒散之人，或者说惰于踏实努力，而总寄希望于一夜暴富、一劳永逸的人来说，这种仅存的侥幸心理便成了自己生存的支柱，成为生活的依赖。人一旦无法控制自己对这种侥幸心理的依赖，变会产生一种严重依赖侥幸心理的冲动，使违背常态的事情以更大的加速度无限膨胀，从而导致灾难的发生。比较典型的例子就是赌博行为、炒股行为以及博彩行为。

在现实生活中，这种侥幸心理纵然存在，但常常不会引起人的重视。一旦通过某件偶然事件的发生使人意识到了这种侥幸心理的存在，便会看到他、重视他，甚至是依赖于他。在赌博中，有一句话，输钱多自赢钱起，就是这个道理，在人生的大赌局中也是如此。

平淡无奇的生活中，因为某种原因，增加了超出自己能力范围的收入，必然高兴，而使这种兴奋状态继续的办法就是继续得到这种偶然，从而便忽视了现实努力的必要，进而导致堕落、懒散、人生的失败和悲惨。

（编者整理）

6 嫉妒是顽疾
——割除顽疾保健康

辅导目标：

1. 通过活动使学生明白嫉妒是一种不健康的心理。

2. 认识到由于嫉妒而产生的不良后果。

3. 正确认识自己的这种状态，学习如何避免和克服嫉妒。

辅导重点：

认识到嫉妒的危害；掌握避免和克服嫉妒的方法。

辅导难点：

如何避免和克服嫉妒。

课前准备：大白纸、水彩笔、双面胶；《白雪公主》和《三国演义》中诸葛亮三气周瑜的视频片段。

活动过程：

活动过程	活动内容	活动目的
课前导入	观看童话故事《白雪公主》的视频片段： 通过白雪公主的故事让孩子们知道白雪公主的继母是一个妒忌心很强的女人； 事例1：陈某，女生，从小学到初中在班里都是班长。从小学到初一年级时成绩优秀，小干部工作也负责任。进入初二年级后，班里转来一位漂亮的女生王某，各方面表现都很优秀，为人正直、善良。于是在班干部竞选中，王某顺利地当选为班长。不论是学习成绩还是干部工作都做得一丝不苟。可这一切对陈某来说却成为了愤怒的源头，王某表现越好，陈某心理越是不平衡。她上课不再积极发言，工作态度也变得消极、冷漠了。还处处观察王某的言行，找她做得不妥的地方，甚至还要求班级里的女生不要和王某玩。	以小品的形式，创设情境，引出话题为活动顺利开展营造氛围。
教师总结	活动一：嫉妒有根源 活动任务：分组讨论以上事例中两位主人公是什么心理表现？为什么会产生这种行为呢？ 活动过程： 1. 分组： 根据人数随机分组，每组4-6人；推选出小组长、记录员和发言人。 2. 同学们分组讨论一下以上事例中两位同学这是什么心理表现？为什么会产生这种行为呢？（老师给每小组发一张4K大白纸、一盒12色水彩笔、一卷双面胶） 3. 小组交流： 人人发言，小组长安排好发言次序，并由记录员做好发言记录。 4. 共同分享： 每组重点发言人将记录有讨论结果的大白纸张贴在小组旁边的墙上或者黑板上，对小组交流中同学们的不同认识进行讲解。（各小组轮流进行，其他成员可以追问或补充） 5. 教师总结： 以上事例中两位同学的行为都是出于嫉妒心理。嫉妒是一个人会对处于与自己同一竞争领域的另一表现的比自己强、比自己优越的人产生强烈怨恨和深深的恐惧，甚至他会做出伤害对方人身或破坏对方财物等的行为。是一种消极的、不健康的心理。	以问题来引发思考，让学生理解什么是妒忌。

续上表

活动过程	活动内容	活动目的
开展活动	活动二：嫉妒危害大 活动任务：通过小组讨论研究认识嫉妒对学生身心发展的危害。 活动过程： 1. 分组： 根据人数随机分组，每组4-6人；推选出小组长、记录员和发言人。 2. 通过事例让同学们分组讨论一下猜疑心理对我们的学习和生活有什么危害?（老师给每小组发一张4K大白纸、一盒12色水彩笔、一卷双面胶） 事例2：山东有个姓唐的女学生，从小受到妈妈的宠爱，养成了任性好嫉妒的坏毛病。进入中职后，处处想拔尖，出人头地，因为没被选上班干部，心里很不自在。一次，班上有两位女同学考试分数比她高，她更是妒意大发，竟把人家的课本、作业本以及其他学习用品全偷了，使人家学习不成。她的这种行为理所当然受到了班上同学的批评，但她不仅不改竟乘别人上课的机会溜回宿舍，把姓衰的同学价值500多元的衣物被褥统统烧光，触犯刑律成为纵火犯。 3. 小组交流： 人人发言，小组长安排好发言次序，并由记录员做好发言记录。 4. 共同分享： 每组重点发言人将记录有讨论结果的大白纸张贴在小组旁边的墙上或者黑板上，对小组交流中同学们的不同认识进行讲解。（各小组轮流进行，其他成员可以追问或补充） 5. 教师总结： 嫉妒对别人的危害是可能的，但对自己的危害是绝对的。一个光会嫉妒别人的优点、长处、幸福、成就的人，由于他的心计全部用在如何嫉妒别人，设法算计别人，妄想把别人拉到跟自己同一水平上，甚至低于自己的水平。结果，且不论对被妒者有无损害，首先他空耗了自己的宝贵时间和精力，最终一无所成。好嫉妒的人，不仅对于自己的学习、工作、事业、成就，对于人际关系和友情，有害无益；而且对于自己的心境和健康也绝无一点好处。试设想，妒人者必然是终日被自己胸中的无名妒火煎熬着、折磨着；严重时还会食不甘味，夜不成寐，这种人心理健康自然谈不上了，生理健康也往往会受到影响，就像周瑜一样活活被气死。这岂不是庸人自扰、自讨没趣、自找苦吃?	通过活动和集体讨论，让学生体会妒忌的危害。

续上表

活动过程	活动内容	活动目的
开展活动	活动三：克服妒忌的"良药妙方" 活动过程： 1. 分组： 根据人数随机分组，每组4-6人；推选出小组长、记录员和发言人。 2. 同学们分组讨论一下如何消除猜疑心理？（老师给每小组发一张4K大白纸、一盒12色水彩笔、一卷双面胶）。 3. 小组交流： 人人发言，小组长安排好发言次序，并由记录员做好发言记录。 4. 共同分享： 每组重点发言人将记录有讨论结果的大白纸张贴在小组旁边的墙上或者黑板上，对小组交流中同学们的不同认识进行讲解。（各小组轮流进行，其他成员可以追问或补充） 5. 教师总结： 妒忌心理每个人或多或少都会有，适当的妒忌心是有好处的，因为它会鞭挞你进步。但是妒忌心太强，你就会很痛苦。别人的幸福似乎成了你的不幸，自己的不幸你更是难以忍受。这样不健康的心理应该及时消除。首先要矫正错误的认识。实际上成功和机遇青睐勤奋者，钟情脚踏实地、埋头苦干的人。自己又不想付出汗水，又想比别人强，比别人得到的多，这只能是空想。要看到新型的人际关系应该是平等互助、团结共进的关系。其次，要树立自信心。没有自信，才会产生嫉妒。第三，要学习他人的长处。当看到别人在某些方面比自己强时，要主动向别人看齐。要善于取人之长、补己之短，以此来提高自己的德行和能力。子曰："三人行，必有我师。"一个人不可能样样都比别人强，如果一看到有比自己强的人就嫉妒别人，是没有道理的，也不会有出息。最后，一方面自己不去嫉妒别人，另一方面当被人嫉妒时，要正确对待，即心胸要宽广一些，不要去计较，甚至伤心备至；要在可能的条件下，给对方以能够接受的帮助。	通过小组讨论掌握预防嫉妒的方法。

续上表

活动过程	活动内容	活动目的
教师总结	同学们，生活在群体中的我们，常会将自己和周围的人做比较。有的同学通过比较看到了别人的优点，发现了自己的缺点，他们在比较中找差距，在比较中求进步。还有一类同学，他们也在比较，也在找优点、寻缺点，可是得出的结果却和第一类同学大不一样。他们比较出了别人的缺点，却对别人的优点视而不见；他们比较出了自己的优点，却对自己的缺点只字不提。这一类同学总是一味地否定别人，抬高自己，他们比较来比较去，只收获了一颗"嫉妒"的种子。一个产生了嫉妒心的人如同一棵生了虫的树，如果不及时把"嫉妒"这只虫子除掉，而是让它在躯体里寄生，那么，等待这个人的命运唯有"枝枯叶黄"。为此，我希望同学们在平时的生活、学习和工作中能正确对待同学、朋友取得的成绩，化压力为动力，变嫉妒心为上进心。	

7　报复是毒瘤
——远离毒瘤不害己

辅导目标：

1. 让学生了解报复心理及其危害；

2. 初步掌握消除仇视与报复心理的方法。

辅导重点：

1. 明白报复心理对自己、对别人的危害；

2. 认识报复心理及其消除报复心理的方法。

辅导难点：

1. 明白报复心理对自己、对别人的危害；

2. 掌握消除报复心理的方法。

课前准备：大白纸、水彩笔、双面胶。

活动过程：

活动过程	活动内容	活动目的
课前导入	表演剧： 森林里，狗熊趁小蜜蜂都外出采花粉时，闯进了小蜜蜂的家，偷吃了一大桶蜂蜜，然后，溜回了自己的家。 小蜜蜂回家后，见辛辛苦苦酿的蜜被狗熊偷吃了，都十分气愤。它们聚集在一起，商量着要去报复狗熊。 一位过路的神见了，便说："你们原谅狗熊一次吧，不然，你们在报复它的同时，自己也会受到伤害的。" "不，此仇不报，我们心中的怨气就难消。"领头的那只小蜜蜂对神说完这句话后便领着其他的伙伴浩浩荡荡地出发了。 正在家里酣睡的狗熊被嗡嗡声惊醒，才发现自己被成千上万只小蜜蜂团团包围。狗熊忙爬起来逃命，可小蜜蜂仍穷追不舍，它们纷纷把身上的毒针狠狠地向狗熊刺去。 狗熊浑身被刺得全是大大小小的包，又痛又痒了好几天。而那些把毒针留在狗熊身体里的小蜜蜂，回去后没多久就全死了。	通过表演引出主题。
开展活动	活动一：识毒瘤 活动任务： 1. 分组讨论以上故事中小蜜蜂是什么心理表现？ 2. 为什么会产生这种行为呢？ 活动过程： 1. 分组： 根据人数随机分组，每组4-6人；推选出小组长、记录员和发言人 （老师给每小组发一张4K大白纸、一盒12色水彩笔、一卷双面胶）。 2. 同学们分组讨论一下以上故事中小蜜蜂是什么心理表现？ _____ _____ _____ 小蜜蜂为什么会产生这种行为呢？ _____ _____ _____	活动一让学生了解什么是报复心理。

续上表

活动过程	活动内容	活动目的
开展活动	3. 小组交流： 人人发言，小组长安排好发言次序，并由记录员做好发言记录。 4. 共同分享： 每组重点发言人将记录有讨论结果的大白纸张贴在小组旁边的墙上或者黑板上，对小组交流中同学们的不同认识进行讲解。（各小组轮流进行，其他成员可以追问或补充） 5. 教师总结： 以上故事中小蜜蜂的表现就是典型的报复心理。报复心理，即我们通常所说的不肯吃亏，非要扯平甚至占了便宜才行，是在无端受到心理挫折而感到愤怒时，所产生的一种对对方的攻击欲望。报复心理主要是由于意志软弱，承受挫折的容忍力比较低所引起的。有些同学不能承受挫折，老师一批评他，或者是在与伙伴交往的过程中自己觉得遭受了欺侮、委屈，心灵受到伤害，就会觉得受不了，心理失去平衡从而产生严重的报复情绪，这种情绪反应的一个突出表现，就是行为中带有攻击性和敌意性，也就是报复性，常以"以眼还眼，以牙还牙"甚至变本加厉的通过包括语言、表情、行为等方式去反击对方，最终通过使得对方遭受痛苦来达到自己心理的平衡。	
	活动二：知危害 活动任务： 1. 分组讨论报复心理的表现； 2. 让学生明白报复心理对自己和别人造成的危害。 活动过程： 1. 分组： 根据人数随机分组，每组4-6人；推选出小组长、记录员和发言人（老师给每小组发一张4K大白纸、一盒12色水彩笔、一卷双面胶）。 2. 同学们分组讨论一下自己或者周围人身上是否有报复心理的表现？ ———————————————— ———————————————— 报复心理有什么样的危害呢？ ———————————————— ————————————————	活动二让学生认识报复心理人人都有，但报复心理对我们的成长和学习都有危害。

续上表

活动过程	活动内容	活动目的
开展活动	3．小组交流： 人人发言，小组长安排好发言次序，并由记录员做好发言记录。 4．共同分享： 每组重点发言人将记录有讨论结果的大白纸张贴在小组旁边的墙上或者黑板上，对小组交流中同学们的不同认识进行讲解。（各小组轮流进行，其他成员可以追问或补充） 5．教师总结： 我们每个人都有可能产生过报复的想法，但大多数的人能够通过冷静的分析，理智的思考而没有演变为报复行为。而有的人在报复心理的驱使下，不能控制自己，以致出现了报复的攻击行为。实施报复者，短暂的快意之后，到头来是"众叛亲离"，还要整天担心遭到报复，被报复者，虽然得到了大家的同情和帮助，但所受的伤害始终是一个心理的阴影。所以说，报复行为的最终结果只能是两败俱伤，没有胜利者。报复心理是要不得的，它会让你的内心越来越狭隘，身心疲惫。 对失去理智，不计后果的报复行为其结果常常是弊大于利。表面上好像出了一口气，实际上却在伤害了别人的同时，也易使自己遭受更大的伤害。有的因出这一时之气而招来百日之悔，如果为报复而打架斗殴、互相伤害，轻则使人际关系更加恶化，逐渐升级，陷入恶性循环，重则两败俱伤，甚至导致犯罪，锒铛入狱，后悔莫及。	
	活动三：寻妙方 活动任务： 分组讨论现实生活中克服报复心理的方法。 活动过程： 1．分组： 根据人数随机分组，每组4-6人；推选出小组长、记录员和发言人。 2．同学们分组讨论一下我们如何克服报复心理的方法？（老师给每小组发一张4K大白纸、一盒12色水彩笔、一卷双面胶）将方法写在下面横线上： _____ _____ _____	活动三让学生通过讨论掌握克服报复心理的方法。

续上表

活动过程	活动内容	活动目的
开展活动	3. 小组交流： 人人发言，小组长安排好发言次序，并由记录员做好发言记录。 4. 共同分享： 每组重点发言人将记录有讨论结果的大白纸张贴在小组旁边的墙上或者黑板上，对小组交流中同学们的不同认识进行讲解。（各小组轮流进行，其他成员可以追问或补充） 5. 教师总结： 我们生活在一个转型中的社会，无处不是竞争，无处不是困难，作为中职生的我们不管在校还是在家在外都会碰到一些不如意的事，都会碰见一些让人怨恨的事，关键是要分析事因，冷静思考，化解怨恨，更不应该产生报复心理害人害己。	
教师总结	学会理解他人，你必然会收到爱的回报，学会宽容他人你也善待了自己。我们的心就像一个容器，当充满理解和宽容时，哪里还有报复的容身之地呢？	

8 攀比是包袱
——知足常乐轻行舟

辅导目标：

1. 让学生认识什么是攀比心理。

2. 让学生明白攀比心理对自己学习和生活的影响及其危害。

3. 初步掌握消除攀比心理的方法，培养学生合理看待分析身边现象的能力。

辅导重点：

1. 让学生明白攀比心理对自己学习和生活的影响及其危害。

2. 初步掌握消除攀比心理的方法，培养学生合理看待分析身边现象的能力。

辅导难点：

1. 让学生明白攀比心理对自己学习和生活的影响及其危害。

2. 初步掌握消除攀比心理的方法，培养学生合理看待分析身边现象的能力。

课前准备：大白纸、水彩笔、双面胶。

活动过程：

活动过程	活动内容	活动目的
课前导入	事例：小海过生日了，妈妈说请几位好朋友在家吃顿饭祝贺一下。小海说："要知道，上次同学过生日，请我们到大饭店暴撮了一顿，花了3000多块！可你却让我在家里请客，又寒碜又小气，我才不丢人现眼呢！"妈妈说："咱家的条件不一样，礼轻情意重嘛！""你也太老土了！现在流行什么您都知道吗？钱本身并不重要，要舍得花钱才是硬道理！今儿多花点钱摆上几桌，立马挣足了面子；以后大不了吃它一个月的方便面，反正同学又不会知道……"	通过事例引出主题，为活动顺利开展做好铺垫。
开展活动	活动一：识现象　知攀比 活动任务： 1. 让同学们分析以上事例中小海为什么不想在家过生日？ 2. 让同学们对攀比心理有一个基本的认识。 活动过程： 1. 分组： 根据人数随机分组，每组4-6人；推选出小组长、记录员和发言人。 2. 同学们分组讨论以上故事中小海是什么心理表现？（老师给每小组发一张4K大白纸、一盒12色水彩笔、一卷双面胶） _____ _____ _____ 你认为什么是攀比心理，请写在下面的横线上： _____ _____ 3. 小组交流： 人人发言，小组长安排好发言次序，并由记录员做好发言记录。 4. 共同分享： 每组重点发言人将记录有讨论结果的大白纸张贴在小组旁边的墙上或者黑板上，对小组交流中同学们的不同认识进行讲解。（各小组轮流进行，其他成员可以追问或补充）	活动一让学生认识什么是攀比心理？

续上表

活动过程	活动内容	活动目的
开展活动	5. 教师总结： 攀比心理是指个体发现自身与参照个体发生偏差时产生负面情绪的心理过程。通常产生攀比心理的个体与被选作为参照的个体之间往往具有极大的相似性，导致自身被尊重的需要过分夸大，虚荣动机增强，甚至产生极端的心理障碍和行为。同学们要明确的是攀比心理是一种不健康的心理。 活动二：细分析 知危害 活动任务： 1. 通过活动让学生知道攀比是一种不良心理； 2. 通过活动让学生知道攀比心理对自己的学习和生活有哪些不良影响和危害。 活动过程： 1. 分组： 根据人数随机分组，每组4-6人；推选出小组长、记录员和发言人。 2. 同学们分组讨论攀比心理有哪些危害（老师给每小组发一张4K大白纸、一盒12色水彩笔、一卷双面胶），请写在下面的横线上： _____ _____ _____ 回忆思考自己是否有过攀比心理？对自己的学习和生活带来了什么不良影响和危害： _____ _____ _____ 3. 小组交流： 人人发言，小组长安排好发言次序，并由记录员做好发言记录。 4. 共同分享： 每组重点发言人将记录有讨论结果的大白纸张贴在小组旁边的墙上或者黑板上，对小组交流中同学们的不同认识进行讲解。（各小组轮流进行，其他成员可以追问或补充）	活动二让学生认识攀比心理对自己学习和生活的危害。

续上表

活动 过程	活动内容	活动目的
开展 活动	5. 教师总结： 攀比心理对中职生十分有害，中职生多数在学校住读，相比之下有了更多的可供自己支配权利，而中职生的自制能力还很欠缺，因此，就造成了中职生盲目的乱花钱，与身边的同学进行攀比的不良现象。其结果往往是生活上的攀比给父母增加了经济负担，更甚者盲目攀比影响了自己健康以及荒废了学业。 活动三：卸包袱　轻行舟 活动任务： 1. 说说自己曾经是怎么克服攀比心理的。 2. 分组讨论克服攀比心理的技巧和方法。 活动过程： 1. 分组： 根据人数随机分组，每组4-6人；推选出小组长、记录员和发言人。 2. 同学们分组讨论一下在生活学习中克服攀比心理的技巧和方法，请写在下面横线上：（老师给每小组发一张4K大白纸、一盒12色水彩笔、一卷双面胶） _____ _____ _____ 说说自己曾经克服攀比心理的方法？想想自己还有什么更好的方法能帮助自己和同学克服攀比心理： _____ _____ _____ 3. 小组交流： 人人发言，小组长安排好发言次序，并由记录员做好发言记录。 4. 共同分享： 每组重点发言人将记录有讨论结果的大白纸张贴在小组旁边的墙上或者黑板上，对小组交流中同学们的不同认识进行讲解。（各小组轮流进行，其他成员可以追问或补充）	活动三让学生通过讨论认识克服攀比心理的方法。

续上表

活动过程	活动内容	活动目的
开展活动	5. 教师总结： 攀比不是一无是处，关键是不能盲目攀比，把握"尺度"最重要，更不能拿自己的短处和别人的长处比。因此，我们在追求物质享受方面，及时调整自己的心态最重要："比上不足，比下有余"，选择最适合自己能力范围内的生活及处世方式是最利于身心健康的正常心态。攀比不是罪过，但攀比心太强，执迷于攀比心理，恐怕是一个人内在虚弱和不自信的表现。所以中职生本身应该有一个正确的态度面对自己的刚刚起步的人生。应该树立"一切从零开始""路是人走出来"的思想，认识到在艰苦环境中树立为自己、为家庭、为国家而读好书的志向，要效法历史上艰苦奋斗创造自己事业和人生的成功人士。	
教师总结	同学们，让我们每个人都能理性客观地分析周围的现象，树立科学合理的人生观，培养符合自己实际情况的消费观，刹住不当的攀比之风，让攀比之风远离我们而去，所谓卸下包袱轻行舟，人生路上精彩多。	

9 冲动是恶魔
——战胜恶魔我能行

辅导目标：

1. 通过活动理解每个人都曾有过的冲动心情。

2. 通过活动明白冲动的危害并能从同龄人处得到启示。

3. 通过活动学会善于控制自己的情绪并能克服冲动心情。

辅导重点：

1. 通过活动明白冲动的危害并能从同龄人处得到启示。

2. 通过活动学会善于控制自己的情绪并能克服冲动心情。

辅导难点：

1. 通过活动明白冲动的危害并能从同龄人处得到启示。

2. 通过活动学会善于控制自己的情绪并能克服冲动心情。

课前准备：大白纸、水彩笔、双面胶。

萧亚轩的歌曲《冲动》。

活动过程：

活动过程	活动内容	活动目的
课前导入	冲动是魔鬼，冲动是脚镣，冲动是吃不完的后悔药。冲动是一切误会的源头，冲动是一切错误的开始。 下面咱们进行一个热身活动——"头脑风暴"： 问题：老师念成语，请您迅速说出成语的寓意并想象成语所描述的心情。 要求：理解准确，扮演逼真。 成语：怒发冲冠　怒气冲天　怒火中烧　怒目而视　怒形于色　怒不可遏 怒从心头起，恶向胆边生。 寓意分别是：_____、_____、_____、_____、_____。 请同学们尝试扮演成语所描述的心情。	引出课题，并通过成语体验冲动心情，为活动的顺利开展做好铺垫。
开展活动	活动一：制作心情卡：回忆曾经有过的冲动心情 活动任务： 1. 能说出个人曾经在学习生活中出现过的冲动心情； 2. 能尝试体验当冲动时的个人心理感受。 活动过程： 1. 分组： 根据人数随机分组，每组6-7人；推选出小组长、记录员和发言人。 2. 个人思考，在"心情卡"正面写出自己曾经有过的冲动，反面写出当时的心理感受（别忘了留下自己的尊姓大名）。也可填写在下面的横线上： 曾经的冲动：_____； 曾经的感受：_____。 3. 我来读，你来演： 各小组推荐一人读出小组内若干人的曾经冲动与当时的感受，除本组成员外的其他同学扮演这种冲动心情，扮演出色者可以给予掌声鼓励（或由二人在全班表演一个节目）。 （可根据时间多少调整宣读的小组数。） 4. 辅导教师（或指定学生）小结： 听了同学们曾经有过的冲动事例、看到了同学们扮演冲动时的表情，老师也想告诉大家我自己也和你们一样曾经有过冲动、也有过压制冲动的痛苦体验（辅导老师根据教学情况"自我暴露"，用这种自我开放技术增进师生关系）。	活动一是让同学们通过回忆曾经有过的冲动理解冲动是一种负面情绪。

续上表

活动过程	活动内容	活动目的
开展活动	冲动，本意是多指做事鲁莽，不考虑后果。感情特别强烈，理性控制很薄弱的心理现象。可表现为言谈上的、行为上的，也可表现为思想意识上的。在生理学上，冲动是指神经受到刺激后产生的兴奋反应。冲动是最无力的情绪，也是最具破坏性的情绪，也就是说理性弱于情绪的心理现象。冲动也是来源于自我保护的一种心理补偿，但大多情况是不利的。一般青少年的情绪特征是以冲动和暴躁为主的，这就叫作边界性格紊乱的心理疾病。青少年常常会遇到很多不称心的事情，出现冲动心情是难免的，关键是你自己怎么冲释和转换冲动。 活动二：明白冲动的危害并从同龄人处得到启示 活动任务： 知晓冲动的危害。 同龄人的启示。 活动过程：1. 阅读下面的材料。 事例一：2003年，正在读中职一年级的吴海燕刚满16岁。吴海燕的同班同学沈刚更是很多少女心中的偶像派人物。因为同班，沈刚与吴海燕二人接触很多。俊男靓女两情相悦，渐渐两人陷入热恋之中。沈刚与吴海燕交往一个学期后，两人便在校外租了一间房子开始同居。按说沈刚与吴海燕的父母应该及时察觉自己的儿女早恋和越轨的行为，可是他们的父母因为忙于工作，无暇顾及平时住校的孩子。班主任老师也忙于学生的学习成绩没有及时与沈刚、吴海燕的家长沟通。结果没有收入来源的两个花季少年，为了解决这一难题，两人决定实施绑架勒索。2004年6月23日中午，公安局接到一男子报警，称他13岁的儿子被人绑架，绑架者声称要25万元，而且不让报案，否则将杀人灭口。接到报警后，警方经过艰苦细致的调查摸排，于当日晚7时便确认人质被绑匪藏匿的位置。经缜密的布控，晚9时警方冲进藏匿人质的民房，以迅雷不及掩耳之势制服看守人质的一名年轻人，成功解救了人质。经突击审讯得知此人是沈刚，还有一名主要绑匪吴海燕，系沈刚的女朋友，现已潜逃。当晚11时许，部署在公路隘口的民警将准备外逃出省的吴海燕抓获。面对锃亮的手铐，吴海燕和沈刚都落下了眼泪。	活动二是让同学们明白冲动心情的危害并能从同龄中得到启示。

续上表

活动过程	活动内容	活动目的
开展活动	事例二：原励德实验中学曾发生一起故意杀人案，让人费解的是杀人凶手竟是一个未满14周岁的少年，而被杀者竟然是他的同乡同窗。该校初一年级学生陈志明（男，1998年3月生，上云桥镇人）与刘小乐（男，1989年7月生，上云桥镇人）因琐事发生口角纠纷，陈志明动手打了刘小乐一耳光。恼羞成怒的刘小乐失去理智，从床下抽出一把水果刀，对着陈志明的脑部、腹部等处连刺三刀。 2. 在下面的横线上写下冲动心情对当事人和别人带来的危害。 _____ _____ _____ _____ _____ 3. 在下面横线上写出你从以上两则案例得到了什么启示： _____ _____ _____ _____ _____ 4. 共同分享：交流个别同学定下的冲动危害和同龄人的启示。 5. 辅导老师小结： 青少年时期是迈向成熟的过渡时期，情绪和感情都极不稳定。因为不善于控制冲动情绪，因此而深受其害。因不值得一提的小事而极度悲伤或大发脾气，终于导致自己和别人的人生悲剧。由此可见，自身的情绪控制非常重要。 同学们在学习生活中时时会受到外界干扰，珍爱的物品被别人损坏或自尊心受到伤害等，这些都容易使其发火，有的学生与人相处时往往因为一言不合就火冒三丈从而造成了本应避免的悲剧。希望同学们能从以上事例知晓冲动的危害并能吸取教训。	

续上表

活动过程	活动内容	活动目的
开展活动	活动三：克制冲动——相信自己我能行 活动任务： 1. 阅读《负荆请罪》并写出对自己的启发。 2. 写出自己今后如何克制冲动心情的打算。 活动过程： 1. 阅读下面的材料并写出对自己的启发： 既罢，归国，以相如功大，拜为上卿，位在廉颇之右。 廉颇曰："我为赵将，有攻城野战之大功，而蔺相如徒以口舌为劳，而位居我上。且相如素贱人，吾羞，不忍为之下。"宣言曰："我见相如，必辱之。"相如闻，不肯与会。相如每朝时，常称病，不欲与廉颇争列。已而相如出，望见廉颇，相如引车避匿。 于是舍人相与谏曰："臣所以去亲戚而事君者，徒慕君之高义也。今君与廉颇同列，廉君宣恶言，而君畏匿之，恐惧殊甚。且庸人尚羞之，况于将相乎？臣等不肖，请辞去。"蔺相如固止之，曰："公之视廉将军孰与秦王？"曰："不若也。"相如曰："夫以秦王之威，而相如廷叱之，辱其群臣。相如虽驽，独畏廉将军哉？顾吾念之，强秦之所以不敢加兵于赵者，徒以吾两人在也。今两虎共斗，其势不俱生。吾所以为此者，以先国家之急而后私仇也。" 廉颇闻之，肉袒负荆，因宾客至蔺相如门谢罪，曰："鄙贱之人，不知将军宽之至此也！" 卒相与欢，为刎颈之交。 以上历史事例是典型的在关键时刻克制了自己的冲动，显示了廉颇处理将相矛盾的高超技术更成就了赵国一段时期的强盛。不妨请同学们在下面横线上写出你从以上历史事例中得到了什么启示： ＿＿＿＿＿＿＿＿＿＿＿＿＿＿＿＿＿＿＿ ＿＿＿＿＿＿＿＿＿＿＿＿＿＿＿＿＿＿＿ ＿＿＿＿＿＿＿＿＿＿＿＿＿＿＿＿＿＿＿ 2. 思考并写下我克制冲动的具体打算： （1）为了克制冲动，从今天开始我要＿＿＿＿； （2）为了克制冲动，从今天开始我要＿＿＿＿； （3）为了克制冲动，从今天开始我要＿＿＿＿； （4）为了克制冲动，从今天开始我要＿＿＿＿； （5）为了克制冲动，从今天开始我要＿＿＿＿。	活动三是让同学们掌握一些克制冲动的方法，争取避免冲动造成的不必要伤害。

续上表

活动过程	活动内容	活动目的
开展活动	3．小组交流： 人人发言，小组长安排好发言次序、发言记录。 4．共同分享： 每组发言人将记录了要点的大白纸张贴在小组旁边的墙上或者黑板上，对小组讨论中组员的共性的、独特的打算进行讲解。（各小组轮流进行）	
教师总结	听了同学们的交流，老师已经听到了同学们的发自内心想要克制冲动的铮铮誓言。其实在每个人的一生中都会产生情感冲动，如遇到成功时感到欣喜若狂，遇到打击时过于颓废和哀伤，对待不满的暴躁和愤怒，对待失败时的焦躁不安，这些都是一些情感冲动心理。关键的是当你有冲动心情时怎么去化解、转换、释放这种不良情绪，更要以平和、宽容、理解的心态对待。 肯定本次活动的成功举行和目标实现，表扬有积极表现的同学，更感谢同学们的积极参与，踊跃发言。介绍一些克服冲动心情的常用方法，为"我"适应环境成就精彩人生指点"迷津"。	

10　心态要阳光
——我的快乐我做主

辅导目标：

1．通过活动感受不同的心态体验；

2．通过活动了解心态与心理健康之间的关系；

3．通过活动懂得如何培养和保持积极健康的心态。

辅导重点：

1．了解心态与心理健康之间的关系；

2．懂得如何培养和保持积极健康的心态。

辅导难点：

懂得如何培养和保持积极健康的心态。

课前准备：大白纸、水彩笔、双面胶。

下载本节课需要的乐曲。贝多芬的《命运交响曲》、博克里尼的大提琴《A大调第六奏鸣曲》。

活动过程：

活动过程	活动内容	活动目的
课前导入	同学们都听过这句话吧——"人逢喜事精神爽"，说的就是愉快的心情会在相当长的一段时间影响着人的整个行为，似乎所有的事物都染上了快乐的光彩，让人感到自信和力量总是陪伴在身边。同学们，想让自己每天都有一个乐观积极的心情吗？想的话，就让我们一起抱着极大的兴趣来参加今天的活动。	通过俗语引起学生参加活动的兴趣。
开展活动	活动一：体验心情 活动任务： 1. 说说自己当时的心情； 2. 通过音乐体验催人向上的心情。 活动过程： 1. 欣赏下列音乐片段 （1）放映贝多芬的《命运交响曲》； （2）放映博克里尼的大提琴《A大调第六奏鸣曲》。 2. 分别写出听到以上乐曲后自己的心情： （1）听贝多芬的《命运交响曲》时自己的心情_____； （2）听到博克里尼的大提琴《A大调第六奏鸣曲》时自己的心情：_____； （3）在听音乐前后自己的心情有什么不同：_____。 3. 小组交流： 人人发言，说说不同音乐的特点及其对"我"的心情影响。小组长安排好发言次序，并由记录员做好发言记录。 4. 辅导教师小结： 心境是指强度较低但持续时间较长的情感，它是一种微弱、平静而持久的带有渲染性的情绪状态，往往在一段长时间内影响人的言行、工作成败、生活条件、健康状况等等。心境具有弥散性和长期性，当人具有了某种心境时，这种心境表现出的态度体验会朝向周围的一切事物。比如一个在学校受到表彰的人，觉得心情愉快，回到家里同家人会谈笑风生，遇到邻居去笑脸相迎，走在路上也会觉得天高气爽；而当他心情郁闷时，在学校、在家里都会情绪低落，无精打采，甚至会"对花落泪，对月伤情"。良好的心境使人对许多事物产生欢乐的情绪，甚至会觉得花草树木都在微笑和点头，所谓"境由心造"说的就是这个道理。	活动一是让同学们通过欣赏音乐体验催人向上的心情。

续上表

活动过程	活动内容	活动目的
开展活动	活动二：了解心态和健康的关系 活动任务： 1. 懂得积极乐观的心态有益于个体的身心健康； 2. 懂得消极悲观的心态对身心健康的危害。 活动过程： 1. 分组： 根据人数随机分组，每组6-7人；推选出小组长、记录员和发言人。 2. 在下面的横线上写出"我"有不同心情时的精力状况。 （1）我自信乐观时的做事效果：_____； （2）我悲观失望时的做事效果：_____； （3）我心情良好和心情沮丧时周围同学、老师对我的影响和评价： _____。 （老师给每小组发一张4K大白纸、一盒12色水彩笔、一卷双面胶） 3. 小组交流： 人人发言，重点交流心情好坏对自己身心健康、学习效果和人际关系的影响。小组长安排好发言次序，并由记录员做好发言记录。 4. 共同分享： 每组发言人将记录了心情好坏对身心健康、学习效果和人际关系的影响的关键词的大白纸张贴在小组旁边的墙上或者黑板上，对小组交流中的要点进行讲解。（各小组轮流进行。） 5. 辅导教师小结： 心态对人的学习、生活和健康都会发生重要的影响，积极乐观的心态会提高学生的学习效果，增强克服困难的信心，有益于学生的身心健康；消极悲观的心态会降低学生的学习效果，使人消沉，长期的负性心情有损于健康。	活动二是让同学们理解心情与健康的关系。

续上表

活动过程	活动内容	活动目的
开展活动	活动三：学会培养和保持积极乐观的心态 活动任务： 1. 学会如何培养和保持积极乐观的心态。 2. 理解良好自信的心态是保证心理健康的重要途径之一。 活动过程： 1. 阅读下面的材料： 一次，美国前总统罗斯福的家中被盗，丢失了许多东西。一位朋友闻讯，忙写信安慰他，劝他不必太在意。 罗斯福给朋友写了一封回信："亲爱的朋友，谢谢你来安慰我，我现在很平安，感谢生活。因为，第一，贼偷去的是我的东西，而没伤害我的生命；第二，贼只偷去我的部分东西，而不是全部；第三，最值得庆幸的是，做贼的是他，而不是我。" 够乐观的了吧！呵呵。 资料来源：（http://zhidao.baidu.com/link？url=PIsr66Hgi5ycx542kxxsnDkdJDh5DOBiPFlxOsH9uwZE7vNRvbI9N7FBU9-e3pw8ys2jcW-X6I5mcMC9tXvCLa） 2. 说出以上资料对"我"引发的"思考"： _____ _____ 3. 小组交流： 人人发言，交流个人以上资料对"我"引发的"思考"。小组长安排好发言次序，并由记录员做好发言记录。 4. 共同分享： 每组推荐1名发言人将本组成员的"思考"进行讲解。（各小组轮流进行，其他成员就不合理的内容可以追问或补充。）	活动三是让同学们懂得如何保持积极、乐观、自信的心情。
教师总结	在生活和学习中我们常常会遇到一些不如意的事，这种随处都在的困难和挫折难免会影响我们的心情，关键是我们如何对待和响应，如何化解这些困难，不要让其影响我们的心情和损害我们的健康。在平时的生活和学习中要尽量控制和调节自己的心情，让自己的心情每天都阳光起来。 经常保持积极乐观的心态，善于调整自己的心态，克服不良心境是一种良好的性格特点。让自己的良好心态为自己的学习和健康加注正能量。	

2.4　心育中的专题讲座辅导

2.4.1　专题讲座的设计思路

最早开始尝试心理健康教育的主要方式是进行主题心理辅导讲座，这种方式既可以在短时间内围绕一个或几个主题进行知识普及，又可以让更多学生受益，因此，从我工作的最初几年就开始探索学生关注的主题，并在本校举办讲座，那时主要以中职学生感兴趣的话题作为主题，例如：《文学作品中的人物心理分析》《爱情离我们有多远》《高考哪有那么难》……这种探索式的讲座主题很随机，但针对性很强，所以，在一段时间中很受学生喜爱。随着不断的积累和反思，我发现中职三年，学生在不同时期有不同的需求，有必要根据学生需求特点将团体讲座的主体系统化、规范化。

2.4.2　中职生讲座专题的分层探讨

中一年级的学生新奇、迷茫，处于对新的环境和学习模式的适应阶段，这一阶段讲座的内容主要以学生礼仪、行为规范的养成、学习动力激发、学习目标的确立为主，基于中一年级学生的特点，团体讲座以操作性和互动性为主；中二年级熟悉了中职学习环境，了解了中职学生发展方向，讲座内容主要以学生人际交往和心理动力提升为主题，为学生灌注希望，进一步清晰自己的方向和目标，同时，也为学生的交往安全和生活技能提供必要的指导，这个阶段的团体讲座方式灵活，但激发学生脑力活动的问题启发式会更有益于他们静心思考。中三年级的讲座主题主要包括应考技巧和策略、职业规划和生涯发展目标的进一步具体化。分层、分段的主题讲座虽无法短时间内完全改变学生的状态，但我们的出发点是：我们种下一颗种子，无论他什么时候发芽，至少他知道他可以长成什么？沿着这样的思路，在中职心育的探索中亦步亦趋，慢慢形成了特色化的中职团体辅导讲座课程体系。整个课程包括五个板块，25讲内容。第一板块成长的脚印，主要针对初高中衔接的过程中，学生常见的青春期困惑、压力及适应困难问题，通过辅导讲座使学生主动思考和体验职中生活的特点，激发自己的学习动力，快速适应职中生活。第二板块我和你的距离，主要涉及中职生人际交往中所出现的普遍问题，追根求源，形成正确的交往理念，建构和谐健康的人际交往观，正确处理同学间的人际关系，把握高中异性之间交往的距离。第三板块做情绪的主人，指导学生了解情绪产生的本质，学会管理情绪的方法，建立积极乐观的情绪态度，提升自我管理情绪的能力。第四板块绽放生命的精彩，从中职学生生涯规划发展中常见的问题着手，涉及学生生涯目标确立、实施和管理，使学生良好的生涯意识状态中，有目标地学习和生活。第五板块向快乐出发，主要针对教师的心理健康和专业成长进行设计，实践中提升教师职业的专业化和归属感，激发教师的职业自豪感，为教师的心理健康伴驾护航。

通过五个板块二十五讲内容，开发形成具有校本特色的心理健康讲座课件，希望在心理健康教育的道路上，打破心理讲座辅导的单一化、教条化，通过多元系统的课程设计，丰富多彩的课程内容，幽默趣味的互动活动，使学校的每一位同学和老师感受到讲座的魅力，在自我发展的道路上幸福地生活。

2.4.3 中职生专题讲座的基本框架

根据中职学生的心理特点，结合学生心理发展的需求，在学生入校的不同时期开展不同内容的讲座活动，心理健康教育讲座涉及面广，学生受益范围广，可以短时间内接收到大量的知识、信息、案例和声音、视频资料的影响，对推进中职学生心理健康有很好的借鉴意义。

第一篇 成长的脚印，主要以青春期心理特点为主，关注学生青春期的矛盾和冲突，突出青春期自我认同的引导，本篇包括五讲：第一讲，青春那些事儿。第二讲，行走在青春的雨季。第三讲，我的花季在哪里。第四讲，爱要怎么说出口。第五讲，做美丽女生，让青春更靓丽。

第二篇 我和你的距离，主要以学生人际交往为主，围绕学生交往中的技能技巧、交往观念和交往礼仪对学生进行人际交往的引导和示范，本篇五讲包括：第一讲，身体语言的魔力，如何恰当运用身体语言表达信息。第二讲，学会倾听，尊重和倾听中，准确理解别人的想法，也真诚地表达自己的观点。第三讲，关系的秘密，阐述人际关系中那些信息沟通的心理学解读。第四讲，爱的距离有多远。第五讲，两性交往知多少，这两讲都涉及青春期异性交往，帮助学生了解异性交往中的距离保持，感受同学间真诚的友谊。

第三篇 做情绪的主人，关注学生情绪管理和情绪调节，主动管理情绪，应对考试焦虑。第一讲，我的情绪我做主，了解情绪的本源，接纳自己的情绪状态，学会调整和改变认知的方式管理自己的情绪。第二讲，做情绪的主人，引导学生通过自我调节和自主判断，把情绪对自己的伤害降到最低。第三讲，换个心情看世界，告诉学生心态的改变是调节情绪最有效的方式，积极健康的心态可以持久的保持积极愉悦的情绪。第四讲，你准备好了吗？第五讲，我和高考有个约会，这两讲都是以考前焦虑心态的调节为主，通过认知行为改变使自己自信地面对高考。

第四篇 让生命绽放精彩，以学生生涯发展教育为主要内容，通过对生涯规划的意义、目标和操作，引导学生明确目标，增强自信，更好地助力自己的成长。第一讲，我的人生我做主，借助具体案例让学生看到生涯规划的重要意义，明确生涯规划在不同阶段关注的重点。第二讲，为自己点亮一盏心灯，引导学生看到自己的优势和不足，在明确的目标引领下，从每天的生活细节做起，从实现一个一个小目标开始，让自己更有勇气面对生活中的困难。第三讲，让心灵到那个地方；引导学生确立目标，进行目标分解，落实目标实施，使学生在学校有事可做，有的放矢。第四讲，重在行动。关键是做，以目标实施为重点，通过九宫格的方式，把行动方向和时间管理、目标管理密切结合。第五讲，我的职业生涯规划书，指导学生制定自己的生涯规划书，真正做到"我的人生我做主"。

第五篇 向快乐出发，是专门针对中职教师心理健康的专项辅导。近几年中职教师职业发展乏力，自我认同感较低，对频繁出现的学生问题心力交瘁，通过教师心理辅导讲座，运用轻松有趣的互动活动，让教师看到自己的力量，也尝试自我解压、自我成长。第一讲，挺直脊梁做教师，主要对教师团队协作和专业成长发展进行的讲座，引导教师看到在集体或团体中自己的影响力，充分感受教师职业的活力和魅力。第二讲，有一种师德叫心态，以教师群体心态的呈现为基础，和他家分享教师的快乐，领悟到快乐教师在工作中的影响和效率。第三讲，我的天空，不一样的美，专门针对心理健康教育教师专业成长的讲座，引导教师发觉自身资源，不断学习成长，让心理健康教育因为这些教师的工作而更有益于学生。第四讲，遇见最美的自己。第五讲，一回眸的幸福都是关于教师职业幸福感的构建而进行的讲座，教师在教学工作中的幸福更多源自自身的心态，良好的职业归属感会让学生感受到老师的激情和魅力。

如果沙粒中有珍珠，总会在经年的磨砺中熠熠生辉，所以珍珠才更显得弥足珍贵。就如同我们每天在繁杂的事务里湮没时，总有一些动人的光点在大脑闪回，如果恰巧被有心人抓住了，就成为火花照亮整个夜空。

3.1 心理委员的困惑

3.1.1 心理委员的由来

心理委员是怎样的存在？在中职学校，这是一个特别的群体，他们不仅是班干部，还要看得到班级每位同学的变化；他们不是课代表，却时时向老师汇报班级和学生动态。心理委员是为班级同学、寝室同学以及身边朋友提供有关心理健康方面帮助的人，他们以平等、尊重、服务同学的态度为有相关需要的同学提供帮助，承担或协助实施针对班级心理健康教育而开展的各类事务或活动。心育中心成立后，我们特别关注学生心理状态的起伏变化，中职学生还处于青春期，往往会因为特定的事件或情境引发极端情绪；班级发展在不同时期或不同阶段也会出现普遍性的问题，所以，需要建立一种能够及时反馈班级心理动态的机制。我们通过班级心理委员实时报告。

心理委员的选拔。心育中心发布各班心理委员的选拔要求，班主任根据学生自愿申请和竞选的方式决定本班心理委员人选，通常要求班级心理委员要有爱心、细心和耐心，对班级或个人出现的各种心理问题能够敏锐地观察到，并及时汇报到心育中心。

心理委员的工作程序。班级心理委员通常每两周汇报一次班级心理动态，上报学校心理辅导老师班级近两周的学习风气、人际环境、突出的问题，对班级近期出现的有异常的学生（例如情绪低落、容易发怒、频繁请假、迟到等）也要进行汇报；如果班级有自残、自杀念头的学生，心理委员可以不受时间和空间限制，第一时间联系并告知学校心理辅导老师。

3.1.2　谁为心理委员解惑

班级心理委员汇报初期，效果很好，学生借助于朋辈关系不仅汇报学生和班级情况，有时候，心理委员还会和同学谈心，帮助学生联系心理辅导老师，组织班级学生做一些心理小游戏，但很快，她们就困惑了：除了用眼睛看，她们似乎很难真正了解同学们的状态，他们不知道哪种情况该汇报，哪种不该汇报？班里有同学因为他们汇报很不高兴，但有些同学都去医院心理门诊诊断治疗，他们却一无所知……

有困惑就有可探索实践的方向。很显然，心理委员们的困惑在于她们对心理健康常识太欠缺，他们在识别和判断时无法敏感地捕捉到关键的信息，他们亟待进行工作培训，而能够为他们答疑解惑的最重要的支持来自学校心育中心的老师，中职的心理委员更多的是学生有热情、有责任心、有爱心，凭着一腔热爱所进行的工作，所以，无法通过考核和严厉的制度管理，我更愿意看到的结果是：他们在这个角色中找到自己的价值和意义，所以，我和我的团队对心理委员不仅要答疑解惑，更是带着他们去看见同学所遇到的困难、理解同学所面临的困境。

3.1.3　心理委员的培训

心理委员的培训分两大板块，一部分是心理委员的观念培训，这一部分主要包含班级心理委员的产生过程、班级心理委员的定位和班级心理委员工作的预期效果。通过活动体验和感悟思考的团体辅导形式，让心理委员对自己的角色有认同和自豪感，也清晰自己在班级的角色就是联络员、宣传者、陪伴者和倾听者，是一个让班级同学感到温暖的角色，班级心理委员工作的最好状态是：带给大家阳光，更要让自己成为一道光。另一部分是专业技能培训，这一部分主要包括心理委员的工作原则、基本素质和关注对象。在工作原则中，涉及心理辅导的伦理原则，例如保密原则、价值中立原则等；在心理委员的必备素质中强调个人品质的重要意义，在沟通和倾听的方法技巧上进行指导，重视对敏锐的观察力的要求，重点关注的对象则是列举班级中四种类型学生的状况：家庭困难学生、违规行为的学生、心理困扰的学生（一段时间内情绪起伏变化的状况）、学业困难沉迷游戏的学生。这样的具体状况的列举让心理委员知道了该特别关注哪些同学，该关注些什么表现。经过培训的心理委员不仅自己了解了不少的心理健康常识，还对班级心理动态的识别和汇报更清晰。

通过培训，班级心理委员需要具备的胜任该项工作的个性特征与心理素质主要包括：1. 为人乐观、开朗，心理健康状况良好；2. 善于与人沟通，具有一定的语言表达能力；3. 热心班级心理健康工作，责任心强，具有服务奉献意识；4. 在学生中有广泛的群众基础，乐于助人；5. 具有一定的组织协调能力，能够积极主动地开展工作；6. 以热情、真诚的态度对待每一位同学。

心育中心成立的五年来，心理委员随着一届一届学生的毕业不断地更换，一个有趣的现象出现：所有担任过心理委员的学生都反馈他们的心理状态比没有做心理委员之前要好很多，他们愿意用更多的精力帮助别的同学，所以感到自己更快乐。这种朋辈互助的方式的确让很多学生受益，也让学校心理辅导老师更及时快捷地对有心理困扰、甚至心理危机的同学及时得到关注和干预。

3.1.4　心理委员的培训的范例

这是班级心理委员一期培训的提纲：我们一起走过——班级心理委员的培训。首先通过热身活动，使各个班级的心理委员互相认识，通过转换视角，让学生从陌生到互相熟识，进一步增进了解。

主题活动一：我们一起来，组成活动小组，确定每组组长，并由组长带领本组成员确定本组的组名和活动规则、小组口号，通过组内活动，使小组成员更加了解，一方面锻炼大家的团体协作能力，另一方面打破不同班级心理委员的生疏感，便于接下来更好地学习。此阶段活动内容有四部分：1. 报数分组；2. 确定我们的组长；3. 确定我们团体的名称和规则；4. 我们的口号（体现本组特色的口号，可以增强本组凝聚力）。

主题活动二：心理委员的苦恼，各班心理委员根据自己工作情况，吐槽自己在工作中遇到的麻烦和苦恼；分享自己成为心理委员的心路历程，同组同学可以给一些建议和资源。本主题三部分内容可以让心理委员学会从同辈群体寻找支持和资源，帮助他们更积极地工作。

主题活动三：我们怎么做？这是为心理委员进行专业解惑，告诉心理委员可为和不可为，既明确了心理委员的角色规范，又让心理委员清楚地了解自己的作用、职责和伦理规范，清晰地界定不仅缓解了心理委员的压力，也让心理委员对工作充满信心。这部分内容包括：心理委员的角色界定：联络员、宣传者、陪伴者（心理委员的陪伴原则）、倾听者；明晰心理委员职责、作用、工作原则、基本素质和关注的对象等。

3.2 考试焦虑——大考前的心理战

考试焦虑是好多考生的噩梦，在他们看来考场就像角斗场，再加上中职学生对学习总是很难自信起来，对考试失败恐惧更令他们焦虑不安。中职学生到三年级要参加中职生高考，由于近几年考试选拔的竞争激烈，学生考前既要紧张的复习，又要承受考试焦虑所带来的情绪困扰，严重影响学生考场发挥。

3.2.1 何为考试焦虑

考试焦虑是人由于面临考试而产生的一种特殊的心理反应，它是在应试情境刺激下，受个人的认知、评价、个性、特点等影响而产生的以对考试成败的担忧和情绪紧张为主要特征的心理反应状态。包括考前焦虑、临场焦虑（晕考）及考后焦虑紧张。2008 年，国家心理健康机构中欧国际研究表明，61% 的学生有不同程度的考试焦虑，其中 26% 为严重考试焦虑。考试焦虑严重影响了考生的成绩，尤其是数学和语言科目。女生患严重考试焦虑的数量是男生的二倍。考试焦虑是考生中常见的一种以担心、紧张或忧虑为特点的复杂而延续的情绪状态。在考试之前，当考生意识到考试对自己具有某种潜在威胁时，就会产生焦虑的心理体验，这是面临高考或中考的学生中普遍而突出的现象。他们怀疑自己的能力，忧虑，紧张，不安，失望，行动刻板，记忆受阻，思维发呆，并伴随一系列的生理变化，血压升高，心率加快，面色变白，皮肤冒汗，呼吸加深加快，大小便增加。这种心理状态持续时间过长会出现坐立不安、食欲不振、睡眠失常，影响身心健康。

3.2.2 考试焦虑的心理学原理

心理学认为，心理紧张水平与活动效果呈倒"U"字曲线关系。紧张水平过低和过高，都会影响成绩。适度的心理紧张，可以使人对考试有种激励作用，产生良好的活动效果。但过度的考试紧张则导致考试焦虑，影响考场表现，并波及身心健康。考试焦虑是对考试的一种特殊心理反应，它会受以下一系列因素的影响：

首先是主观因素的影响：1. 自我期望过高，梦想自己一举成功，幻想自己考试能超水平发挥，当感觉自己力不从心时，紧张和焦虑的心态便油然而生。2．知识准备和应试技能不足。学生对所学知识掌握多少以及是否巩固，都会影响他们应试时的焦虑水平。如果准备不充分，知识上有欠缺，则会导致信心不足。本来就提心吊胆，一旦试题与自己准备的不相符合，就更加紧张，结果必然导致高焦虑。3．自信心不足。自尊心强的学生，总有一种害怕被淘汰的心理，其实自己已经很努力了，但一旦成绩不理想，就丧失信心，低估自己的能力和知识水平，遇到一点挫折失败就垂头丧气。4．考前身体状况不好。比如生病、失眠、过度疲劳等导致体能上竞技状态不佳容易产生高焦虑。

其次是客观因素的影响，包括：1．父母的压力。父母普遍有一种补偿心理，期望通过子女来实现自己的理想。因此，按照自己的期望来设计孩子的未来，培养孩子的兴趣爱好，并在学习上不断地施压。致使子女感到肩上的担子很重，难以达到父母的目标和要求，容易出现郁闷，逆反心理，加重了心理压力。2．老师的压力。教师往往偏爱学习好的学生，而学生也十分珍惜教师的这种"关爱"，总希望自己能考出好成绩以谢师恩，既为自己也为老师脸上添光，这种期待心态，无疑会给学生增添几分压力。3．同学之间的竞争。同一班级的学生，由于彼此之间存在着竞争，大家争先恐后，害怕别人超过自己，尤其是成绩好的同学竞争更是激烈，彼此间有一种对抗心理，相互暗暗努力，加班加点学习，疲惫加劳累，久而久之，就会产生无形的心理压力。

最后，其他因素的影响。如方法问题，有关调查表明，只有46%的高中生有适合自己的学习方法，有一半以上的学生没有自己的学习方法，或学习方法不当。而有学习计划的学生也仅占四分之一，缺乏计划和学习方法不当的人固然难以对学习树立起信心，心理有一种预期的紧张，对未知的考试结果过分担心、期望和关注。在这种心理支配下，自我调控能力下降，自信心不足，心里总处在一种恐惧和紧张焦虑之中。意志问题，不能有效地自我调节。有些考生在考前及考试过程中情绪处于极度兴奋和极度抑郁状态，情绪波动大，有时一点小事情也能引起他们的内心巨大震撼，情绪难以受理智控制，容易心烦意乱、喜怒无常、无精打采，稍遇不顺便怨天尤人，或认为自己一无是处。技能问题，有些考生平时不按计划学习，基本功不扎实，复习时间分配不合理，准备不充分，临考前拼命地临阵磨枪，夜以继日，加班加点，而真到考试时却已经疲惫不堪，就容易出现焦虑反应。

3.2.3 用行动改进的思维应对考试焦虑

以往在考前心育中心也会进行一些拓展训练或团体讲座，但很难兼顾到每个同学的需求，有些学生不需要辅导，却要花时间参加集体的讲座，有些同学很需要辅导，但在同学面前又不好表现出来，拓展训练也只是短暂的放松，并不能从根本上缓解学生考试压力。

在一次全省骨干教师的培训中，培训老师要求所有参训老师尝试进行"行动改进研究"。2017年，我对行动改进研究方式还不是很熟悉，在听到培训老师的讲解后，我发现这种即行即改的研究模式很适合在心理辅导中运用。于是，我选择在应对考试焦虑的过程中运用行动改进研究，先从高中部高三学生的考前焦虑辅导开始：通过情境体验式团体辅导活动对自愿参加辅导团体的高三学生进行心理辅导。

研究方案做好后，我首先在我校高三年级公开招募团体成员，对考试有恐惧、不安、考前身体反应明显、情绪不稳定等现象，自己又无法调节的同学自愿报名参加辅导团体，用连续四周，每两周一次，每次一小时进行考前焦虑的团体辅导。辅导过程通过焦虑评估、焦虑体验和感受（看见焦虑）、探索适合自己的焦虑缓解方式、互通共享焦虑应对的体验和策略等四个环节，让学生在关注自身能力、突破自我设限接纳焦虑和积极探索适合自己的焦虑应对方式有更深刻的体验。2017年初，当高三学生每月一次的模拟考试开始后，不断有学生因为考试焦虑而苦恼。我们的团体成员招募就从第二次摸底考试后的三月中旬开始，三天时间有24位同学希望参加团体。为了不占用更多时间，我们两周一次活动，大约到四月的摸底考试，学生可以在考场实践团体训练的结果，还可以实践后进一步改进。四月末结束团体后，五月最后一次摸底考试如果还有同学考试有过度紧张和焦虑的反应，咨询老师还可以提供一对一的个体咨询和干预。

事实上，团体辅导结束后，所有的参加团体辅导的学生状态良好，无论他们成绩如何，他们都能够接纳自己的焦虑情绪。学生一开始很好奇，也很纳闷，只有这么些人参加心理辅导，大家还不熟悉，但还是想尝试一下，但参加活动后，借助团队的力量，他们能够看到自己的优势和劣势，也看到别人的不足和优势，感觉自己有了新的支持力量，对考试的恐惧慢慢演变成想要去面对和挑战的勇气，令人欣慰的收获不仅帮助他们应对高考，更有助于帮助他们面对未来种种未知的困难。

3.2.4 《运用情境体验式团体心理辅导缓解高三学生考试焦虑》的行动改进方案

考试焦虑问题是高三学生突出的心理问题。高三学生处在紧张的高考复习冲刺阶段，面对紧张繁重的学习任务，家长老师的殷切期盼、自身的追求和梦想，不同程度地感觉着压力。高三学生考试焦虑的干预研究具有十分重要的意义，不仅可以帮助他们准确认识自己、有效调控自己、成功超越自己，更重要的可以引导他们以良好的心态和个性品质去接受高考的挑战，在高考中最大限度地发挥自己应有的水平。

3.2.4.1 问题分析

1. 学生现状分析

①生源特殊性分析。酒泉市实验中学是一所市属高级中学，由原酒泉师范学校转制而来，学生生源质量相对较差，当大考来临，缺乏对考试的信心和足够的知识准备，焦虑情绪明显。

②引发考试焦虑的原因分析。由于学习能力不足，基础知识掌握不全面，学生担心自己对应试准备不足；担心考试成绩过低影响他人对自己的评价；担心考试结果对个人的自我形象增加威胁；担心考试成绩影响未来的前途。

③高三学生考试焦虑心理及行为表现。进入高三后，学生焦虑情绪在认知过程中主要表现为思维阻抑，即考试焦虑干扰了考生的正常认知。操作考试焦虑是一类由多种因素影响造成的心理失调现象；表现在情绪过程，则是不明原因的烦躁、冲动、易激怒；行为上主要表现为：意志力薄弱，缺乏自制力和坚持性，学习目标模糊等。

2. 学生在高考考前训练及考场应试中要求克服考前焦虑的迫切需要

研究证实，学业不良与考试焦虑存在因果关系，即由经常的智力活动挫折与学科测查的挫折组合成的学习活动挫折会使学生产生较高的考试焦虑；较高的考试焦虑影响学习效率和学习成绩，使学生体验到更大的挫折；由于急切希望摆脱学业不良又容易产生更高的考试焦虑。高三学生基于对学业和前途的担忧，迫切希望通过科学的通道缓解焦虑，提高复习效率，提升高考成绩。

3. 传统心理辅导方式应对考试焦虑的低效和无力

①传统团体辅导活动模式重形式，针对性、系统性不足影响实效。传统的讲座或团体辅导形式多样，对学生紧张情绪的宣泄有一定作用。但由于每一个学生的症状反应不尽相同，程度及对自己影响也不同，因此，几次讲座或团辅并不具有针对性和系统性，学生当时的反应不错，但焦虑并没有得到根本缓解，因此这样的缺乏针对性和系统性的讲座、团辅活动往往时效性也较差。

②传统团体辅导活动模式重即时感受，轻体验内化，缺乏长效。传统的团体辅导活动模式学生在当时参与过程中状态积极，加之励志性的言语也具有一定的激发学生动机的作用。但学生缺乏对焦虑情绪清晰的体验和感受，对考试焦虑缺乏基本的认知。因此，这种情绪就无法真正得到缓解，只能是

短时间内看似有效，在大考中依然因焦虑而干扰自己的思考。

③传统团体辅导活动模式重学生参与，强化提升不足，学生具体实施中缺乏有力的、可操作的方式方法。传统的团体辅导活动中，学生参与度高，积极热烈，但学生对考试情境的体验和反复脱敏的程度不够，也没有熟练的解决焦虑情绪的方式和方法，因此学生在遇到具体的问题情境时，依然手足无措。

4．情境体验式团体辅导模式在应对考试焦虑的优势

①情境体验式团体心理辅导模式：

情境体验式团体辅导以人际沟通理论、团体动力理论、社会学习理论、体验式学习理论和各心理学派理论为基础，把生活实践当中的各种问题与应对技巧经过特别的设计，有机地融合到活动当中。通过让学习者在这种特别设计的情境中进行体验、模仿、训练和交流共享，使参与者获得心灵感悟，促进其心灵的真正成长。其基本运作模式包括创设情境，激发参与者的兴趣、参与情境，在活动中自主体验；交流讨论，促进体验内化；反馈评价，强化和提升感悟等几个阶段。

②情境体验式团体心理辅导作为社会支持手段对高中生考试焦虑的缓解有积极影响。

研究证实社会支持与考试焦虑之间存在负相关，社会支持水平高的学生，考试焦虑水平低；社会支持水平低的学生，考试焦虑水平较高社会支持能够为个体提供安全感及应对压力的方法，使学生能够以积极的情绪和态度应对外界的要求，从而采取行之有效的方法去处理生活中遇到的各种问题。

③情境体验式团体心理辅导模式在应对考试焦虑问题的优势。

首先，情境体验式团体心理辅导不仅告诉学生焦虑产生的原因，而且通过情境体验使学生反复感受焦虑情绪，从而建立应对考试焦虑的信心。心理学有言：看到就是治疗。其次，情境体验式团体心理辅导模式考虑到不同个性特点的学生焦虑反应和感受不同，在情境中感受和体验也不尽相同，在辅导中，依据学生的反应进行针对性的辅导，可以取得更好的效果。第三，可以通过虚拟的情境让不同学习水平的学生分享自己的感受，使学生在比较中降低对考试的压力，减弱对考试焦虑的敏感，从而更有利于学生对自己情绪的主动调适和自我管理，进而缓解焦虑情绪。

3.2.4.2　行动目标与研究策略

1．行动目标：

①通过情境体验式团体心理辅导使学生体验焦虑状态下的心理和行为反应；

②让学生了解自己在考前复习和考场发挥方面存在的情绪问题；

③学习应对考试焦虑的基本原则和基本方式，形成新的体验和感受；

④使学生学会关注和自助，学会在不同环境中主动调适自己的情绪状态；

⑤将学习到的管理情绪的方法、感受和经验应用到日常学习和考试实践活动之中，获得新的感受，积累适合自己的方法和措施，不断提高他们的应对焦虑的能力；

⑥通过情景式团体心理辅导活动课的训练缓解学生的考试焦虑状态，使学生在适度焦虑状态下迎接高考，充分发挥自己的潜力。

2．行动策略：

①通过量表筛查，确定辅导对象。运用心理测评系统，对酒泉市实验中学高三学生进行学生考试焦虑症状自评量表（TAI）筛查，确定干预对象。在实施的第三阶段，再次运用该量表测试，比较两次测试结果，为干预效果的评估提供数字依据。

②创设符合学生实际的情境，有利于学生体验、感悟焦虑情绪，清晰自身对焦虑情绪的感受，便于更好地识别和应对焦虑情绪。

③设计符合学生实际的辅导活动课程。辅导主题的设置与实际生活要紧密联系，应尽可能地接近现实生活，使参与者能够产生较强的认同感；活动情境、游戏规则要尽可能地简化，使参与者易于进入情境；要合理分配好活动体验与交流共享的时间；每一个活动设计时要设置一个情绪体验亮点，这是情境体验式团体辅导模式设计的重点和难点；要注意并及时疏导参与者的反向体验情绪。

④课程实施通过情境体验，在序列化的情境体验式团体心理辅导课程体系逐步实施和训练，促进学生自主体验、感悟、实践和提升。从调整自我认知为起点，在情境中感受和体验，在强化对自己的学习能力的信心的同时，对焦虑情绪的认知和体验具象化，进而在反复的体验中尝试情绪管理的技巧和方法，最终达到对考试及考场情境脱敏，提高考场应对能力，充分发挥自身潜力的目的。

⑤行动研究结果评估既考虑量表测试的结果，又要重视学生现实的反应。运用开放性问题访谈的形式，进一步巩固干预效果，同时，发现干预过程中存在的问题，便于进一步研究改进。

3.2.4.3 行动实施与过程

①行动实施过程规划

整个研究过程持续六个月，分三个阶段进行。

第一阶段：2016 年 12—2017 年 1 月，高三学生焦虑症状筛查，确定具体辅导对象，形成情境性团体心理辅导活动课程方案。

第二阶段：2017年2月—2017年5月，运用情境体验式团体辅导活动对学生进行考试焦虑问题的干预实施。

第三阶段：2017年5月—2017年6月，进一步强化活动干预效果，进行干预效果评估，形成研究报告。

②活动实施的过程和具体内容

活动实施过程中，先进行高三学生考试焦虑状况的筛查，确定辅导对象；然后，对确定的辅导对象进行分组，实施情境体验式团体辅导活动进行干预；最后对辅导对象进行评估测量和主题反馈，明确辅导效果及存在的问题。整个活动共10个单元，每次2个单元，安排了5次活动，每次活动1个小时。主题活动包括内容：快乐面对面：互相认识，活跃气氛，分组；我和焦虑的零距离接触：体验考试焦虑的心理和行为表现，形成对焦虑的体验和认识；都是焦虑惹的祸：体验焦虑状态下的行为和智力活动模式（焦虑对考试的影响）；我的情绪我做主：应对焦虑的策略（认知和行为）；细节决定成败：创设考试情境，尝试应对焦虑；猜灯谜：竞技活动中的焦虑信息传递；你是我的眼：换位观察焦虑情绪克服的有效措施；红与黑：体验自主调适和管理情绪的原则；生存大考验：再次创设情境，分享体会克服考试焦虑的成效；团体活动结束：团体成员回顾团体，展望将来，告别结束。

3.2.4.4　行动的反思与评估

1. 反思行动过程中的有效性措施、存在的问题及不合理之处。

2. 实施效果评估。

①量表评估：通过考试焦虑症状调查表（TAI）进行症状筛查，对前测和后测结果对比分析评估。

②体验行为评估：做开放式问卷访谈了解学生的情绪状态和心理体验，做事实评估。

3.3　学校心育中的个体干预

罗曼·罗兰说：世界上只有一种英雄主义，就是认清了生活的真相却依然热爱生活。我认为来到心理咨询室的每一位同学就是这样的英雄：他们努力探寻真相，当他们面对不堪回首的过往，一地鸡毛的当下，仍然愿意为自己寻找有希望的未来而寻求帮助，他们对生活的热爱表现在即使此时深陷泥潭，也希望找到让自己获救的绳索，所以，我一向对寻求咨询和辅导的学生很是敬畏。

3.3.1 个体辅导的对象

学校心育中心有一项特别重要的工作，就是接待预约来访的学生。早一些的时候，能够有勇气走进心理咨询室的学生是背负着很大压力的：同学们会认为他们是"有病"的人，班主任老师知道后，也会追问辅导老师，而心理辅导老师的工作伦理也不是特别清晰，经不住班主任的询问，会打破保密原则；另外，咨询和辅导老师的专业技能水平也总是会影响到他们工作的效果，很多学生在接受学校咨询室的咨询辅导后，公开在班级同学中说道：聊个天而已，没啥用。

3.3.2 个体辅导的伦理要求

作为学校专职心理辅导老师，我经常会感到自己力不从心，对学生咨询频率较高的抑郁、焦虑状态问题只能进行情绪稳定的处理，学生的问题还是会反复；尤其是有自残甚至自杀意向的学生，怎么才能更好地帮助他们？这是困扰了我很久的问题。从 1996 年工作开始，学生们知道我是心理老师，总会找我咨询一些自己生活学习中的困扰，这项工作做了近二十年，到 2007 年考到心理咨询师的资格证，原以为自己在经验和资质方面无可质疑，然而，接待来访学生越多，越发现自己的专业技能太欠缺，专业理论不够系统，但身处偏远城市，很难接触到相关的培训和学习的资源，无奈之中，只好自己买些相关的书学习。而这十年，也是中国心理咨询行业最混乱的十年，各种江湖派、学院派真假难辨，"儒释道"与"身心灵"让很多人误以为心理咨询就是"神学""算命"，各种忽悠和神化使人们对心理咨询行业充满了质疑。大环境所产生的连锁效应必然的冲击到了我，我开始怀疑，我所学的心理学理论和心理咨询难道不是一个方向？

好在，我的大学老师们在每一次见面都会提醒我：你在基层工作，一定要做科学心理学的传播者！ 2014 年，我每年参加全省心理学年会的活动，接受徐凯文、王建平、李玫瑾等心理咨询领域的杰出人物的思想，听他们的讲座，读他们的著作，逐渐扩展到系统学习认知学派、心理动力学派、人本学派等主流临床心理咨询流派的学习，同时开始接触临床心理咨询的督导，身边也开始有很多小伙伴齐聚探讨和学习，虽然学习中才发现自己的无知，但有方向的学习总比无目标的乱撞要有力量得多，经过不断学习积累以及连续接受督导，再面对来访学生，会感觉内心淡定安稳了许多，即使有些问题还是会遇到瓶颈，但和来访者一起工作的过程，就好像是一次来访者内心的游历，在和她一起经历内心波折的同时，总可以发现新的资源和新的方向，可以让来访者感觉更好一些。

二十多年的心理辅导和咨询中，得遇各种境遇不同的学生，和他们一起面对自己生活中的种种艰难曲折，很难说是我帮助了学生，还是学生帮助了我，但我实实在在感觉到自己的变化和成长，人生际遇不同，在某些特定阶段的困境就可能成为下一个阶段成长的资源，所以，再次回顾那些曾经来到咨询室的学生们，他们在泪水中寻找希望，在困惑中发现方向，他们是自己真正的英雄，因为遇到他们，我，由衷感激！

3.3.3　个体辅导咨询手记一：不想哭，却总是控制不住

十五六岁的女孩子，眼泪是纯真的镜子，像水做的骨肉盛不住青春的多情，要溢出来了。哭，成为他们情绪的代言方式，伤心会哭，受挫会哭，激动会哭，高兴也会哭。如果以上哭的种种都还称得上人之常情的话，那这位高二女生哭的内容就复杂多了。

3.3.3.1　身体知道答案

高二女孩小文是班主任推荐下来到咨询室的。见她的第一面，眉头紧皱，还没说话眼泪就已经流下来了，我心中一紧：身材娇小，皮肤皙白，眼泪花在眼中打转，那神情看着动人动心，是什么事儿能让这样的女孩儿哭得梨花带雨？看女孩儿哭得伤心，我牢记要处理问题，先处理情绪的定律。"你看起来很难过？还能说得出话吗？"她一边哭着，一边点点头，我在一旁静静等着她平静下来。

"觉得伤心就哭一会儿，我会陪着你的！"我努力感受孩子的悲伤。

共情是心理咨询中常见的技术，尤其对于情绪激动的来访者，共情使来访者获得心理支持，感到自己被理解、被接纳，情绪在被理解的状态下慢慢平复，从而促进他们自我表达和自我探索。

被共情的女孩儿小文抬起头来，看似已经平静下来，但刚一张口说话，眼泪又流下来。

"老师，我不想哭，可就是忍不住，不知道什么原因，就是不停地流眼泪。"

武志红《身体知道答案》中说道"身体是心灵的镜子"，女孩的大脑要她停止哭泣，可她的眼泪更真实地反映了她的内心深处的悲伤，所以，引导她看见自己的情绪，感受自己真实的状态是当下最重要的事情。

我对小文说：没关系的，想哭就哭一会儿，尊重你的感受，看看在不停流眼泪的过程中，你的感觉怎样？觉察到了什么？不用刻意控制你的眼泪。

小文哭了一会儿，时而擦眼泪，时而绞着手中的纸巾，内心的矛盾毫不掩饰地流露了。

"好一些了吗？能说说你此时此刻的感受吗？"

小文：我觉得很冷，我的手心总是有很多汗，哭的时候感觉身体绷得很紧，刚才老师让我不刻意控制时，感觉好一些。

我：你这样一直想哭的状态有多久了？

小文：其实，初三时候就这样了，但那个时候能控制，哭一阵就过去了。最近这一周不知怎么了，只要一个人待着，或是回家的时候，没什么事莫名其妙的就流眼泪了。

我：最近有什么特别的事发生吗？或者家里发生了什么？

小文摇摇头：没有啊，可能是学习压力太大了吧，班主任总在提醒快要月考了，可能和这个有关吧！

说完，抬起头看我一眼，很快又低下了头，直觉告诉我，她并没有告诉我真实的状况。

我：往常考试前，你也会这样吗？比如你说到初三就有这样的情况，那时候也是因为考试压力大才会这样吗？

小文又是摇头，沉默。

我：在这里，你可以尽情表达，你所说的都会为你保密的，这是我的职责。在这里，你是安全的。

小文：什么都可以对你说吗，老师？

我：是的，只要你愿意。

小文犹豫片刻：我其实一直被我的大伯和继父猥亵。

这一语即出，小文开始不可控地大哭起来，号哭的声音里有悲愤、委屈和屈辱。我靠近女孩儿，搂着她，轻拍着她的后背："哭吧，孩子！把你的委屈和难受都哭出来！"

果然，被压抑的愤怒、委屈才是女孩流泪不止的根本原因。尽管这是一段过去的记忆，但随着女孩日渐成熟，那段令自己不堪回首的记忆深刻地刺激着女孩的神经，一旦看到、听到相关的信息，或类似的新闻报道，她就会想到自己，想到身边那些至今还生活在一起的肮脏的面孔，小文的思维想要摆脱这些过往的控制，可是，身体的记忆却一直很固执地存在，眼泪就成为女孩儿和自己思维对抗的武器，她有多坚决地想要忘记，眼泪就告诉她内心的隐痛有多想让她知道。

哭累了的小文终于平静下来，开始了艰难的诉说。

"我们家是重组家庭，大概两三岁的时候，我妈妈就和现在的继父一起生活了。因为家在农村，所以，继父家的奶奶、大伯父一家都住在一起，小的时候，大伯父总抱着我，给我买糖、买些零食，到小学五年级的时候，我爸

（继父）和大伯父就总会抱我，我想躲开，可他们力气很大，我告诉我妈说他们总摸我，我妈说我是白眼狼，他们养了我这么多年，抱抱又怎么了？一直到初二，我要求住校，我爸他们才好一些。可是，今年初，我妈到新疆打工，一直不在家，家里只有我爸、我哥和我三个人。我就特别害怕，我感觉我爸有意在我面前光着身子，就现在大冷天他也不穿衣服，我觉得特别恶心，所以特别不想回家，每天回家都特别紧张，生怕发生什么不好的事。我现在觉得我自己特别脏，特恶心，只想赶快离开这个家。"

小文哭一阵，说一阵。让我最紧张的是女孩现在的处境，如果表述是真实的，女孩可能随时处在危险之中。基于对女孩的保护，我需要了解她的安全保障。

"生在这样的家庭，你受苦了！你知道吗？他们的行为是违法的，如果你的安全不能得到保障，你需要通过法律手段来保护自己，你想过吗？"

小文："我知道！但这是不可能的，我妈这一年几乎很少回家，我的所有费用都是他承担的，没有他的养育，我连学都上不下去的。目前我是安全的，我哥在家，而且，我爸多少有些怕我，我回家也没什么好脸色，他每天都接送我，我觉得他对我还不错。"

听到小文的描述，我心情沉重压抑。身为咨询师，总是要听到各种复杂的、惨淡的、残酷的遭遇，看到人性暗黑的同时，也看到来访者的无力、无助，小文在亲情的需要和童年的伤害中纠结、缠绕，哭是她可以自由宣泄的方式，也是她消极的自我意向的呈现方式，没有更有力的方式，只有越来越深刻的自卑、自弃和委屈。这个世界总有一些令人挥之不去的阴影，他们没有随时间的延续变淡、变轻，却因年龄的增长，那些阴影所致的伤口在溃烂、在蔓延。

3.3.3.2　剥洋葱

小文依然不停地哭。她说她不想哭，而且有时候前一分钟是开心的，不知不觉就流眼泪了。连续的倾诉对她的情绪调节有明显的改善，小文说她的心里没那么憋得慌，渐渐平静了，但流眼泪的毛病让她很苦恼，班里的同学说她是水做的，尽管大家都知道她的情况，可看到她突然落泪，还是有些不知所措。

我在想，眼泪对于小文到底是怎样的存在？她潜意识中到底有什么情绪让她通过流泪来释放？在精神分析中，水意象可以是温暖亲切的，承载生命慰藉的，也可以是给人带来焦虑和恐惧、忧伤和绝望的心灵深处的记忆。那绵延不绝的眼泪很有可能是长期压抑的童年经历和创伤记忆在持续地发挥作用。水，既有滋润也有安抚，泛滥了就是任性、疯狂和灾难，不断地流出会不会还有对自己认为珍贵的东西逝去的表达。带着这样的疑问，再见到小文的时候，我不再追问她流眼泪时刻的感受，而是把看到自己真实的状态作为目标，和她一起探索自己流泪的原因，和她一起看见自己隐藏在内心深处的焦虑、委屈以及其他。

带着小文进行呼吸放松后，我引导小文通过叙事解构的方式探索流泪的根源。

我：流泪对你有什么影响？有没有注意过哪些情况下会流眼泪？

小文：流眼泪让我觉得自己很没出息，像个受气包，总流眼泪对别人也不好，会让别人感觉很尴尬。好像脑子里突然闪过某些画面时，就会流眼泪，比如：想到我妈，想到别人开开心心，想到别人被宠爱的画面……

说着说着，她的眼泪已经在眼圈打转了。

我：有没有什么时候你可以很长一段时间不流眼泪的？或者做哪些事的时候，你可以长时间不流眼泪？

小文：其实，我在初二以前都不怎么哭的，即使很伤心，也就是偷偷掉几滴眼泪，很快就过去了。我妈讨厌我流眼泪，我小的时候，我妈只要看见我哭就很凶很生气，所以我很少哭。

我：也就是说，以前，你是可以控制自己难过也可以不流泪的？

小文：是的。我难过会发脾气，会掐自己，但不会流眼泪。

我：你发脾气、掐自己时的感觉和现在流眼泪的感觉一样吗？

小文想了想。

"不一样，那时候发完脾气，很快就过去了，也不觉得是什么大事；掐自己会难受一些，掐完后很后悔，想着下次再不这样了，但总忍不住。而且那时候都是有事情才会这样，比如被我妈骂了，和同学吵架了等等。"

我：现在，有什么时候是不流眼泪的？或者做什么事时可以不流泪？

小文：上课我特别专心的时候，专心做自己想做的事时，例如画画的时候（她是艺术特长生）就没有流过眼泪。

我：那时候，你的感觉是怎样的？

小文：我很投入，就想着把课听懂了，注意力特别集中。还有画画，这是我喜欢的事，每次画画课，感觉时间过得很快，不知不觉几个小时，感觉画画时，我就好像在自己的世界里，我才真的是我自己。

我：在做这些事的时候，你的心情怎么样？

小文：那还用说，当然很开心了。我觉得那些时候我才是我自己，不受别人影响，不会被我身上发生的那些事……

我：你是说在做你自己喜欢的事时，你会觉得自己很轻松愉快，是不是说你也很喜欢努力学习、认真画画的自己？那样的自己有力量、有能力，被老师肯定，所以自己也很喜欢？

小文点点头。

我：你说到你身上发生的事时，看你有些沮丧？

小文：我觉得那是甩不掉的耻辱，一说到那个，我感觉像被坠入黑洞。

我：小文，那不是你的错，你心地善良，有追求，有梦想，有自己喜欢的事，你是很好的女孩儿！

小文一脸的泪水。"可我妈说是我的错，说我不懂感恩，胡思乱想！"

我：那你怎么看？

小文：我现在也明白，是他们太邪恶，可我一想到我妈的话，我就觉得很绝望。

我：是因为妈妈没能给你足够的支持吗？

小文：她让我觉得自己就是个累赘。我其实特别努力，就是不想成为他们的麻烦，学习上很少让他们操心，连发生那样的事我也尽量不去怨他们，到底还让我怎样嘛？

小文的声音很大，带着哭腔，说到最后一句的时候，已经涕泪交流了。我等待小文继续发泄自己的不满。

"她从不问我想什么？只知道说我的错，人家的妈妈和女儿是朋友，我看我在我妈眼中根本什么都不是……"

"她根本不在乎我，要在乎我就不会把我一个人扔在家，自己到外面打工，她不知道他是什么人吗？她就那么看重挣钱？她就不问问我怎么想的？……"

看着小文控诉、发泄，我悬着的心慢慢地回归了。能够宣泄不满，才能够释放压抑的情绪，才能真正看见自己的需要。

静待小文平静下来，我才开始说话。

我：看到你这样，我又难过又欣慰。难过的是你小小年纪竟承受这么多的委屈和压抑，这些年一定很辛苦；欣慰的是，你终于说出了这些委屈和不满。你现在好一些了吗？

小文抿着嘴，露出一丝笑意。

"现在好多了，感觉心里没那么憋得慌！"

我：你在纠结中慢慢长大了，虽然比起许多同龄人，你承受了很多不幸，但你依然善良、依然努力，这是多了不起啊！随着年龄渐长，你会发现，我们改变不了父母的认知、态度，也改变不了他们的做事风格，因为，你和他们毕竟不是同时代的人。但是你可以让自己变得更坚强，去面对生活中的这些事，让自己强大到能够在任何时候都保护好自己。

小文狠狠地点头。

我：那么，你觉得你妈妈爱你吗？

小文：其实，我老妈也不容易，在家的时候她经常被继父骂，她还是会给我买吃的，叮嘱我好好学习，我觉得她也是爱我的吧。

我：是的，父母爱子女没有统一的模式，你妈妈也许在用你感觉不到的方式在爱你，她认为那是她能做的最好程度，你没有感觉到，所以你会难过、会伤心。我小的时候，家里孩子多，父母要养家奔波，很少有时间陪我们，甚至不知道我们上几年级，成绩好坏更不用说，我一直很羡慕校园门口有家长等的孩子，觉得他们好幸福。长大后，越来越体会到父母的不容易，上大学时，有一年冬天，我妈来学校看我，一路问我想吃什么，给我买了最爱的饺子，自己只吃一碗浆水面，还要看着我全吃下去，自己一个饺子也不吃，还说只想喝点汤，辛劳进货跑一整天哪能不饿呢？一碗汤面怎么果腹、怎抵寒冷？可惜那时候的我只沉浸在自己的小情绪里，好像从不曾真正感受母亲的艰难。现在，我觉得爱父母的最好方式是好好爱自己，让自己变得有力量，才能让他们安心、放心。

小文：原来老师也有过这样的时候。其实仔细想想，我妈对我也很用心的，只是看到别人的父母整天陪着他们，所以觉得自己很不幸，由于摊上那样的继父，更是觉得委屈，这几年上学，他们也是尽全力满足我，花钱干啥的都尽量先照顾我的，可我心里总怨他们，好像从来没注意过他们的心情，没考虑过他们也有不容易……

苏格兰人说：人生就像剥洋葱的过程，每剥一层，味道就重了一层，把最后一层剥了，你已经泪流满面。咨询中，也需要剥洋葱的方式，看到问题的真相，可能辣眼睛，但也可能引导眼睛看向更真实的自己。

3.3.4　个体辅导咨询手记二：被家暴的女孩

这是很久以前的案例。接到女孩的信息是在校长办公室。女孩身处困境，给《中国青年报》心理热线写信求助，最终，信还是被转到了校长手中。那时候，很少有人关注心理咨询，我是学校心理学专业教师，但心理咨询的技术并不熟稔，当接到这个任务时，内心很忐忑，但想到女孩心中的困境，又非常希望能帮助到这个未曾谋面的女孩。

从女孩的信中得知：这是一个中师二年级的女孩，家中排行老大，家在离酒泉400多公里的农村，父母均是农民，以种地为生。父亲在家不爱说话，但每次喝酒后都会打母亲、她和妹妹，最严重的一次是揪着她的头发把她踢了出去，头皮都出了血。初中的时候，被邻居家的狗咬伤了鼻泪管，痊愈后留下了疤痕（不很明显）。进入中师后，成绩中上，写作能力很好，参加全市征文大赛获得一等奖；参加学校的演讲比赛并获得二等奖。但总是高兴不起来，虽然离开家是自己希望的，但总担心母亲会被打；近一个月以来，睡眠状况不好，情绪低落，常有自杀的念头。

初次接访

初次见面是在一间空旷的教室里。

我到的时候，女孩已经在教室里，安静地站在窗边远眺。听到我关门的声音，她回头看看我，又转过了身。我选了一个靠窗的、比较空旷的位置坐了下来，又很认真地为她取出一把椅子。

我：过来坐吧！

她点点头，走了过来，神色犹豫，并不是很情愿。

我：有什么想要和我说的吗？

她：她低头顿了顿，然后猛地抬起头，一脸的愤懑，"没有人能帮我，我说了也没用！"

我：但是，你向《中青报》写信，不就是希望有人能帮你吗？说出来，看看我们能做点什么？

她：你知道吗？我每天中午都跑到教学楼六楼（顶层），站在顶层的楼梯间我就想跳下去，班里同学都不搭理我，没有人愿意听我说！

她一边说着，一边抹着眼睛，她哭了！

我拍拍她的背，对她说："我在这里，我就是来听你说的！"

她：头偏到一边，并不看我。

"我给我的班主任说过，我给 × 老师说过，都没用，他们也帮不了我！"

我：我不一定能帮到你，但我很愿意听你说说你的苦恼！

她把头歪向窗子方向。

沉默了一阵，看女孩没有要表达的迹象。我站起来，看了看她，对她说："看来你并没有你信中写的那么难受，也并不打算通过我找到问题的出口，看来我在这里没什么意义，我可以先离开了吧！"

她转过头，脸上都是泪水。"老师，对不起！你真的愿意帮助我吗？"

我：其实真正能帮助你的是你自己，我会和你一起寻找那个能帮助自己的你。

我：我看得出你很难过，虽然不能完全理解你的痛苦，让我握握你的手，试着体会你的难过，可以吗？

她抬起头，有些诧异，有些疑惑，然后伸出了右手。

手很凉，有点粗糙，我用力握了握。"你现在愿意说说你的难受吗？"

她点点头，开始了她的诉说。"我生在农村，爸爸脾气很暴躁，小时候，爸爸一喝酒就会打我妈，心情不好的时候也会打人，我很害怕，我妈每次被爸爸打完，都会把气撒在我和妹妹身上，我从小就特别怕我爸不高兴，只要他不高兴，家里的气氛就特别紧张。后来，我们大一些，爸爸也打我们，打的时候手下没有轻重，我有时候在想，我为什么会生在这样的家庭。但是，父母也很不容易，家里就靠爸爸种地为生，重担都在他身上，养活我们也确实辛苦，唉——，我觉得我就是个包袱，给他们增加负担，自己也活着累。"

"最近，我一直睡不着，闭上眼睛就想到一些可怕的场景，经常会半夜醒来，宿舍同学说我晚上会大叫，她们也很紧张，现在她们都觉得我有病。"

我：能说说那些可怕的场景是怎样的吗？

她："我小时候上学时，被邻居家的狗咬过！"

我：哦，很严重吗？

她："算严重吧！那狗冲上来咬伤了腿，还抓伤我的脸，你看，就是这里！"

顺着她指的位置，我注意到她的两个前眼角位置好像确实有些不一样，不很明显，但可以看到右眼眼角泪沟似乎更大一些，所以右眼看起来有一点点不一样。我轻轻摸了一下那个位置，问她：是这里吗？她点点头，眼泪又流了下来。

她："我的鼻泪管被咬破了，后来缝针就成了现在这样。"

她："到了这所学校，离开了父母，我原以为会好一些，谁知情况更糟了，我觉得我要崩溃了，几次跑到学校六楼，在窗口站很久很久，我很想跳下去，但想到我妈，我又不忍心了。"

我：听到你说的这些，我更明白你为什么难受了。这么多年承受这些伤痛，你一定很辛苦。我希望能够帮助你走出困境，但可能需要一些时间，你愿意吗？

她点点头。"我也不想像现在这样，我想让自己变得好一些，能够和同学好好相处，能够好好的学习，将来可以让父母不那么辛苦！"

我：我明白了，你想通过辅导让自己变得更好，想和同学很好相处，想让自己顺利完成学业，能够有一份稳定的工作，为家庭分担一些困难。是这样吗？

她："是的！但我怕我做不到！"

我：在我看来，听完你的诉说，我发现你是特别善良懂事的女孩，你本来就很好。只是需要一些力量面对过去的这些伤痛事件；你还需要勇气看清在过去的这些事中你的位置和角色，你还没有看到你的好、你的优秀；你还需要处理那些长期压抑的恐惧，释放自己压抑的情绪。

她再次抬起头，眼神很坚定，用力地点头说："是的，老师！你能帮我吗？"

我：我非常愿意，也特别希望你能变得更好！但是，我们需要连续四次像今天这样的辅导，你愿意吗？

她：我愿意！

我：还有，我们每周的这个时间，还在这个地方，每次会是一个小时左右，如果你有事不能来，要提前告知我。在辅导中，如果有不适和疑问，我们随时沟通，可好？

她：我知道了，老师！

转眼已经一个小时二十分钟了，看着她的情绪慢慢在平复，我试探着和她商量：

我：你现在觉得好一些吗？

她：还好！

我：我们今天已经谈了很长时间了，你也累了，我也会认真思考你所说的问题，我们下周这个时间再见，可以吗？

她点点头，顺从地答应了！

一个轻轻地拥抱后，她离开了。

女孩离开后，我回到办公室，一边记录辅导过程，一边回顾辅导细节：这是一个情绪焦虑不安的女孩，内心焦灼，有些敏感，自我价值感较低，具有家暴环境下的孩子的心理特征。从离开时拥抱的反应，看得出这个女生内心非常渴望被关心、被爱护。初次接待，虽没有进入实质性的辅导，只是打破了僵局，倾听了她的诉说，但从整个过程看，她已经表现出对我的信任，咨访关系的建立还算顺利。虽然只是倾听，但从她离开时的情绪可以感受到，她对这次相遇是认可的。

如期而至

第二次见面是一周后的下午，我到时，她已经在等候了，见到我笑眯眯地问好，我有小小的愉悦在升腾。刚落座就开始她的表述："老师，我很想早点见到你，我觉得你能帮我！"

"谢谢你的信任，但最终能帮你的还是你自己！"

她：自从那天见过你，我感觉你很温暖，我会去感觉没那么难受了。可是晚上还是会睡不着，搞得我第二天情绪很糟，你说我是不是得了什么病？

她：差不多一个月的时间里，我躺在床上睡不着，第二天就昏昏沉沉的，也没心思听课，以前也有这样的时候，但没这么频繁。

根据女孩的陈述，这一次我们把改善睡眠作为咨询的小目标。

失眠是表现为入睡困难、睡眠质量下降和睡眠时间减少，持续失眠会引起注意力、记忆力下降。通常失眠既有心因性也有生理性原因。面对女孩的苦恼和烦躁，我们要想改善睡眠，首先得探索她失眠的原因。

我：一个月前有什么特别的事发生吗？

她想了想，说：我家离得远，一般不常回家，上个月，我妈打电话说又被我爸打了，我妈不停地哭，我又担心，又生气，就和她一起哭，结果那天晚上几乎一夜没睡。我觉得自己特别没用，也帮不了我妈，也无法替父母分担，也照顾不了妹妹，就像我爸说的，我就是没用的东西……一想到这些，我就像掉到黑洞一样，不能控制自己的难受，晚上根本无法睡觉。这几天，我努力不让自己想那些事，但还是莫名其妙睡不着。

看得出，女孩被困扰得不轻，眼圈发黑，面色发黄。失眠确实是令人身心备受折磨的事，了解到女孩失眠的原因，有刺激事件，有心理和行为反应，是较为典型的心理因素引起的情绪困扰，从而产生了失眠。在和女孩进一步沟通后，我打算先通过身体放松调节情绪紧张，在引导分析导致情绪变化的因素，使她从父母的生活中剥离出来，重建自己的家庭角色认知。

做完身体放松，女孩久久不愿睁开眼睛，面部表情安详平和，足足等了两分钟，她才睁开眼："太舒服了，我真想就这样睡过去，很久没有这样平静的时候了。"

看到女孩情绪平稳，我们开始引导分析。

"你觉得父母打架是因为你的原因吗？"

"我有时候觉得，因为我才让父母生活压力那么大，如果我能够分担一些，他们就不会又吵又打的了。"

"以前你小的时候他们会打架吗？"

"打，比现在还厉害，有时候还会打我和妹妹！"

"那又是为什么呢？"

"好像也没什么特别的原因，我爸就是只要喝点酒，就会砸东西，就会打我们。"

"那时候，你也会觉得是你的原因吗？"

"……"

"那从什么时候，你会觉得爸妈之间的问题是因为你的原因？"

"稍大一些吧，我听到我爸每次摔东西时都恨恨地说，都是你们这些赔钱货，害得老子无后……"

"你怎么看你爸爸说的这些?"

"小时候,总觉得自己不对,所以努力学习,希望能给家里减少麻烦,渐渐大了,我也知道我爸是重男轻女,但总觉得是自己没用,不管怎么努力,好像也改变不了他们的关系。"

"你理想中的改变后的关系是怎样的?"

"至少是我爸妈能够平平安安的,不再那么打闹。我其实也尝试过很多办法:比如我和我妈说过,我爸喝酒就离他远一些,甚至想让他们分开过算了,但每次我妈都说没事,让我别管了。"

"那这么看来,你爸妈打闹这件事的核心人物是谁?"

"是我爸,如果他不喝酒就不会打人;我妈也是,不这么纵容我爸,也就不会总被打。"

"那你在其中有什么影响?"

她摇摇头。

"对的,你不是你爸妈打架的原因,你不用为他们打闹内疚,你很懂事,你真正的担心是你的妈妈,对吗?如果你不愿通过法律的手段阻止你爸爸的家暴行为,而你妈妈也反对你更多介入,那你要相信,大人们有他们的相处模式和处置方式,而你的担心只会更多影响到你,导致你的情况更糟糕。"

"可我就是没法做到不理他们的事!"

"过去的担心解决了什么?你父母会因为你的担心有所改变吗?你父母的问题只有她们自己能解决,就像你的问题只有你能解决一样,如果你不能分清界限,硬要把父母的问题强加于自己的身上,除了让自己更无力、更烦躁,你父母不会有任何变化,与其这样,各归其位,让父母的问题父母自己面对,而你,只全心全意面对自己的问题,你觉得怎样?"

女孩想了想,努力点点头。

"那今天的作业就是:第一,对于目前的你,在家庭中的角色是什么?怎样做才能更好地履行这个角色的职能?第二,每天晚上睡前做呼吸放松,并告诉自己:我是我自己的主人,主人,好好睡觉,明天又是新的一天!"

面对生活的不幸,很多时候我们选择被动接受,因为习以为常,所以往往会失掉改变的动力。一旦打破自己认知的惯性,主动调整和改变的时候,你会发现,原来生活有很多种可能,每一种可能都可以让你发现不一样的自己。

曲径通幽

那年春天来得早一些,四月就已是和风徐徐;校区的垂柳已经隐隐泛绿了,在风中快乐地舞动,像调皮的小女孩,空气中全是快乐的味道。我哼着歌走进办公室,女孩已经在办公室等着了,我才恍然想起,上次离开时忘了约定时间，距离上次咨询已经快两周了。

女孩看到我进来，有点不好意思，她告诉我上周她忙着准备学校的演讲比赛，所以没能过来。看着她的状态不错，我们一同到了咨询室（前两次的教室）。一路上，她在愉悦地说演讲赛的事，说她第一次参加这样的活动，竟能得二等奖，她原以为自己会在台上紧张地忘词，结果还算顺利，还拿了奖。很显然，这次班级演讲活动大大提升了女孩的自我价值感，情绪状态很积极，比起前两次的神情，她像换了一个人。

坐定后，我问起她上次咨询后的作业完成怎么样。她显得有些兴奋，"老师，没想到深呼吸有这么大的作用，刚开始做的时候有些别扭，后来越来越喜欢呼吸放松的感觉，连这次演讲比赛，它也是功不可没呢，我在上台前不停地深呼吸，还告诉自己：我一定可以，一定可以！果真在上台后，状态越来越好呢！不过，这两天，我没有再刻意去做，只有自己觉得不太舒服的时候才会做。"

"你想清楚你在家庭的角色了吗？"

"不能说是想清楚了，但觉得自己能面对家里的事了。"

对每一个有觉悟的人而言，引导分析可以让她从不同角度看到自己的困境，尝试探索走出困境的方式。所以，女孩的话让我有些窃喜，我的第一反应是，她能够从家庭事件的重重围困中跳出来，她能够以旁观者的角度看家庭矛盾了，这可是咨询中最大的进步呢。哪知接下来的表述却完全不是这么回事。

"我是说，我现在可以不下去想家里的那些事，反正我看不见，他们爱怎么闹就怎么闹吧，反正我离得远，也管不了那么多。"

说着这些话，女孩儿还是低下了头，一副很丧气的模样，显然，关于家庭的问题，以及儿时的那些伤痛经历都还在她的身上盘桓着，从没有离开过，这也是作为咨询师的我必须要面对的事实。如果童年被家暴的经历、看到母亲被家暴的经历是她内心深处的伤疤，那么，怎么揭开伤疤，挤出里面的脓液，让伤疤真正愈合，才是我们咨询的中心任务。

我：你看起来并不像要甩掉包袱的样子，我看到的你似乎并不开心，像是又背上了更重的包袱。"不看见""不去想"你真的做得到吗？

她吃惊地看着我：你真的看得出我不开心吗？我周围的人都说我比以前好多了呢！

"你自己觉得呢？真的比以前好多了吗？"

她摇摇头：没有——我经常会在半夜惊醒，时不时在脑子里闪过妈妈被打的样子，只要一想到爸爸的样子，我就浑身发抖，出冷汗，整个人像掉进了无底的黑洞。看到班里的男生，我也时不时会想到爸爸的样子，所以我一般都不怎么和班里的男同学交往。

她双手食指紧紧钩着，似乎所有的力量全在那两个手指上了。我轻握了一下她的手背，她的手冰凉，感受到了我的温度，她抬起头，眼中全是泪水。

"我晚上不敢闭眼睛，我闭上眼睛全是爸爸打人的样子，妈妈号哭的声音，我真的没办法完全放下这些去面对他们，心里似乎总是被压着喘不过气，我到顶楼也不是想要自杀，我只是想吹吹风，让自己能够喘息……"

我努力用我的手传递我的温度。"我知道你很受伤，你看起来很难过，甚至有些恐惧、有些担心，那些小时候挨过的打、受过的伤都没有离开你，一直在你的心底，对吗？"

她点点头。

"我听到你说：你的胸口像压着一块大石头，你能描述一下那石头的样子吗？它有多大，他占据了你心脏的多少空间？你有注意到，什么时候它会小一些吗？"

"白天事情多的时候，它好像要小一些，到了晚上，尤其要睡觉的时候，它好像一下子变得很大很大，像是膨胀了一样，特别是睡不着觉的时候，它几乎占据了心脏的全部，但是，我按老师说的放松一些，它好像就会小一些。"

"你仔细感受一下，会发现那石头会因为你的变化而变化，对吗？"

她点头！

"也就是，你其实可以掌控它，对吗？比起其他同龄的孩子，你的确经历了更多不幸的事，有暴躁的爸爸，有让你操心的妈妈，你越是不想理这些，这些事似乎越是往你的脑子里钻，越是摆脱不了，那我们能不能换一种态度，摆脱不了，就不摆脱了，试着接纳他们，怎么样呢？"

女孩似懂非懂地看着我。

"和那些过去的经历、和你暴躁的爸爸、软弱的妈妈好好相处，过去的已经发生，你的父母也不能选择，那就让他们在那里吧！你试试看：给自己一个抱抱，告诉自己：过去你被爸爸打伤过，被小狗咬过，我没有能力保护你，让你受委屈了，现在开始，你会被我好好地保护起来，我会好好地安抚你，爱护你！"

女孩照我说的，双手环抱自己，还没开始说话，就已经哭得稀里哗啦，我在一旁静静地看着她流眼泪，看着她擦干眼泪，对自己说了上面的那些话，再抬起头时，她的眼神光亮了很多。她很坚定地告诉我：老师，我知道了，我只有接纳那些苦难的日子，才能接纳自己！是的，对于已经发生的不幸，最好的方式是有勇气面对，有力量接纳，有信心重新开始。这是一件说起来容易，做起来确实艰难的事。但只要成行，如同重生。

家庭暴力对于孩子而言，是一段难以抹去的痛苦经历，特别对于女孩，会因为被否定和伤害而变得自我怀疑、自我否定，缺乏价值认同的女孩一旦遇到挫折，负面情绪会井喷式爆发，如果他们掩盖内心的伤痛，往往会更加不肯面对自己的内心。所以，让家暴孩子发自内心快乐起来的，从来不是戒掉情绪、拒绝脆弱，而是正视自己的内心，关照好自己。

3.3.5 案例解析积极心理学理论在心理辅导中的应用

3.3.5.1 案例介绍

个案基本情况

高某，男，17 岁，甘肃酒泉市某职中一年级学生。学习成绩一般，性格内向；皮肤较黑，身材偏矮。

问题行为概述

1. 学习成绩急剧下降：案主以较好成绩进入该中学，开学初学校摸底测试名列年级第 60 名（年级学生总数约 700 人），期中考试名列班级第 12 名，期末考试名列班级第 45 名。2. 学习积极性差：上课注意力不集中，课堂积极性差，不爱动手，不喜欢思考。在数学课堂上表现尤为明显；作业拖沓，疲于应付，经常在早自习抄袭作业；任课教师多次提醒没有改变。3. 同学关系不良：经常独来独往，不愿参加集体活动，报复心强，神经质。例如，上课迟到，进教室时扭扭捏捏，有些同学笑话他，下课后对那些同学恶言相向，甚至动手打人。课余时间，同学们在他课桌旁边开玩笑，他就认为同学们在嘲笑他，独自喃喃自语；同学们打闹碰了他的桌、椅，他认为是故意闹的，专门是针对他。4. 精神负担重，情绪低落：精神状态不佳，情绪波动大；喜欢独处，夜间休息时易做噩梦，影响正常睡眠。5. 人际交往中自卑敏感多疑，紧张焦虑：总怀疑别人瞧不起自己，担心别人说自己坏话。易被激怒，和同学交流，说几句话就会吵起来，认为别人说话的态度有问题。渴望和同学交往，但面对同学的疏离又会特别不安和紧张，自述每天都在矛盾和困扰中度过。

背景资料

1. 家庭状况

父母离异，父：家政公司职员，工作繁忙，无暇顾及案主学习。离异后与案主生活在一起，性格暴躁，缺乏耐心，父子关系疏远，很少有交流，但对案主的期望值很高。母：某医院卫生员。离异后，法院判其随母亲生活，但实际上因母亲收入不高，住房条件差而让他随父亲生活，对案主期望值较高，对案主也比较关爱，但由于经济、生活所迫，无力和案主一起生活。案主：独生子。

2. 个人成长史

案主从小生活在一个经济相对拮据的家庭中，父母经常吵架，父亲经常不明原因打案主。因而养成了内向、自卑、怯懦且攻击性强的性格。上幼儿园时因小朋友不愿和他玩，他便偷偷掐小朋友，为此母亲常被老师请到幼儿园，回家后，父亲知道会打他一顿，所以厌倦上幼儿园。因为家里无人照看，因而5岁半时即提前进入小学。入校后适应困难，案主更加孤僻，经常独自一人。无所事事的他发现看书是排解孤独的好办法，所以养成了爱看书的好习惯，并对语文学科有特殊的偏好。小学、初中语文考试名列年级前列，作文经常会被老师当作范文在班级念；数学成绩一直处于中上等，因为学习成绩良好，自信心有所增强。但因为父母吵架闹离婚，案主曾离家出走，后因住址搬迁，曾有过转校史。上初中后一个月又因适应不良，加之父母离异，有长达两周时间的离家出走，回来后母亲苦苦哀求才又回到父亲处继续学业，但与父亲的关系更疏离。

3. 家庭教育情况

父母均为下岗工人。下岗后，生活拮据，父母均在外打工，生活负担使父母压力沉重，很少和案主主动交流，家庭气氛沉闷。又因父母自身的文化水平较低，对案主的教育能力有限，学习上的辅导仅限于口头上的说教，在陪伴案主成长和学习习惯的养成及学习策略的辅导方面几乎没有付出精力。特别是父母离异后，照顾案主的担子全落在案主父亲一人身上，加之父亲脾气暴躁，稍有不慎便大声呵斥，心情不好也会把情绪发泄在案主身上，焦虑情绪投射到案主身上，使案主性格更加内向，精神负担加重。案主也曾尝试努力学习，以好成绩赢得父母的认可，父亲看到成绩后，情绪好时，也会很高兴地夸他两句；不高兴时，扫一眼完事。母亲对案主很慈爱，但胆小懦弱，有长期不在案主身边；有机会和案主在一起时，也是抱怨父亲做得不好，致使案主不愿回到父亲处。在学校各类涉及家庭状况的调查表中从不填写父亲姓名，仅写母亲。

4. 学校背景

案主就读于一所普通高中。这所高中原是由中等师范转制而成，师资力量较强，但生源质量相对较差，学生学习习惯普遍较差，学习氛围不浓，因此，初中成绩一般的案主到这所学校初期成绩相对较好。但学校对学生管理严格，教师实行严格跟班制，学生自由活动时间较少。

3.3.5.2　案例分析辅导

原因分析

这是一个典型的行为异常的学生，分析其问题产生的原因，主要有三方面：

1. 亲情需要的缺失

案主从小生活在一个不甚和谐的家庭中，父母缺乏良好的教育，又不懂得如何和孩子交流，态度简单粗暴，使案主缺乏家庭亲情的温暖，从小就形成对别人的不信任感。父母离异后，又不能得到正确引导，形成与父亲的疏离甚至敌对，从而失去形成良好个性特征的家庭条件，形成案主对外界的不信任，多疑和敏感的性格特征。

2. 自卑和封闭的心理状态

案主在特殊的家庭环境中形成了自卑封闭的性格特征，进入高中后学习的优势已不能代替交往困惑带来的种种不适，加之父亲对待案主的方式粗暴简单，加重了案主与家人及同学交往的焦虑。

3. 高中生活的适应困难

问题出现之时正是案主刚入高中之时，初高中的衔接困难给案主带来了诸多困扰。从上学时起，由于家庭环境和父母离异等因素，案主在班上一直处于"弱势"地位，人际交往困难，在加之案主对由初中进入高中带来的学习环境、学习方法、学习压力等的变化估计不足，因而产生厌学情绪直至失眠、逃避、敌视，导致适应困难，造成心理冲突。

辅导策略

仔细分析案主的状况，我决定采用以佩塞斯基安的积极心理治疗的理论与五阶段疗法为主，辅之以家庭、学校支持系统的改善及学习策略的辅导的综合性辅导对策。

积极心理治疗的五阶段疗法（佩塞斯基安，2002）

第一阶段：观察和保持距离阶段。（该阶段的治疗以患者为中心，治疗师要帮助患者获得从一定的距离来看待自己处境的能力。）这一阶段主要采用聆听技术，对案主给予积极关注。通过交谈，案主主要陈述如下：进入高中后，我特别希望自己像其他同学一样有人关心，可是同学们似乎都不喜欢理我，有时候我也很想好好和他们说话，远远看到他们说的很高兴、很热烈，但他们看到我过去就散开了，我担心他们在说坏话，我觉得他们不是什么好东西。我也渐渐怕和同学说话了，反正我就是不招人喜欢的那种人。我们同学经常以他人的弱点和缺陷取乐，我在班上个子不高，他们就总拿这个取笑我，个子矮有什么不好？我很痛恨这样的同学，一有机会我就想报复这些人；我们班只有一个同学和我关系还不错，他和我一样都不爱说话，但他从不取笑我，我们俩没事时会在一起聊几句。回到家，爸爸高兴时给我买点吃的，拍拍我的头，对我说好好学习，将来有出息，我觉得还挺高兴的，可是他要不高兴时，说两句话就动手打我，我最讨厌他那样。我和我爸很少说话，跟他没什么可说的，他高兴时就找我说话，不高兴时我和他讲话，他就让我离远点儿，而且对我很凶。我妈倒是能说两句，他们离婚后，我和我妈在一起的时间就很少了，每次一见她就会说我爸这不好那不好，我就更不喜欢我爸了，我讨厌他们两个，每次想到他们我的心里面就揪得难受。老师也不喜欢我，有一次上课，数学老师说我像一个大青虫，整天趴在那儿不动，同学们都笑我，结果开始怕上数学课，每次考的都很差，偶尔认真学一段，数学也能上一点，对语文课我几乎没学，但每次考试都还可以，成绩好时，老师会鼓励我，我看得出那时候他很高兴。我觉得，我就是不怎么用功，只要我想学习的时候，我的成绩就会不错的，反正也没人在乎我的成绩。我想和同学们好好相处，想像别的同学一样，生病什么的，能有人关心、过问，想有一个温暖的家，吃到父母做的饭，唉——最近我经常头痛，还做噩梦，梦见自己在荒漠上一个人走，又累又渴，前面一片黑暗，我很害怕，就被吓醒了……

（冲突场合的实际反应与可选反应记录表举例）

冲突场合	实际反应	可选反应
我怕和同学说话，反正我就是不招人喜欢。	我痛恨他们，一有机会就想报复他们。	我们班只有一个同学和我关系还不错，我们俩没事时会在一起聊几句。
老师也不喜欢我。	数学老师说我像一个大青虫，整天趴在那儿不动。	成绩好时，老师会鼓励我。

第二阶段：调查阶段（以结构式的访谈进行调查。患者根据鉴别分析调查表，确定自己及冲突伙伴在哪些行为领域具有积极品性，在哪些行为领域具有消极品性，得到自己和伙伴在品性、行为方式或能力方面较为系统而全面的图像。）告诉案主，当我们感到烦恼不安，压力沉重时，会用下面几种方式表现出来：躯体、感觉、以疾病的方式来反映冲突。现在你有烦恼，反应在睡不好觉、经常头痛、做噩梦、内心不安、焦虑。成就：你采取逃避学习，不积极听讲，不积极做作业等逃避成就的方式来反应你的烦恼。交往：与同学交往困难，怕和同学交往，痛恨取笑自己的同学，一有机会就想报复这些人；与老师、家长的交往也很被动，因为交往不良让自己紧张、不安、焦虑，选择不交往或少交往逃避冲突。交往中过于自卑：担心自己的家庭环境不好，会被人瞧不起；担心自己个子矮，交往中没有信心；更不愿主动和同学交往，

和同学说话像刺猬一样保护自己，生怕被别人伤害到。

第三阶段：处境鼓励阶段（积极心理治疗要求我们不仅看到当事人紊乱与不平衡的一面，还要看到当事者未来没被发现的潜能。与行为疗法相反，场合鼓励阶段的重点不在于消除有问题的行为，而在于改变习以为常的交往模式、促进伙伴之间的信任及改变患者的态度）：告诉案主你有很多冲突是积极的：希望和同学们一起好好交往；希望老师能喜欢你更多些；希望能有一个温暖的家庭；虽然同学相处不好，但还有一个相处较好；不觉得个子矮有什么不好。在学习上，对学数学很厌烦，但只要努力，成绩就上一点，语文功底还是很好的，用你的话说：不多学就能考得很好；爸爸脾气不好是因为生活压力太大，好的时候说话你也会很高兴，希望见到妈妈，哪怕是妈妈说你不喜欢的话题，说明你和妈妈关系还比较亲近，只是不太接受妈妈的说话内容；你希望得到老师的表扬和鼓励，因为那样可以使你的信心增加。

第四阶段：语言表达阶段（根据案主的紊乱与不平衡，引导案主用语言表达想解决什么，怎么解决）告诉案主：交往中可以把对一个同学的好扩展到更多的同学，耐心听完同学们想说什么，不急着表达自己的声音，听听别的同学怎么表达的。如果曾经考试不错被老师鼓励和表扬，尝试努力学习一段时间，努力考好下一次考试，每次测试后都能得到老师的肯定。父母的文化程度不是很高，但他们是爱你的，尝试站在他们的角度去理解他们，尽自己的能力帮助父母做点什么；告诉妈妈，父亲也很不容易，希望他们互相理解。

第五阶段：扩大目标阶段（积极心理治疗的最后阶段，有目的地使当事者学着不把消极冲突扩展到其他领域，积极发展积极冲突）。案主由对一个同学交往的信心扩展到勇敢和其他同学交往；学习中，把在学习语文课上自信心的建立扩展到学数学课的自信，再发展到学习内部动机的激发，扩展到对自己外貌、人格的自信。

关于交往策略辅导则主要采用认知疗法和行为疗法对案主进行交往技巧与策略的辅导。从基本的交往策略（认知策略、人际吸引策略、问题解决策略）入手，强调支持的交往策略的辅导。其次是交往自信心的辅导。作为人际交往辅导的重点，帮助案主建立交往信心先从自我成就感的确立入手，突出发掘案主学习生活中的成功点（例如：虽然家庭条件不是很好，但能够努力生活，坚持读书，文章写得很好等）。在方式上以直接指导式为主。第三是交往动机的辅导，突出内部动机的辅导。针对案主交往中的紧张、不安和焦虑，突出归因训练。四是利用假期对过去知识进行查漏补缺，引导案主对高二知识进行预习，增强了案主学习信心，通过学习信心的建立泛化到对生活的热情和信心；指导案主在假期给同学发送问候短信，通过文字互动建立和谐温馨的人际交往关系。

结果与思考

通过为期近两年的辅导，案主的精神面貌有了很大改观，同学交往明显改善，学习信心增强，成绩提高明显。性格比原来开朗了很多，待人处事性情稳定自然。数学成绩的上升带动了学习积极性的提高，学习成绩由班上第38名上升到第22名，到今年5月月考时班级排名上升到名列第9名。面对这样亲情缺失的学生，建立积极的情绪和心态是辅导的关键，辅导中让案主感受到关爱和真情，体会到与人交往的幸福感，才能使案主改变自己的认识及行为，从而形成良好的人际关系。

方案总结

本案中我采用了以积极心理辅导为主的多种辅导方式的结合。一是积极心理治疗，包括积极的方法的采用、积极情绪的培育、积极家庭环境的建构等。二是精神分析疗法：在治疗的第二、四两阶段均采用了精神分析疗法。三是行为疗法：在第三阶段即场合鼓励阶段主要采用行为疗法。四是以人为中心疗法：积极心理治疗在第一阶段，即观察和保持距离阶段采用了以人为中心的治疗方式。在整个辅导中，始终以来访者为中心，形成了积极良好的辅导氛围，使案主体会到来自辅导者的关注和关爱，体会到积极情绪，实施积极的行为改变自己的状态，最终能够微笑着面对自己的父母、同学和老师。作为辅导者的我虽遇到过不同案例，但本案案主的经历使我深感责任重大，看到案主在我的影响下一点一点地变化，深感欣慰。其实，一个辅导者最大的幸福就在于：带给别人阳光的同时，自己也感受到了幸福和快乐！

3.4 小剧场　大作用

人生最大的宝藏是自己，最大的难题是爱自己，因为爱自己是一切爱的起点。心理剧是一种帮助学生们看到自己的特别的心理成长活动。到2020年疫情这一年，我们的校园心理剧已经举办了三届，从第一届的摸索尝试，到第三届逐渐成熟，学生们自编自导自演，她们最大程度呈现自己、表达自己，以舞台剧的形式，在表演中释放情绪、缓解压力，自我促进，自我成长。这种独特的心理辅导形式让学生在潜移默化中感悟和体验成长中的困惑，也在努力寻找出口，找到自己的方向。每一届的心理剧大赛就是一个充满魔力的舞台，孩子们热情参与，在诉说自己的故事，也在诠释自己对生活的理解，也因此，每个孩子在舞台上的表现都走心、用情，我在想，也许是孩子们渴望别人看到他们、理解他们的另一种语言吧……

3.4.1　校园心理剧的渊源

心理剧是由维也纳精神病学家莫雷诺（J.L.Moreno，1889-1974）1921 年在维也纳创办的自发性剧院开始的，起初是为参与者提供一个释放内心体验的舞台。校园心理剧是受莫雷诺创立心理剧的启发而在校园里应运而生。它将戏剧、小品、心理问题集为一体，通过学生扮演当事人或由当事人自己借助舞台来呈现他们各种典型的心理困惑或心理问题，在心理辅导老师和全体参与演出者及观众的帮助下学会如何应对和正确处理心理问题，从而既解决自己的心理问题又能使全体学生受到教育启发的一种团体心理治疗方法。校园心理剧以特殊的戏剧化形式将学生在学习、生活、人际交往中遭遇到的冲突、困惑、烦恼等心理情况以角色扮演、角色互换、内心独白等动态舞台的表达技巧方式进行表演，打破传统口述方式治疗，促使学生在表演中发现问题的实质，明确症结所在，以协助个人的内在世界、生活情境、生命经验与团体进行中的活动产生连接，使自己与现阶段的生命主题或生命经验建立一种新的关系，找到解决的方法与策略。

3.4.2　校园心理剧的创作与实施

"校园心理剧"是一种发展性团体辅导方式，具有显著的教育性、发展性、审美性和治疗性功能，在学校心理健康教育中发挥着重要作用。近几年，我校针对学生实际，对"校园心理剧"这种心理健康教育的方法进行了深入的研究和探索，把"校园心理剧"作为学校心理健康教育的重要方式，专业心理健康教师指导学生策划、组织、编写和排练心理剧，校园心理剧作为学校的常规展示活动，每年 5 月 25 日心理健康周进行全校展演竞赛。自 2016 年以来，学校已经成功举办两届校园心理剧大赛，参赛优质作品既发挥了心理健康教育的功能，又通过录制心理剧短视频参加"全省中小学心理健康教育活动课、校园心理剧、德育主题活动大赛"取得优异成绩。

3.4.2.1　以"剧"入心，精心组织早策划

基于对校园心理剧的深入学习和探索，我校心理健康教育中心的老师们认真分析学生现状，针对学生生源质量不佳、学习习惯不良、行为偏差但思维感性化程度较好、善于在角色中表现自己等特征，我们认为校园心理剧是很适合我校高中学生的心理特点的心育方式。2016 年 7 月，在部分班级尝试以心理短剧进入主题心理班会课堂的方式，探索校园心理剧在高中的可行性。欣喜发现，经过两周时间的编、排、演，心理剧《谁的青春不迷茫》在全校

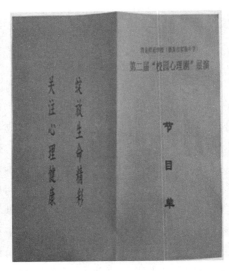

2019 年 5 月，第二届校园心理剧大赛节目单

引起强烈反响，亲子沟通问题在剧中的呈现，让表演学生在剧中"看见"了自己，也"看见"了父母的不易。

以此为起点，我们心理教育中心的教师团队和学校政教处共同商议，形成《心理剧进校园》的主题策划，并提交学校领导会议通过，确定每年 5 月的第四个星期为学校心理健康周，校园心理剧确定为心理健康周主题活动之一，在全校进行展演。过去的两届校园心理剧展演经过专业心理老师的指导和学生认真准备，成效卓著。四级梯度组织使每一次展演都有喜人的收获。一级组织，3 月初，心理教师培训各班心理委员，指导他们发现生活中的困扰问题，将问题以故事的形式表述出来。二级组织，各班心理委员将心理剧的核心思想转达给各班学生，学生根据自己生活形成剧本雏形。三级组织，心理辅导老师集体讨论各班剧本，将体现学生典型学习、交往和心理问题且符合心理剧要求的剧本返回各班，由编剧同学招募演员开始编排。四级组织，五月中旬，心理中心教师团队对各班已经排好的心理剧进行初审，确定各班参加全校展演的剧目。经过早期的组织策划过程，学生们对心理剧的理解步步深入，每一次排练都更"走心"，也使心理剧的心理教育作用发挥到更深入。

3.4.2.2　以"剧"暖心，主题选择原生态

心理剧的主题选择主动权完全在学生。学生结合生活实际，目光聚焦通常在校园生活中的师生关系问题、同学关系问题、沟通和交流问题、不良行

2019心理健康周宣传专版

首届校园心理剧展演宣传公告

为习惯、手机或网络成瘾等常见的问题作为主题，2018年的第一届心理剧展演中，高一（6）班的学生把宿舍卫生习惯问题搬上了舞台，全校同学借由他们的表演看到了一位不讲卫生的舍友的困惑，看到了不良生活习惯怎样促生极端情绪，最终看到了问题的真相；第一届心理剧展演中《叛逆少年》的三观一度引发了高一学生对高中生"消费价值观"的争论，他们在叛逆少年的身上看到了自己的影子，反思自己的成长中，主演之一的男孩告诉我：老师，我现在每天回家会帮我妈干点家务，态度也比以前好多了，也知道节约用钱了……原生态的选题看似朴实简单，但经过学生的思考和编排，每一幕都可以激发表演者和观众的反思。

校园心理剧《同学之间》

校园心理剧《妈妈，请听我说》

3.4.2.3　短"剧"长情，舞台表演示真我

准备之初，我们要求每部心理剧时长不超过 12 分钟，这也是依据心理剧的特点做出的要求。短短 12 分钟的舞台表演，是舞台剧，又是生活，两届校园心理剧展演中，台下的观众（学校领导、任课老师、各班同学）和台上的演员融为一体，一起揪心、一起纠结、一起思考、一起成长，我们看到观众眼睛里的泪花和他们脸上的笑容，也看到演员全身心投入舞台、放飞自我的呈现。台上台下，有多少共情和同理，有多少反思和成长，那一刻，观众和演员是一体的，全部沉浸在"妈妈唠叨的厌烦中""孩子无助的呐喊中""爸爸苛责的眼神中""同学有爱的扶助中"……剧虽短，情却长，小小舞台像一面镜子，照见每个人内心那个被忽视的"我"。

校园心理剧《无心的伤害》

高一校园心理剧《折翼的天使》

3.4.2.4　小"剧"大爱，全员育人巧渗透

每届心理剧展演，我校心理健康教育辅导中心进行活动策划，学校政教处召开班主任会议专项安排，班主任一边向心理辅导老师学习校园心理剧的

知识，一边督促和指导本班学生积极参与策划和排练，班主任的全程参与，使校园心理剧的作用更深入发挥；学生们形成的剧本草本会征求语文老师的意见，使剧情逻辑和台词表达更生活化，语文老师的指导中蕴含了引导学生对自己、对他人的深层思考和理解，将心理健康教育的理念巧妙地渗透其中；政教处和教务处老师

校园心理剧展演点评
（主管领导和专业心理辅导老师承担）

全员参与校园心理剧展演的预演和审核中，选择取舍中传递了教育者的爱心和希望；校园心理剧展演中，全校各班学生代表既作为观众，适时互动又使他们浸润于剧情中，不知不觉中成为剧中的演员；心理剧展演中，学校领导班子全体到场，既是评委，又是观众，还是学生成长的动力源和见证者。

3.4.2.5　"剧"入课程，系统专业显长效

结合近三年校园心理剧活动的开展，学校心理健康教育辅导中心的教师团队分工合作，将三年校园心理剧活动实施中的剧本、录像、图片进行整理，分析校园心理剧在心理健康教育中应用价值，整合资源，探索形成《酒泉市实验中学校园心理剧特色心理健康教育活动课程》，作为我校心理健康教育特色课程之一进行推广。

酒泉市实验中学校本课程
《校园心理剧汇编》

成为系统课程的校园心理剧形式更灵活多样，表现方式可以在课堂，也可以作为班会主题进行研讨，剧本资源更加丰富，故事内容可以因人不断拓展变化，影响力可以更久远，从而使心理健康教育更具实效性。

3.4.3 校园心理剧在心理健康教育中的尝试

校园心理剧的发展由来

心理剧自创始以来不仅适用于团体治疗和个体咨询，在教育、社区、家庭、管理、医学等很多领域也得到了广泛的运用和发展，校园心理剧是从心理剧中衍生出来的一个重要的应用领域。校园心理剧是以心理剧为基础，以学生现实生活为蓝本，应用在校园环境里的一种团体心理辅导方法，不仅为学生营造了一种心理自助平台，同时还提供了他助、助他及群体互助的平台。

校园心理剧一般包括三大要素：人物、活动内容和活动场所。人物包括指导老师、主角、配角、观众等，活动内容主要指事件和人物关系，活动场所主要指表演的舞台、道具的设备和观众席等。校园心理剧把学生中普遍存在的心理困惑、问题编成剧本，搬上舞台，在心理教师指导下将心理学的知识原理和技巧融入剧中，让学生自己表演，从体验中领悟其中的道理。通过观看舞台表演，也让观众从中受益。因此无论是参演者，还是观看者都能受到深刻的启发与教育。

校园心理剧的组织与实施

我校组织编演校园心理剧一般分为：心理教师组织策划安排、各班心理委员及班主任组织本班学生选题和编排、演出和分享三个阶段。

1. 策划安排活动

一般来说，我校的校园心理剧都是在每一学年的第二学期进行，参赛对象主要是高一和中专一年级的所有班级。具体安排如下：

①召开会议、策划活动。3月中旬，心理中心负责人王晓梅老师，组织心理组老师开会，商议校园心理剧的组织排练和演出事宜，如哪个老师负责哪些事情、指导哪几个班级，具体安排，责任到人。大家各负其责、各尽其职。

②组织学生、安排活动。首先，对各班心理委员进行培训，让他们了解校园心理剧的含义、意义和编写要求。其次，讲清楚具体要求：各班用两周的时间选题、编写剧本（不许网上下载或抄袭，必须根据同学们自己存在的心理问题编写剧本），再由班主任和语文老师指导修改，最后由心理老师把关、审定。

2. 选题、编写和排练

各班按照心理老师的要求，由心理委员及班主任组织学生选择主题、编写剧本、选定演员、组织排练。

①选择主题。校园心理剧主题的选择范围主要是学生在人际交往、学习和自我发展等方面的心理问题。

在确定具体主题时，我们一直坚持两个原则

第一，依据某一年龄阶段学生心理特征的原则，如我校一般是高一和中专一年级的全体学生参加校园心理剧比赛，所以学生选择的学习压力方面的问题，更多的是学习适应性问题。

第二，符合实际的原则，也就是要依据本校、本班所存在的现实问题选择主题。如男女关系问题，有的班级比较突出，有的班级就不明显。如果在选题上不考虑学校和班级实际情况，就会使大部分参与者难以产生真正的体验，无法产生共鸣。

选择主题的方式也有多种

第一，可以根据实际发生的问题来确定主题。如2015级幼一（2）班的一些学生存在人际关系困惑，尤其是与父母之间的矛盾很多，于是他们从这方面入手，方珊等同学编写了剧本《谁的青春不迷茫》在学校演出获得很大成功，同学们观看后，普遍反映受益匪浅；同时获得"全省中小学心理健康教育活动课、校园心理剧、德育主题活动大赛"一等奖。

第二，可以根据各种心理咨询过程中所发现的共性问题来确定主题。

第三，通过问卷等形式了解学生的各种心理烦恼，从中选出有代表性的问题作为校园心理剧的主题。如2017级幼一（3）班的《选择》就是同学们根据本班调查问卷发现同学们普遍存在的问题而选题的。

②编写剧本。

主题确定后，要选取典型体裁创作剧本。编写剧本时，我们主要做好以下几点：

第一，编写剧本以学生为主，学生主笔，表达自己的所思所想；教师适当参与，起到把关、指导、修改的作用。

第二，剧本一般要求既要有心理问题的反映，同时要有解决问题的措施和办法，防止只表现问题而没有解决的方法。例如，有个班级编写的表现校园暴力的心理剧，矛盾步步升级，最后以学生之间发生严重暴力事件而被判刑结尾。这样不好，一来缺少正能量，二来观看结束后观众仍然不知道如何解决问题。

第三，剧情要有真实性。剧本题材一定要来源于现实，反映学生中间的实际问题。让同学们都感到这是真实的事情，就发生在自己身边，而不是虚构出来的。第四，剧本在排练及演出过程中要不断地修改。通过演出人员及其他参与人员的共享，校园心理剧的内容会得到充实和调整，使之更易于让人们理解和接受。

③筛选演员。演员的选择要遵循学生自愿的原则。

我校编演的校园心理剧，都是以班级为单位，各班自行筛选演员。在尊重学生自愿的基础上，选取演员要考虑两方面的问题：一是学生要有相关生活经历，或有求助愿望，这些孩子在表演过程中能够更充分地表达自己真实的心理体验和感受，既能引起参与者的共鸣，也会促进自身心理的发展。二是，要适当考虑气质形象和所扮演的角色一致，并具有一定表现能力的学生。这些学生能够把握好人物的性格特点，使表演更生动、形象，更容易感染观众。

④精心排练。校园心理剧的排练过程，是关注学生心理问题的过程，是教育的很好途径。校园心理剧的排练过程并不复杂，舞台设计、道具布置、背景音乐使用等，都尽量简单，切忌烦琐。

排练校园心理剧的独特之处在于，它是演员及相关参与者不断提高对有关心理问题的体验和思考、不断成长发展的过程。首先，排练的学生在理解自己所扮演的角色中，产生各种心理体验。例如，一个孩子在平时就喜欢开玩笑、捉弄人，在剧中扮演了被捉弄的角色，深受触动，他的"没想到一个玩笑会给别人带来那么大的伤害"的感慨后来成了这个心理剧的台词。其次，指导排练的教师对学生、对有关的心理问题及其指导的认识不断加深。教师在指导学生排练的过程中既要调动学生主动性和创造性，又要设身处地体验剧中人物的心理变化过程，还要与学生一起分析校园心理剧能否达到预期的教育目的，这些使教师的心理健康教育水平不断提高。

在心理剧的排练中要注意：舞台布置、灯光的要求、背景音乐、使用的道具、演员的服装，以及演员的上下场等，都要精心设计与考虑。由于校园心理剧一般都是学生表演、学生观看、在学校的小舞台演出，所以要充分考虑它的舞台效果，如人物的站位、道具的摆放、时间和场景的变化等，都要做到宁简勿繁。

3．演出比赛与分享反馈

演出是把经过编排的心理剧在一定场合进行表演，分享是所有参与者发表自身的体验与感悟。参与者相互之间的分享从选题阶段就已经开始，但对大部分人来讲是通过观看演出和进行讨论的过程来完成的。

①初步筛选。对所有参赛班级所选送的心理剧进行初选，选出优秀的剧目继续进行排练。对于有问题还需要修改的剧目进行分析评价、提出修改意见，在规定的时间内再进行验收，如果还达不到要求，就被淘汰。对于问题比较多或演出效果很不好的剧目将直接淘汰；

②彩排验收。初步筛选之后，已经选取的心理剧还要进行一周左右的排练、提升，然后确定时间、抽签决定出场顺序、着装彩排。这时候要求班主任、指导老师及相关人员到场观看，发现问题、解决问题。

③演出比赛。我校一般是在五月下旬进行校园心理剧的比赛，全校教职工和高一、中专一年级的全部学生观看。除集体奖外，还会评选出个人优秀奖，予以表彰奖励。最优秀的剧目将刻成光盘参加省级比赛。

④分享反馈。剧目表演结束，在颁奖之前，我们一般会安排这样的一个环节：演员和观众分别谈谈自己的感受、体验和收获，接着心理老师点评、评委代表点评。整个比赛结束后，要求每个参演学生和所有观看的学生都要写一篇观后感。再安排适当的时间进行分享交流。

校园心理剧的意义

校园心理剧是一种特殊的、有效的团体心理辅导方法，是多途径开展学校心理健康教育的有效方式，在学校心理健康教育中发挥着重要作用。校园心理剧具有治疗作用，主要是针对学生的矫正性问题，但是它更侧重于教育性、发展性和审美性。发展校园心理剧的意义主要有以下几个方面：

1. 丰富学生生活，缓解学习压力。

在学校教育过程中，开展校园心理剧的表演活动，可以丰富学生的学习生活和精神生活。在校园心理剧的表演过程中，学生通过角色表演、身份替换等表演活动将不良情绪与行为进行心理宣泄和排解，从而正确地引导学生去解决心理困惑，来达到缓解学习的心理压力的效果。面对学习、生活、人际关系中的心理困惑或心理问题，学生可能感到很苦闷。参与校园心理剧是一个重要的解决心理问题的途径与方法。

2. 培养学生能力，学会相互分享。

在参与校园心理剧表演的过程中，不断去体验、去经历那种心理冲突、心理困惑与走出心理困惑的过程，获得了情绪的宣泄与需要的满足。校园心理剧也是一种舞台剧，具备舞台的效果，具备角色的表演艺术，给学生带来的是美感的东西。在不断追求美的过程中，学生逐渐懂得发现美、鉴赏美、创造美，从而培养学生的审美能力。在这个过程中，通过校园心理剧的策划、排练、表演等一系列的过程，学生体验到剧本中不同角色的生活，在表演结束后，学生之间相互交流表演经验、分享情感。校园心理剧表演时需要不同角色的参与，各个角色之间是已经协调好的，不能相互拆台，否则校园心理剧就表演不下去。为了更好地表演，同学之间需要相互协作、互相配合。在这个过程中，学生充分认识到协作精神的重要性，从而不断形成协作的意识与能力。

3. 是一种有效的发展性团体辅导方式。

校园心理剧是一种以现实生活为模型的团体心理辅导方式，不仅为学生们营造了一种心理自助的氛围，还提供了他助、助他和同伴群体心理互助的平台。校园心理剧提供了大舞台、大观众，这种辅导方式受众面广、影响力大。

4．是多途径开展学校心理健康教育的有效载体。

校园心理剧是一种应用需求和实施弹性都很大的心理健康教育方式，它可以和心理健康教育课程、其他学科课程、心理咨询、学生社团活动、主题班会、校园文化建设、家校合作等途径相结合，可以融合、渗透、综合使用。

5．是学生自我教育的一种新方式。

校园心理剧取材于学生的现实生活，反映的是学生普遍遇到的困惑，学生演的是自己身边的事，说的是自己心中想说的话，解决的是自己想要解决的问题。通过观看和演出心理剧，学生达到了自我展示、自我启发、自我改变的教育目的。这种教育不同于家长和教师的说教和灌输，而是学生自助、自省的自我教育，在整个表演的过程中教师只是起到了支持、引导的作用；它以学生的需要为本，是学生学会主动解决心理问题的一个好方法，可以促进学生心理的自我成长和完善，达到助人自助的目的。

6．是丰富学校文化建设的新途径。

校园心理剧是在新的历史条件下，适应素质教育需要，满足学生心理发育需求的一种健康积极的带有艺术性和创造性的心理知识普及活动，在活跃校园文化、促进学校文化建设中发挥着积极的作用。

我校"校园心理剧"开展情况

1．随堂"心理剧"：课堂上老师根据本班情况，随时随地组织学生编演的微型心理剧。

2．"心灵驿站"社团编演的心理剧。每周周三下午4:20-6:00，是我校社团活动的时间，我们心理组的"心灵驿站"社团，吸纳了全校三十多个班级的所有心理委员和各班心理健康教育爱好者参加，不但进行心理健康相关知识的传授，还排练心理剧。

3．校园心理剧比赛。自2016年以来，我校已经连续三年举办校园心理剧比赛，参赛对象是每年的高一学生和中专一年级学生。方珊等同学演出的《谁的青春不迷茫》获得2016年"全省中小学心理健康教育活动课、校园心理剧、德育主题活动大赛"一等奖。2017级高一（8）班的《叛逆少年》和2017级幼一（2）班的《沟通从心开始》分别获得2018年"全省中小学心理健康教育活动课、校园心理剧、德育主题活动大赛"一等奖和三等奖。

4．心理剧展演。每次参演的心理剧中的优秀作品，我们都会刻成光盘，在各班播放，让更多的学生得到启发和教育。在2018年酒泉市中小学心理健康教师培训会上，我校学生现场表演了《叛逆少年》和《选择》感动了在场的每一位老师，得到了大家的一致好评。

3.4.4　校园心理剧的评价思路

不同于其他表演形式，校园心理剧具有即兴、及时和鲜明的症状特点，如何评价学生心理剧的表演，重点不是表演，而是学生在剧中的成长。所以对心理剧的评价首先在于对剧中人的理解和共情，为了更好地推进校园心理剧的心育作用，我们根据心理剧的特点，制定了一个量化的评价表。

校园心理剧表演大赛评分细则

比赛采用 100 分制，起评分为 80 分。评委打分后，总和取平均数，保留小数点后两位数作为节目的最后得分。

3.4.4.1　主题 20 分

1. 主题明确新颖，有教育、启示意义，适合学生表演。（10 分）

2. 发生在校园中，与学生的生活和心理发展过程息息相关的短剧。（10 分）

3.4.4.2　内容 25 分

1. 内容健康积极向上，真实再现校园生活场景。剧情有起因、发展、高潮和结局，围绕学生日常生活和学习中遇到的心理冲突展开；（5 分）

2. 必须是心理矛盾，这种矛盾可以是已解决的，也可以是依然存在的；（5 分）

3. 原创作品；（10 分）

4. 校园剧反映的问题可以很单纯，也可以很复杂，但一定要具有必要的现实意义。归根到底，校园心理剧是与校园心理教育密切相关的，换言之，是为后者服务的。因此，教育意义是其中不可或缺的要素。（5 分）

3.4.4.3　方法 10 分

心理问题表现清晰，解决方法实用、有效。

3.4.4.4　服装道具 10 分

能借助一定的服装道具，使得主题的表达更加形象，起画龙点睛之意。

3.4.4.5　演员表现 35 分

1. 表演（5 分）：形象逼真，配合默契，应变灵活，言行能很好地展现心理活动，表演艺术与心理学的知识和理论相结合。

2. 语言（10 分）：语言是表达的灵魂。演员须借助语言表达来完成对主题思想的表述。要求：能使用标准的普通话，语音清晰，语速适宜，思维连贯流畅。

3. 表情（5 分）：演员表情符合剧情需要，在配合语言的基础上生动形象地较好地表达出剧中人物的内心冲突。

4．动作（5分）：以恰当的动作配合语言和表情，使得心理剧的表演更具有艺术色彩。

5．艺术表现力（5分）：考核全体演员在舞台上的表现力，是否具有一定的艺术性。

6．台风（5分）：态度认真，着装整洁，举止大方，动作得体，对全体演员的表现给予总体评价。

3.4.4.6 **节目演出限时15分钟内，每超时1分钟扣5分**

作为心理健康教育的方式和手段，单纯的量化显然不能充分体现心理剧的心育功能，因此，每次展演结束，会有专业心理辅导老师对每一部作品进行现场点评，以发掘学生在表演中的自主成长资源为主。下面是2018年校园心理剧展演后的点评：

零零星星记得一些难忘的片段，记录了自己的感悟和理解，也是对孩子们创作的反馈——

《成长路上》，谁的青春不迷茫，又有谁能躲得过青春岁月里那些焦灼、彷徨和纠结，有多少次，我们和齐远一样，因为兴趣得不到支持而自弃，有多少次，因和父母沟通不畅，和同学关系紧张而迷失自我，幸好，我们的孩子努力生活着，努力思索着，原来，成长路上，每一次磕磕绊绊都是成长。

人的一生，关键处往往就那么几步，《转弯》之处，懂得觉察自己，我们看到青春期男孩在受挫时的疑惑、忐忑、自我怀疑甚至自我否定，更看到转弯后勇敢承担、正视自己弱点的坚强男孩。

《沟通从心开始》，在走心的游戏设计中，女孩儿和妈妈在游戏中看到了对方，看见了自己，那是在告诉我们：父母是要和孩子一起成长的，虽然以后的日子矛盾还会有，但父母和孩子都懂得如何面对。

《叛逆的少年》从懵懂无知的肆意挥霍到感受到父亲的艰辛而悔悟流泪，这不正是孩子们成长中的迷失与寻找吗？

《给我更多爱》往往是孩子的呐喊，谁说这呐喊声中，只有孩子是无奈的，有多少次，孩子们会迷失自己，而父母从不曾放弃，我们只记得任性的自己甩门而去，可曾想过门后默默流泪的父母，回家吧，孩子，哪里有等待和期盼。

《宿舍那点事》不大，却关系到每一天的生活，看似不起眼，却成为相处的点点滴滴。懂得担当，学会相互支持，我们依然是好朋友。

《友情那么暖》，暖到即使全世界都暗了，因为朋友的关爱，我们依然可以找到照亮内心的那道光，那光亮是可以支撑孩子们在寒冷的冬天，依然感觉到温暖的力量。

网瘾的确害人不浅，成瘾的状态，让孩子们变得冷漠、自私，失去本真，孩子，可还记得回家的路在哪个方向？《网瘾少年》真的可以这样悔悟吗？

《我该怎么办》，是啊，该怎么办呢？当心存怨怼，自我放弃时，拯救自己的只能是自己，其实这个世界从不缺少美好，当我们静下心来去体味和感悟时，心中的美好被唤醒，"我"便成为全新的自己。

三年的心理剧大赛，学生们在舞台展示过几十部心理剧，就像呈现了几十段人生片段，很稚嫩，很生动，很耐人寻味。可爱的孩子们用他们稚嫩的演技诠释青春期困惑、诠释亲子关系、诠释温暖的友谊、诠释爱的表达……谁能说这不是成长？生活即舞台，剧本也许并不精彩，但作为主角的我们，可以选择如何演好"自己"这个角色，人生的每一个阶段都值得铭记，让我们铭记促我们成长的每一个瞬间，学会在爱的表达中爱自己、爱同学、爱校园、爱家人、爱朋友，努力做一个懂爱、会爱的人，让我们以积极阳光的心态，与爱同行，幸福成长！

3.4.5　校园心理剧剧照

心理剧《选择》剧照

心理剧《选择》剧照

心理剧《沟通从心开始》剧照

心理剧《沟通从心开始》剧照

心理剧《同学之间》剧照

心理剧《同学之间》剧照

心理剧《转弯》剧照

心理剧《转弯》剧照

心理剧《转弯》剧照

3.5　为学生点亮一盏心灯

行走在心理教育这条路上，早先的时候会有落寞、无奈，但只要在行走中发现，我们不仅拼尽全力举着灯，偶尔也有灯光会进入学生的心灵，会帮他们驱散阴影，那我们的拼尽全力就变成了一路高歌——

将生涯规划教育引入到中职学生的心理课堂是我在2007年的尝试，那一年，学校转职开始，中专和高中并存，相比彻夜苦读的高三学生，我吃惊地发现：中职三年级的学生转到高中班准备参加高考，前两次摸底考试还不显山露水，到临考前两个月，他们通常比高中班的学生进步快，成绩提升远超过高中学生，还经常在高中生不解的眼神中名次超过那些学了三年高中课程的同班同学，在和中职学生们座谈中，我听到了这样的描述：我们过去的两年多没碰过高中教材，知道自己基础差，所以格外珍惜最后的几个月时间，所以听课效率比较高；我们已经有了专业录取的通知，只要文化课成绩够，我们就有机会圆大学梦，所以，必须全身心投入学习，所以效率比较高。仔细归纳起来，就是知不足、有目标、有动力，这不正是其他学生最需要的学习和生活状态吗？那一年，恰好北京北森生涯教育在全国的高中和中职学校推广生涯测评的项目，虽然因为价格昂贵，学校并没有上这个平台，但我却因此获得很多宝贵的生涯教育资源，所以，率先在高三年级和中三年级尝试实施生涯规划教育。

最初在学校进行生涯规划教育是从科普生涯规划教育的常识着手的。在这个偏远的小城镇，很多学生从上学开始就被灌输"上学就是要高考，考到一所好大学才有出路"，不少学生在高考这条路上走得艰难，会中途放弃，又不忍面对父母，所以会出现厌学、逃学等，学生自身的无助和无奈也成为他们高中时期最困扰的问题。这一阶段，主要通过团体讲座告诉学生：人生为什么要有规划？生涯规划教育怎么规划？自己从哪些方面可以为自己进行规划？讲座中，我们大量引入案例，结合学生实际，让不同学业水平的学生从自己出发，了解自己未来可能尝试的方向，也指导学生在"知己知彼"的状态中看到希望和方向。这对于当时很多中职三年级的学生很有启发，他们在困顿中看到了希望，也愿意做些自己能做的事，发掘自己的优势资源，看到学生们眼中有光的样子，我意识到，生涯发展教育是应对学生心理健康问题最有效的教育方向。

经过初期讲座的宣传尝试，学校心育中心又通过学校橱窗专版和心育专版宣传生涯规划教育的知识。随后，我和我的团队一边开发生涯规划教育的校本教材，一方面开始在学校高三和中三用每班仅有的三节团体辅导活动课指导学生进行生涯规划设计，让学生在实际操作中深入体验和分析自己，也便于她们更清晰地确定自己未来三到五年的发展方向。

步步推进的过程中，我们的生涯发展教材和生涯教育的研究成果也初具雏形。从 2011 年发表第一篇生涯规划教育的论文开始，到 2020 年为止，关于生涯教育的课题完成两项（高中、中职各一项）；发表生涯规划的教育论文五篇；出版完成统编教材一部，校本教材一部。2018 年，适合高中和中职的生涯规划教育指导教材编写完成；2019 年，顺应新高考制度的高中生涯规划教育研究课题立项，研究报告《新高考背景下高中生涯规划教育的探索和实施》完成并发表于《中小学心理健康教育》；2020 年，生涯规划教育课题鉴定通过；在高中和中职一年级的心理健康课改为生涯发展课，在试用校本教材的同时，根据具体实施的状况不断改进和完善，至此，我们的生涯规划教育开始由研究探索阶段进入实践探索阶段。

3.5.1　学生生涯规划教育的早期探索

高中阶段是基础教育向高等教育的过渡阶段。高中阶段的文理分科、志愿选择正是职业生涯规划中的重要拐点，同时，高中阶段对普通高中学生来讲，必然要把基础教育和职业教育密切结合起来。其作用就不仅仅局限于帮助学生合理地选择文理科及填报志愿。更重要的是激励他们思考未来，为自己的未来而学习，这对学生整个生涯发展的影响至关重要。

相比重点中学，普通高中生源质量较差，学生从入校那一刻就决定了他们不是高中教育对象中的精英。他们缺乏学习兴趣和目标，甚至不具备起码的学习习惯，但他们和其他学生一样终将会成功，因为他们也有自己的理想，也希望找到属于自己的成功。可是，他们的出路究竟在哪里？怎样才能让这些经历了诸多失败的、对自己缺乏信心的学生们找到努力的方向？高中带班快三年了。我一直在思索这个问题。两年前看到一篇介绍大学生生涯规划的文章。我颇受启发：如果我们的高中生，尤其是普通高中生也能够学会规划自己的未来，在了解自我和职业的基础上，确定自己的职业志向，制定自己的职业规划，那将使学习状态有很大的改变。一年前，我开始在自己所带班级进行尝试，尽管只是探索阶段，但我已经看到了学生们的变化。我相信这种指导学生为未来而学习的模式，必然会成为学生成长的支点，为迷茫的学生找到自我、找到努力的方向。

3.5.1.1　提高自我认识水平

增强环境分析评估能力自我认识是科学地进行职业生涯规划的前提和基础，客观、全面地分析和评价自我是成功进行职业生涯规划的必要条件。通常来讲，自我认识主要是指正确客观地评估与认识自己的性格、兴趣、爱好、能力、特长、智商、情商等，即知道：我是一个什么样的人，我想要什么，我能够做什么。然而。人是世界上最复杂的动物，人的思想、情感、兴趣、爱好有时会随时间或条件的改变而变化。因此。人最难认识的是自我。

我国职业生涯规划专家罗双平认为："每个人都有四个我，即公开我、隐私我、背脊我及潜在的我组成，公开的我和隐私的我是我们自己可以了解的，但背脊我和潜在我是我们难以理解的。"因此。学生要全面地认识自我。除了通过自我意识、自行思考的途径之外，还必须借助老师、家长和同学的评价，最好能到职业倾向测评机构寻求专家的帮助。总之。自我了解及自我评价是一个人选择职业生涯必须思考的起点，是职业生涯能否成功的关键。其次，高中生还要分析自己所处的外部环境。人人都处于一定的环境之中，外在的环境可为我们每个人提供活动空间、发展条件、成功的机遇。随着知识经济的到来，社会变迁的速度加快，职业的竞争空前加剧，对职业生涯规划的需求已经开始向普通高中下移。高中生要想在今后找到一份适合自己的工作，再也不能"两耳不闻窗外事，一心只读圣贤书"。而是要时时刻刻关注社会的变化，加强自己与外界的沟通和联系，在紧张的学习之余，通过互联网、报纸、广播、父母、同学和老师等渠道。寻求对自己选择的专业或职业有用的信息，增加对社会政治、经济及职业发展态势的了解。为将来找到一份理想的工作做好准备。

3.5.1.2　开设职业生涯规划课程，加强职业生涯规划教育
建立分级实施系统连贯的职业生涯规划课程

学生对自己职业及人生的规划是一个逐步探索、逐渐明确的过程，依据高中生在不同年级的需求。设计适合学生特点的生涯教育课程并分级实施。例如对高一、高二学生进行职业生涯教育的目标设置为：让学生了解职业、职业生涯规划的重要性，使学生对职业、职业生涯规划有一定了解，指导学生自觉地对自己的职业理想、外在环境等进行思考。因此，这一阶段的教育可以通过发放关于专业介绍、职业介绍的资料，并指导学生学习；也可通过开设专家讲座等方式进行。这些方式既不会增加学校的负担，又可以让学生对自己的未来有所思考。高三阶段的学生学习很紧张，不适宜对学生进行长时间生涯规划教育。因此当将这一阶段的教学放在高考后。这一阶段的教学目标有：①在教师指导下进行职业倾向测试，进行科学的自我探索；②在教师、家长、学生的共同努力下选择合适的专业，做出正确的职业定位。此外，为了保证职业生涯规划课程取得实效，学校应利用这次基础教育新课程改革的契机，通过校本课程或综合实践活动课程等形式来开展，使职业生涯课程

开设形式灵活多样。以保证学生的职业生涯规划能力落到实处。

开展一系列的实践活动

职业生涯规划能力更多的是一种通过实践和实际行动才能获得的一种能力。只有让学生通过系列的亲身体验与参与。才能够真正地获得。"学生通过自己亲身的参与和感受，能获得第一手的职业信息，检验自己对这项职业的兴趣和能力，同时让自己逐渐适应工作和社会环境，认识学习知识的重要性，促进自己对生涯教育的认识"。在英美等职业生涯规划教育先进的国家，学校通过组织学生到企业工厂的工作岗位亲身体验，设计近似真实的工作环境，让学生扮演角色的模拟游戏、实施志愿工作活动计划、讲座、邀请学生及家长参加生涯规划会议等形式来保证生涯规划教育的开展。因此，在高中教育阶段，学校要摒弃"高考面前分数至上"的观念。从升学主义的窠臼中走出来，给学生提供一些参观工厂、参与实践的机会，多开展一些综合实践活动，开放封闭的校门，向学生展现丰富多彩的世界，增加学生的学习和以后的工作世界的联系，使学生的学习更具应用性。

重视学生生涯教育

为高中生涯教育提供教师资源和制度保障。高中生涯教育对于中小城市来讲还属新生事物，推广和实施必然需要一系列制度的保障。首先，学校管理者需认识到生涯教育的意义和作用绝不亚于文化课教育，生涯教育的实施不仅能推动基础教育的发展，提高学校育人功能，而且是符合学生特定时期的需求的教育。其次。学校需要提供资金和时间的保障，例如在课程开发及实施过程中，需要配备专业教师甚至要聘请专家，好的教育必然需要更专业、更科学。最后，生涯教育的师资来源。师资问题有两种解决方案：一种是聘请社会力量或专家担任兼职教师，分年级讲座，班主任加以协助。其好处是师资比较专业、实施效果好。不足之处是学校需额外支付兼职教师费用。另一种是对各班主任进行专门培训，提高其对学生进行职业指导的能力。其好处是师资资源只在学校内部调配，组织实施方便，但也有不足之处。主要是所修课程与班主任所承担的课程教学存在矛盾，难以深入研究职业生涯教育，因而效果可能不够理想，也会增加班主任的工作负担。另外，对班主任进行培训也需要聘请校外专家或社会力量，也需支付部分费用。所以生涯教育在普通中学有效实施的确是一个艰难而漫长的过程，但如果结果是有益于学生成长和发展的，那么，即使再艰难的过程，教育者也义不容辞。

3.5.2　生涯规划教育团体辅导活动课程的开发和实施

生涯规划最早起源于美国的职业辅导领域，是指通过职业咨询，帮助个人选择自己擅长和适合自己的职业，做好就业准备。经过一百年的发展，研究者一致认为"生涯规划"是指一个人尽其所能地规划未来生涯发展的历程，个体根据自己的兴趣、才能、主观条件与环境规划自己的未来，将自己对未来的想法具体化与步骤化，以掌握所需技能，把握未来的过程，包括成就目标选择、升学就业计划、工作价值观、生涯规划形态等方面。生涯规划越来越关注人内在的心理特质和心理过程、关注个体毕生发展及生活中整合各种角色的所有事件的过程。生涯规划的这些基本特征决定了其对于个体的发展具有深远的意义，其教育价值不容忽视。生涯规划的理念与心理健康观日趋吻合，逐渐与心理健康形成了相互依存的关系，而生涯规划辅导已成为学生心理健康教育的一项重要内容。《国家中长期教育发展与改革规划纲要（2010—2020）》指出，"高中阶段教育要建立学生发展指导制度，加强对学生的理想、心理、学业等多方面指导"，明确提出要通过多种途径对学生进行生涯指导。高中阶段进行生涯规划教育在促进高中生更大的学习动力的同时更有利于学生选择符合自我兴趣和发展潜能的专业和职业，为大学阶段生涯规划及今后的正确择业做好充分准备。

3.5.2.1　课程开发的目的和意义

为数不多的学者对高中生生涯规划的主题进行了研究探讨。王震和于娇燕认为，为高中生开一门"大学预修课程"——职业生涯规划课程，可以更好地引导他们的个人职业价值观形成，促进他们人生价值的实现。万明钢和张军梅调查发现，高中生对升学的价值评价比较高，大都倾向于继续升学，表现在生涯规划上，80%以上都把继续深造作为毕业后的第一打算。杨爱认为，在高中阶段开展生涯规划辅导是时代发展与学生个体发展的必要，高中生生涯规划辅导应以了解学生自我成长历程为基础，使学生能认识个人的特质与潜能，准确把握个人特质与社会的关系，培养学生规划生涯的能力，引导学生了解大学生涯与职业生活间的关系，进而整合生涯资源，规划自我生涯。在辅导中应注重多元发展的精神，促进学生人格健全发展。根据帕森斯的生涯选择理论，明智的生涯选择的第一个重要步骤就是要对自身的兴趣、技能、价值观、目标、背景和资源进行认真的自我评估。而杨青和陈云的调查显示：高中生对生涯规划的重要性没有清晰的认识，93%的学生没有思考过为什么要做生涯规划，不知道生涯规划的重要性，90%的学生没有对自己的未来进行过较为具体的规划；高中生对自我兴趣和能力的探索与培养不足，90%的学生表示自己在儿童时期均参加过艺术类、运动类的兴趣班，但大多数孩子参加兴趣班并非出于自己的兴趣，且只有37%的学生持续参加培训至今，这些学生全部来自学校的特长班；高中生对自我缺乏全面性的自我评估，

90%的学生没有进行过较为全面、认真的自我评估，也不知道该如何自我评估。

根据舒伯的生涯规划阶段理论，高中正好处于探索阶段的试探期15岁至17岁，高中阶段是人生发展的一段重要里程，高中生面临着进入高等教育或进入社会的现实选择，如何在这个阶段设计好自己未来的角色与实施规划，对其一生有着重要影响。目前我国高中生的生涯规划教育课程还没得到很好的实施，主要是依赖隐形课程发挥一定的作用。开展生涯规划教育的中学数量很少，学生、教师和家长也不太重视，所以现状不太乐观，但缺少高中生涯规划教育，学生就不太了解大学的学科专业与他未来的相关性，并且对专业存在很多偏见，这会对学生们今后的生涯发展非常不利。李骏婷等人（2014）在探究当代高中生的生涯规划教育中通过访谈三位教师得出：目前国内的生涯规划教育是进入大学后才进行的，使学生认识自我、认识职业；教师不关注学生是否喜欢其专业；大学教育不在于发现自己适合做什么。虽然不同年龄段对于职业的想法可能不同，但基本的人格特质在不发生重大变故的情况下是不变的，因此，在中学开展生涯规划教育对学生未来的发展有促进作用。且北京大学就业中心老师提出以下两点：（1）当下大部分中学生的唯一目标是考入重点大学，对于从专业到将来从事的职业之间存在的关系没有清晰的认识。（2）现在高中生选择志愿时，主要听从教师和父母的建议，自己的兴趣爱好、职业理想很难得到体现，许多高三学生在毕业的时候并不了解将来想要从事什么，高中毕业了是去出国读大学、国内读大学还是就业。即使选择了继续读大学，选什么专业才最适合自己，好多学生都是盲目地选大学专业，或听从父母老师的建议，以至于最后学习了自己不喜欢的"热门专业"，为盲目付出了青春的惨痛代价。

3.5.2.2　课程开发的主要思路

已有的研究注重探索高中生生涯规划教育中存在的现实问题，也有不同版本的生涯规划教育教材的开发，但有针对性的高中阶段开展生涯规划课程的具体内容却并不多见。由于学生发展受限于特定的区域和地方特色，因此，探讨如何在高中心理健康教育课程中开展生涯规划的团体心理辅导课程就显得非常必要。本研究立足酒泉市高中学生的特点和需求，针对甘肃省高考制度改革发展的进程，设计开发具有地方特色的高中生生涯规划团体心理辅导课程，且能与高中心理健康教育课程较好地结合，以便高中生能更好地把握高中三年的学习生活，有明确的人生目标，清晰的生涯规划。

3.5.2.3　高中生生涯规划团体辅导课程设计

本研究通过查阅前人相关文献，初步设计生涯规划团体心理辅导课程的教学方案，并在课堂实践中根据课堂效果不断修改，收集生涯团体心理辅导课程效果资料，经过对酒泉市所属七所高中的学生调研，形成具有地方特色、分阶段的生涯规划教育课程目标及具体实施方案。高中生调研得到的信息，形成了一套高中生生涯规划团体心理辅导课程方案。

分阶段生涯规划课程目标

酒泉市地处西北边陲，作为以农业为主的城市，其所属高中学校农村学生占比多数，视域所限，生涯意识相对淡薄，自我规划能力比较欠缺，针对这一现实特点，课题组老师立足学生实际，按年级、分阶段制定高中生生涯规划课程目标，加之原定于 2019 年实施的新高考改革推迟，但改革已是不可变更的事实，结合新课改的相关政策，形成了具有地方特色，又顺应时代特征的高中生涯规划教育课程目标。

酒泉市普通高中生生涯规划教育课程的年级分目标

总目标	全面客观地认识自我，探索自己的兴趣、爱好、价值取向和人格特质；主动了解社会发展的时代特征，把握职业发展的走向和更替，依据现实社会发展的特点，树立生涯意识，提升高中生生涯规划能力，确立发展目标，并合理地管理和执行，使高中生在整个高中阶段能够有效地自我管理，充分发挥自我潜能，为实现自我价值奠定坚实的基础。
年级	课程目标
高一年级	1. 认识自我，了解自己的能力、性格、兴趣爱好等，建立初步的生涯意识；2. 适应高中的学习生活，认识学科特点，尝试进行生涯目标确立；3. 初步了解大学专业设置及专业与职业之间的关系；4. 参加实践活动与职业体验，初步探索职业兴趣，尝试对自己的职业生涯进行合理规划。
高二年级	1. 发展自我，完善自我；2. 了解职业门类及新兴职业特点，拓展生涯规划视野；3. 了解新高考改革的趋势，了解学业水平考试的选考程序，全面评估智力与个人潜能、兴趣与人格特质，做出适合自己的选择。
高三年级	1. 更加全面系统地认识自我，完善修订自我生涯规划。2. 结合自身实际进行积极的生涯决策和管理，有效执行生涯目标，明确此阶段努力方向，并自动调节自身状态，达到最好效果。3. 结合自身实际，了解大学专业梯度和学科设置，掌握志愿填报策略，为实现生涯目标保驾护航。

不同年级具体的生涯规划团体辅导活动课程设计

年级	单元	活动主题	活动内容	备注
高一年级（活动安排为每周一次，以活动课的形式开展） 高一整个学年	第一单元 走进高中	第一节 新起点，心开始	熟悉新环境，探索新资源，开启新生活。	
		第二节 乐相处，善合作	营造新的人际关系，适应新的人际环境，合作中快速适应高中生活。	
		第三节 我生活，我经营	从管理好自己的生活习惯开始，养成自律自制的生活方式，经营好自己的高中生活。	
		第四节 明方向，寻梦想	了解生涯规划的常识，尝试通过生涯幻游确立自己的高中学习目标。	
	第二单元 认识自我	我的生涯我设计	基于对自己的认识了解生涯规划知识，尝试初步的生涯设计。	
		扬长避短显气质	了解气质特征与生涯决策的关系，探索自己的气质特征，规避自己气质特征中消极的特征。	
		我的个性我塑造	探索自己的个性特质，了解个性与学习、职业之间的关联，塑造良好性格，提升生涯规划的主动性。	
		个性职业连连看	从个性和职业的相互关系，进一步探索个性与职业的匹配，促进个体对自身个性特点的不断塑造。	
	第三单元 探索自我	兴趣伴我生涯路	进一步认识自我，探索自己的兴趣爱好，为生涯发展奠定基础。	

续上表

年级	单元	活动主题	活动内容	备注
高一年级（活动安排为每周一次，以活动课的形式开展） 高一整个学年	第三单元 探索自我	天生我材必有用	综合分析自己的智能结构，结合自身能力特点进行学习规划，激发学习和生活的积极性。	
		价值选择见真我	通过拍卖游戏探索自己的价值取向，清晰自己的价值选择，明确努力方向。	
	第四单元 触摸职业	探索职业万花筒	了解职业门类，主动学习职业分类的相关知识，有基本的职业认知。	
		职业深处大揭秘	进一步了解自己喜欢的职业特点，对个体要求，为自我成长探索方向。	
		不做职业单相思	进一步探索职业需求特征，将自己的特征与所选的职业方向进行匹配。	
		职业体验进课堂	邀请学生们感兴趣的职业代表走进课堂，让学生更直观深刻地了解职业特征，从而明确自己的方向。	
高二团辅活动为两周一次	第五单元 拓展能力	学习有术 张弛有度	通过学习能力的深度解析，掌握提高学习能力的方法，专注于自身发展以确保规划目标实现。	
		突破常规 创意无限	借助创意游戏感受创造力的作用，帮助学生突破定势，挖掘自身潜能。	
		直面挫折 丰富人生	韧商是个体成长中重要的非智力因素，通过耐挫能力的训练，提升个人品质。	

续上表

年级	单元	活动主题	活动内容	备注
高二团辅活动为两周一次	第六单元寻梦高校	走近高校	了解我国高校设置基本状况，了解高校专业构成，帮助学生更清晰地进行学业规划。	
		专业 ABC	了解高校专业设置，清晰高校专业的基本内容，帮助学生了解自己所选专业的就业去向。	
		另类求学	除全国普通高中考试录取外，帮助学生了解自主招生、艺术招生、单独招生等不同的求学方向，树立学生信心。	
		志愿锦囊	通过大数据分析，为学生提供当年志愿填报的概况，志愿填报可能考虑的因素，为学业目标实现保驾护航。	
高三年级以单元为主题，在特定时间进行主题团辅	第七单元彩绘人生	让心灵到达那个地方	以生涯规划管理为核心，通过确定目标，目标管理及执行，进一步学会生涯规划的具体实施。	
		我的职业生涯规划书	通过自我评价制定符合自己特征的生涯规划书，学会为自己的学业和职业进行科学的规划。	
		为人生描绘最美风景	对制定的规划书进行科学管理和实施，在高考准备中合理规划时间，有效执行和落实规划，提高自己的学习效率。	
自选内容	第八单元附录（了解新高考）	走进新高考	了解上海、江浙新高考模式。	

续上表

年级	单元	活动主题	活动内容	备注
自选内容	第八单元 附录（了解新高考）	了解自主招生模式	系统掌握自主招生考试的流程和要求，为高中能力突出学生提供帮助。	
		新高考背景下的走班选课	基于新高考制度的变革，探索新高考制度在本地实施中可能的准备。	

3.5.2.4 构建团辅课程评价体系

课程评价指的是教育人员依据一定的教育目标，运用一定的评价方式及手段，通过系统全面地收集、分析、梳理相关信息及资料，对课程进行预估、诊断、比较、修正及确认的过程。从整体来看，酒泉市普通高中生涯规划教育团体辅导课程的实施效果相对较好。

从课程目标上来看，酒泉市普通高中生涯规划教育团体辅导课程目标设置分总目标及年级分目标，涉及高一、高二、高三的全过程，符合该课程的全体性及全程性的特点。在其课程总目标中"让学生能够全面了解自我兴趣及特长，培养学生热爱学习、自强拼搏的品质，让学生了解当前社会职业的分类与就业形势，并结合个人特质确定大学专业意向及职业理想，进一步培养学生的生涯规划意识与技能，成为适合社会发展需要的人才"比较符合当代社会对人才的发展要求，符合我国教育方针及培养目标，其设置相对合理。

从课程内容上来看，酒泉市高中生涯教育团辅课程内容涉及学生认识自我、学业、专业及职业等几方面内容，课程内容多样，且基本符合本研究进行的普通高中职业生涯规划教育课程的内容建构。其中对自我认识方面又包括对兴趣爱好、性格倾向、家庭背景、能力素养及理想追求的指导内容；认识学业方面包括对学科性质、学科水平、学科能力等方面的指导内容；认识专业方面包括认识大学及认识专业方面的指导内容；认识职业方面包括认识社会发展、职业体验等方面的指导内容。这样的课程内容可以对学生获得全方位、多角度、有层次地指导，可以进一步指导学生认识自我、发展自我、完善自我，进而系统全面地培养学生的生涯规划能力。

从课程实施上来看，酒泉市高中生涯规划教育团辅课程实施的途径和方法多种多样，如主题班会、专题讲座、案例研讨、心理训练等，促进学生掌握有关发展的知识和技能。实施过程中，加强和学科教师的联系，加强了学科教学中职业生涯规划教育的课程渗透教育，为学生提供团体辅导充分利用各种资源，采取多种方式、多种渠道为学生进行兴趣与性格分析，让学生对自我情况有更深层次、科学化的了解，为下一步的教育和选择做铺垫。实施中，七所高中普遍注重课程的实践性，让学生真正走进社会，去更直观地学习和体验。

从课程评价上来看，酒泉市生涯规划教育团辅课程的课程评价体系还不够完善。政策层面上，学生生涯发展指导规划中没有提及关于职业生涯规划教育课程评价体制方面的内容，各学校普遍忽视对职业生涯规划课程的评价与改进工作；实施层面上，对职业生涯规划教育课程的评价多为分析性评价，缺乏量化评价，评价方法单一，不能系统地反馈课程问题，还需要进一步完善课程评价体系。

3.5.2.5　课程实施后的反馈与反思

高中生涯规划教育团辅课程于 2019 年 2 月开始，同步在七所高中试实施，截至 2020 年 1 月，课程实施历经一年时间，通过活动体验、探索新知、拓展提升等不同层次的多样化的活动有序推进课程实施，取得了明显的效果，学生在高中期间逐渐清晰自己的个性特质，并在此基础上充分利用所提供的资源，通过多种方式、多种渠道为学生进行生涯规划教育辅导，在市教育局和各学校有效的保障实施中，突出体验和探索，为高中生长远发展奠定了良好的基础。实施中也暴露出一些问题：

首先，缺乏专门的职业生涯规划教育理论课程。课程设计中体现了课程实施形式多样，如：团体辅导与个别咨询、课程渗透与工具评测、校园活动与校外实践等。在该课程多种多样的实施形式当中，却缺乏对学生职业生涯规划教育理论基础的教育，没有针对职业生涯规划教育本身的理论知识与技能教育。该课程的理论教育应该包括职业生涯规划的定义及经典理论、职业生涯规划教育的必要性与意义、高中生职业生涯规划教育的主要内容及方法等。这些知识是作为学生进行生涯规划、职业选择、专业确定的基石。没有这些知识作为基础与保障，学生进行下一步的实践活动与职业体验的效果将大打折扣。

其次，缺乏完善的课程评价体系作为支撑。从以上分析来看，该团辅课程目标明确、课程实施方式多样，但其课程评价体系仍然欠缺。由于高中生涯规划教育课程与其他学科不同，其课程实施标准很难界定，实施效果不易量化，评价方法难以拿捏、评价结果很难收集，从而导致评价简化且不规范。

最后，缺乏对专业教师的培训与引进工作。酒泉市属七所参与实践的高中学校，课程的实施部门多为心理咨询室及学科备课组，职业生涯规划教育教师多为"兼职教师"，这些"兼职教师"多为心理教师或是其他学科教师兼任，职业生涯规划教育缺乏专业课教师，由兼职教师来教授这门课程，一方面，兼职教师在教授这门课程时，专业知识及素养不够，不能为学生提供专业的教学及指导，另一方面，兼职教师本身可能有其他课程要教授，这样的身兼两科，容易"两败俱伤"，两科都不能达到理想效果。除了专业教师缺乏的问题外，专业教师的培训没有及时跟进也是一大问题。能否建立专业化的生涯规划辅导老师是高中生生涯规划教育能否取得成功的重要保证。

3.5.3　顺应新高考制度的生涯规划教育研究

"老师，我不会！"

"我讲过多少遍了，你怎么还不会？"

"您讲的时候我会了，可一做题又不会了！"

"……"

这是我们最常见的一段师生对话，我们在一个怪圈中循环往复，教师为什么而教，学生为什么而学，答案到底在哪里？

2014 年，国务院颁布了《国务院关于深化考试招生制度改革的实施意见》确定上海、浙江为高考综合改革试点（俗称"新高考"），几年来，浙江、上海等地依据新高考出现的各种优势与不足都做了研究分析，试点地区公认：生涯规划教育将助力高中学子在新高考制度中更清晰自己学的方向，考取自己理想的学校，成就自己的梦想。2018 年 4 月，《甘肃省深化教育考试招生制度改革实施方案》公布，甘肃省高考制度改革已进入日程表，招生制度的改革，使高中生必须要面临如何根据自己的兴趣志向，提前规划自己未来求学和就业的发展方向。生涯规划教育将成为高考制度改革后高中生必需的技能。

3.5.3.1　关于生涯规划教育

生涯规划教育是以职业生涯规划为主线的，有目的、有计划、有组织的综合性教育活动，因此，它是需要全校全员参与的教育活动。生涯规划教育是学校素质教育的重要组成部分，学生提高自我生涯规划的意识与技能、顺利实现从学校生活向社会、职业生活过渡的基本途径。其根本目标是为了让每一个学生获得最佳的路径选择，最大限度地实现人生理想和社会价值。

高中生职业生涯规划教育是帮助和引领高中学生了解自己的兴趣爱好、性格特征、擅长的学科和未来想从事的职业，根据现有的主客观条件，设计出学生的未来职业生涯规划图景。

3.5.3.2 生涯规划教育的理论简介

生涯发展阶段论

继帕森斯之后，全球最有影响力的生涯发展研究者舒伯（Donald E. Super）整合了发展心理学、差异心理学、人格心理学及职业社会学的长期研究结果，汇聚成为一个完整的理论体系。1953 年，舒伯在《美国心理学家》发表文章，提出"生涯"的概念，形成生涯发展理论，打破了特质因素论一统天下的局面，成为职业到生涯的标志。自我概念（Self Concept）是舒伯的核心概念，是指个人对自己的兴趣、能力、价值观及人格特征等方面的认识和主观评价。生涯发展的过程就是自我实现的过程。舒伯认为人的生涯发展的过程划分为五个阶段，每个阶段都有其独特的职责和角色，以及不同的任务，属于时间的向度。前一阶段任务的完成情况会影响下一阶段的发展。这一理论促使个体清晰认知人生每一个阶段的生涯角色，并为自己良好发展主动学习、充分准备，最终实现自身价值。

帕森斯特质因素理论

1909 年美国波士顿大学教授弗兰克·帕森斯（Frank Parsons）在其《选择一个职业》的著作中提出了人与职业相匹配是职业选择的焦点的观点，他认为，个人都有自己独特的人格模式，每种人格模式的个人都有其相适应的职业类型。所谓"特质"就是指个人的人格特征，包括能力倾向、兴趣、价值观和人格等，这些都可以通过心理测量工具来加以评量。同时，提出了职业选择的三要素：自我了解（兴趣、价值观和人格特质等）、获得有关职业的知识（信息的类型、职业分类系统、职业所要求的特质和因素）、整合有关自我与职业世界的知识。

帕森斯认为职业与人的匹配分两种类型：一是条件匹配（所需专门技术和专业知识的职业与掌握该种特殊技能和专业知识的择业者相匹配）；二是特长匹配（某些职业需要具有一定的特长，如具有敏感、易动感情、不守常规、有独创性、个性强、理想主义等人格特性的人，宜于从事美的、自我情感表达的艺术创作类型的职业）。这一理论要求学生在生涯规划中既要认识和了解自己的人格特质，又要掌握相关职业的特质要求，才能够找到适合自己的职业发展方向。

霍兰德的类型论

约翰·霍兰德（John Holland）是美国约翰·霍普金斯大学心理学教授，美国著名的职业指导专家。他于 1959 年提出了具有广泛社会影响的职业兴趣理论，他认为人的人格类型、兴趣与职业密切相关，兴趣是人们活动的巨大动力，凡是具有职业兴趣的职业，都可以提高人们的积极性，促使人们积极地、愉快地从事该职业，且职业兴趣与人格之间存在很高的相关性。霍兰德认为人格可分为现实型、研究型、艺术型、社会型、企业型和常规型六种类型。他认为人们总在寻找这样的环境：可以让其施展才能、表达其态度和价值观、解决其愿意解决的问题、担当适当的角色。

霍兰德的类型理论提供了一个重要的生涯辅导理念：把个人特质和适合这种特质的工作联合起来。因此，高中生生涯辅导中强调生涯探索，即对自我能力、兴趣、价值以及工作世界的探索，霍兰德巧妙地拉近了自我与工作世界的距离。借助霍兰德代码的协助，当事人能迅速地、有系统地而且有所依据地在一个特定的职业群里进行探索活动。

CIP 认知信息加工理论

认知信息加工理论（Cognitive Information Processing theory），（简称 CIP），该理论认为生涯发展就是看一个人如何做出生涯决策以及在生涯问题解决和生涯决策过程中如何使用信息的。认知信息加工理论强调职业生涯咨询是一个持续的学习过程，生涯决策能力的获得是一种学习策略。值得一提的是：该理论强调元认知在生涯问题解决中的作用。

生涯规划理论为学生生涯规划具有重要的指导意义，不同理论从不同角度提供了个体生涯规划的思路和方法，基于高中生的年龄阶段和认知特点，高中生涯规划教育就是引导学生发现自己的资源，了解职业需求，强化生涯规划意识，最终客观理性地做出生涯决策。

3.5.3.3 新高考制度下，生涯规划教育的价值

新高考制度的选课和选科往往和学生未来要上的大学类型、选择的专业息息相关。缺乏早期规划，不了解大学的专业要求，等到录取时只能空悲切。但如果只从升学的角度看生涯规划教育的价值，显然过于浅显。生涯规划的意识和能力对一个人一生的成长和发展都具有重要意义，改善生活质量，提升生活品质，要从规划自己的人生做起。

树立正确的价值观，提升生命价值感

人的一生都在寻求生命的意义，而处在理想发展关键期的高中生更是如此。现在的高中生在进行学科选择（新高考政策要求高中生独立进行科目选择）和填报志愿时往往受家庭和社会的实用主义影响，关注最多的不是未来的发展，而是薪酬、升职等利益问题，倾向选择一些热门专业。其实这些热门专业未必是热门职业，而且等学生毕业的时候这些专业是否还热门都是未知数。

因此，要帮助学生建立自己和职业生涯的联系，树立正确的价值观和意义感，避免学生因盲从利益趋向而做出并不明智的专业选择。

以职业强动力，以事业促发展

高中阶段的学生一般对自己的潜能和职业要求有个大致了解，但是学生想从事的职业未必是能从事的职业。学生在设计职业发展时，不应只考虑自己的兴趣、爱好，还要考虑到自己是否有适合某种工作的能力。因为未来是多变的，能够适应这个变化很重要。

这就需要职业生涯规划指导教师帮助学生一方面明确自己的兴趣爱好和能力倾向，树立适合自己的职业目标，引导学生找到自己想从事的职业和能从事的职业。另一方面，通过专业的性格、兴趣、能力等职业生涯规划测试，参照家长、老师、朋友对学生的评价，帮助学生全面地认识自我，挖掘想从事的职业和能从事的职业两者的最佳结合点。

明确学业目标，规划学习生涯

高中生具有可塑性，发展空间大。所以高中职业生涯规划主要是明确学生高中三年的具体学习计划和规划未来的发展方向。

一般来说，每一个学年段，学生所面临的规划重点不同，高一学生应学会规划高中三年的学习生活，明晰各阶段的目标；高二学生主要面临分科或选科问题，对其辅导主要是帮助他们认清自己的兴趣、能力，综合考虑后自主选择学科；对高三学生的辅导则与志愿填报、选择大学、专业等升学指导紧密结合。

高中学生通过测试了解自己的职业倾向，选择自己喜欢的专业，做出适合自己的职业生涯规划，以后进入大学后也会更加主动学习，毕业时也会减少对职业的迷茫。

清晰自己方向，明确社会要求

目前的高中学生问题：一方面，学生大都是独生子女，家庭中往往没有经过忍让、分享、体谅等教育，导致学生缺乏人际交往的能力，又缺乏对社会现实的认识。另一方面，学校教育并不完全，没有让学生在实践中认清社会的真实和艰辛。

因此，高中学生的职业规划教育更具有德育和完善人格的意义。高中学生要学会在社会实践中摔跟头、长教训，发现自身的不足。要能在挫折与逆境中体会真实的痛感，在解决问题中感受成功的喜悦。在真正的实践磨砺中学会体谅、分享、互助、共赢，学会爱与被爱，学会感激与回报，学会忍受与坚持，学会独立与承担。这种经历对学生的人生影响深远。生涯规划教育在学生成长中如此重要，在新高考政策形势下，怎样引领高中生做好职业生涯规划？

3.5.3.4　新高考制度下，高中生涯规划教育实施的探索

调查显示，我国高中生涯教育较为缺乏，只有 33% 的高中生接受过职业与毕业的指导，而新高考改革方案带来的多元选择是综合性的，不是简单的学业匹配或者职业匹配，而是基于整个人的综合决策。因此我国高中生涯规划教育的现状需要改变，高中生涯规划教育势在必行。

生涯规划教育是"以人为本"的要求，教育是每个学生人生路上必经的一段旅程。尊重个体差异，满足多元需求，提供成长空间以人为本，心中有"人"，把人当"人"。因此，关注人的成长，关注人本身是高中生涯规划教育不变的指导思想和基本理念。

开拓生涯规划教育的途径

良好的生涯规划能力体现在学生能够客观地认识自己，依据自己的特点，发掘适合自己的发展道路，同时，每个人规划的可行性还体现在能否清晰了解社会需求及不同职业、专业特点。

1．"认识自我"的途径

①建立生涯档案，用大数据初步找到自己的位置

通过学校生涯规划测评系统，对学生进行生涯测评，建立每个学生的生涯测评档案。通过互联网数据判断自己达到生涯目标的可能性，使学生对自我的认知不断完善，在明晰自己的能力、兴趣、价值观等特质的前提下，制定自己的生涯发展方案。

②开设生涯教育必修课，让学生对自己认识更清晰

通过课程实施的方式，使学生通过心理学的方法认识自己、了解自己。通过系统的课程，使学生认识到了解自己的重要意义，并在课程中不断觉察和自省，拓展自我认知的内容，客观评价自己，良好监控自己，最终实现自己的规划目标。

③开发校本课程，结合实际促进自我认知

针对性地开发适合本校特色的生涯规划教育校本教材，以实用性和可操作性为主，让每个学生在教材中找到自己需要的内容，把教材当作自己成长的工具书，随时随地给予学生成长指导。在阅读教材中，学生对照检查自己的心理状态，评价自己的生涯规划方案，从而很好地促进学生的自我成长。

2．认识职业与专业

知己知彼，方能百战不殆。学生在规划中不仅要了解自己，更要了解职业特征、职业需求。

①职业规划与职业目标确立

从学生进入高中开始，就要指导学生根据自己的优势和兴趣，选择适合

自己的职业，确定自己的职业目标，再将目标倒推，使学生从高一开始就知道自己的每一步该如何选择，当然，这种确定并非一成不变，随着年级升高，年龄渐长，学生可以不断调整，直至最终得偿所愿。很多学生所做的职业规划未必是他们最终从事的职业，但规划对学生而言是增强目的性和方向性的手段，也是他们生涯规划意识的表现。

②角色扮演提供更丰富的职业体验

生活中注重对不同职业角色的信息收集，在不便于实地考察的情况下，在课堂上通过角色扮演，感受不同职业的行为模式，便于学生对不同职业产生更为深刻的认知，明白每一种职业的职业特点和职业规范，为学生提供更为丰富的职业体验。

③榜样示范促进职业认同

通过简报或广播等渠道介绍《×××的一天》，通过文字描述不同职业一天的生活方式，让学生清晰了解看似熟悉的职业中不为自己所知的内容，对职业有更为全面的认知。

④多种渠道介绍新兴职业和职业发展趋势

随着人工智能的发展，很多传统职业已经突破了人们常规的认知。借助学校微信平台和校园网络，为学生们介绍新兴职业的信息，使学生快速了解职业发展的取向，使学生在职业认知上做到与时俱进，便于他们及时调整自己的这也规划。

重视高中生涯规划教育的实施方法

新课程改革中，重视高中生的生涯规划，就是要在高中生涯规划教育中要努力做到三个"3"：一是搭建3个载体即开设生涯课程，建立生涯档案，开展生涯实践活动，系统推进学校生涯规划教育。二是围绕3个主题即高一新生启动生涯唤醒，构建生涯规划意识，目标引领，有的放矢；重视生涯体验，尽可能客观全面地了解不同职业特点，了解专业要求，在体验中成长，在成长中提升自己的能力；提倡生涯抉择，一旦目标确定，对自己的行动要进行主动调整，以目标促行动，在行动中激发学生学习的信心。三是动员3类人群：形成系统完善的组织机构，科学推进高中生涯规划教育。领导重视，制定相应的教育方案，注重对教师的培训指导，进行科学有序的顶层设计。专人牵头，由学校心理辅导老师牵头，进行生涯规划教育方案的制定和实施，开发校本教材，完善课程体系，确保科学专业地实施生涯规划教育。全员参与，新课标重视学生核心素养的培养，全员参与学生生涯规划教育，将生涯规划理念融入学科教学中，在学科教学中渗透生涯规划的思想，也是对学生核心素养发展的体现。

顺应新课标要求，建构高中生涯规划发展的平台

1．构建多样化课程平台

新高考改革实施后，核心课程进行走班教学，生涯规划课可采取公共课的方式推进，辅助走班选科的生涯规划教育课程应先于选科实施，重视在选科前学生自我认知和自我评价，选择适合自己的学科。课程实施中，重视兴趣特长、知识拓展、社会实践和职业技能等课程内容的引入，使学生了解自己的能力兴趣的同时，借助于课程资源了解职业特点和职业需求，有利于学生获得丰富的生涯规划资源。

2．构建综合素质提升平台

针对学校实际及生源特点，可以开发具有地方特色和校本特色的综合素质提升平台，例如建立创客空间、学科乐园等有助于学生核心素养提升的学科团队，使学生充分发挥创造性，激发学生的潜力，在兴趣引领下的综合素质提升训练，可以达到事半功倍的效果。

3．打造精品社团

社团是学生拓展知识面、获取书本知识以外的经验最有效的平台。学校通过科学系统的组织，成立生涯规划社团，借助社团活动的平台，通过生涯规划教育的主题活动，请进各行各业的职业模范或职业标兵，讲述他们的生涯发展过程，学生也可以走出校园，近距离接触不同职业的人群，了解和体验不同职业的行为模式，有助于引导学生树立正确的职业价值观。

探索高中生涯规划教育实施的思路

1．整合现有资源，因地制宜，特色发展

新高考方案实施后，并不需要大规模改造，只要在原有的生涯规划教育资源基础上，进行高效整合，注重组织保障，结合学校实际，走特色化发展的道路。例如，对于生源状态不佳的学校，注重学生能力的发展，强化学生生涯规划的自信，进而激发学生学习的积极性；对艺术类学生因材施教、有的放矢，确保学生在自己感兴趣的道路上坚持努力，实现自己的梦想。

2．适当新增平台，满足学生成长需求，加强路径引导

重视学生需求，以学生为中心，学校心理辅导教育中心增设生涯规划指导平台，指导学生结合自身特点，合理规划自己的学习和生活。充分考虑学生不同年龄阶段特征，对不同年级的学生，分层设计不同的指导方案，通过多种形式，引导学生将规划付诸实际行动，并通过良好的生涯管理，让自己每一步都有目标、有行动。

3．打破功利思维，回归教育原点，平衡各方诉求

生涯规划教育不是让学生追名逐利，而是真正关注学生的生命价值、生

活质量，尽可能让每个学生人尽其才，通过规划意识的提升，真正做到学会做人、学会生存、学会学习。学校在生涯规划教育实施中，广泛征求意见和建议，了解学生、家长及社会的诉求，以学生为中心，以学生全面发展为目标，回归教育的初心。

4. 提升规划意识与能力，提供成长 GPS，增加获得感

增加获得感，是 2018 年的热词，学生的获得感即是学生学有所获，生涯规划教育使学生学会目标分解和目标管理，每一个小目标的实现，都是学生进一步学习的动力来源；学生针对自己特点确立的发展方向和奋斗目标就好像一只大手，牵引着学生一步一步走向自己想要达到的地方，当然，生涯规划教育不是万能的，学生规划也不是一成不变的，生涯规划教育不是让学生一眼看到自己的未来的教育，而是促使学生形成规划意识，提升规划能力的教育，这也是学生综合素质的重要组成部分。

5. 动员全员参与，形成合力发展，积累优秀成果

生涯规划教育不是一个或几个人的专项活动，而是每所学校在新高考制度下的系统工程，因此，要集合全体师生及家长的力量，调集可能利用的资源，将生涯规划课程融入学科教学中，学科教学老师更要学习生涯规划教育的内容，懂得从不同角度影响和指导学生的生涯规划；家长的生涯意识直接影响学生的抉择，因此，家校结合，全员参与，达成共识，才能形成生涯规划教育的积极氛围；在实施中，要不断积累优秀成果和先进经验，为学生的生涯规划提供有效的资源。

新高考背景下，高中生涯规划教育将面临新的机遇和挑战，但基于对学生的重要意义，我们将在探索中实践，在实践中提升，我们深信：人生重要的不是所在的位置，而是所朝的方向！

3.6 "心灵驿站"的温馨时刻

如果有一个地方，可以让彷徨的孩子找到方向，可以让浮躁的心灵安静下来，可以让不知道要去哪的孩子找到一个心安的去处，那这个地方就是我们的"心灵驿站"。

3.6.1 心灵驿站的设置

心灵驿站是我们学校心理社团的名称，成立五年中，我们有四届学生在每周三的下午两节课齐聚这里。每次开团，我会问学生们：为什么会选择这个社团？大部分学生的回答是：不知道要去哪个社团，看这个还比较好奇，

所以就选了！当然也有同学会说，想要看看在这里能不能解决自己不爱学习、不好交往、心情总不爽的问题。所以，你可以猜到，来心灵驿站的孩子们学习都不是很好，但他们可以在这里不用想学习的事，也可以不用担心有人会因为学习而给他们颜色看，从他们脸上的笑容可以感受到他们短暂的快乐。

心灵驿站成立于 2016 年，社团成员是学生自愿报名参加的，在社团活动中，我们通过各种方式让学生们更清晰地了解自己，有专题团辅活动，有电影沙龙，有趣味心理学体验，有心理剧编排等，每届社团成员 30 人左右，每次活动时间 90 分钟。通常会在学期开始就计划好社团的带团老师和活动主题，中间根据学生的要求会进行调整。心灵驿站有自己的活动约定和原则，例如：我们会要求学生签定保密协议，确保这个团体是安全的，学生才是安心的；我们会和学生约定每次活动的内容，同一主题的连续活动会和学生约定能够持续的参加完整的活动。

3.6.2　心灵驿站的心育作用

"心灵驿站"心理健康教育社团，为喜爱心理学和乐于参与心理健康常识学习的同学提供共同学习和参与的平台，通过室外拓展活动，室内辅导活动、心理常识学习、心理电影讨论等方式满足部分学生对心理学的好奇心，激发学生朋辈辅导的动力，发挥学校心理健康教育中心的专业优势，使学生更全面掌握心理健康常识。

首先，中职学生心理社团开展的各项活动，例如，心理剧演出、心理游戏、团体训练等，均坚持个体的自主选择和主动参与，注重个体的亲身体验和积极实践。它面向完整的生活领域，为中职学生提供施展才华、弘扬个性、缓解压力的舞台，同时也让中职学生感受到爱的关怀与美的熏陶。这种以活动为载体进行的心理健康教育模式，以发挥学生主观能动性为指向，强调学生的主动参与与情感体验，改变了谈话、授课的刻板模式，更为中职学生接纳和喜欢。同时，这种实践活动也有助于培养个体合作、分享、积极进取的良好的心理品质，完善人格，是真正意义上的心理健康教育。

其次，中职学生心理社团是大学生自己组成的团体，从社团的筹建、领导人的产生、管理制度的健全、活动内容的设计等，都要以学生的意愿为基础，充分发挥学生的才智。在中职学生心理社团的管理中弱化社团领导人权威角色，以个体为中心，让个体在社团中真正体验到主人翁的感觉；中职学生心理社团坚持以学生为主体开展活动，让学生在自主性的活动中自我约束、自我管理、自我教育、提高能力、增长知识；中职学生心理社团鼓励社团成员创新，只有不断地创新，社团才有源源不断的动力和勃勃生机，社团对成员才有持久的新鲜感和吸引力，从而形成一种积极向上、轻松活动的心理氛围，促进学生健康成长。

3.6.3 心灵驿站的活动设计

以下是过去三年中心灵驿站社团活动的活动方案设计的一部分，以学生需求和发展为中心的方案设计经过实践检验，不断地修订，更加凸显社团活动对学生心理健康教育的功能。

"心灵驿站" 2017—2018 年度第一学期社团活动方案

活动时间	活动地点	活动内容	负责教师	助理教师
2017.9.15	心理团辅室	有意思的心理学（一）	柴靖	王晓梅
2017.9.22	心理团辅室	有意思的心理学（二）	柴靖	王晓梅
2017.9.29	心理团辅室	有意思的心理学（三）	王晓梅	柴靖
2017.10.12	心理团辅室	有意思的心理学（四）	王晓梅	柴靖
2017.10.19	心理团辅室	有意思的心理学（五）	辛永林	柴靖
2017.10.26	心理团辅室	有意思的心理学（六）	辛永林	柴靖
2017.11.10	心理团辅室	校园心理剧的编与排（一）	刘岚	王晓梅
2017.11.17	心理团辅室	校园心理剧的编与排（一）	刘岚	王晓梅
2017.11.24	心理团辅室	校园心理剧的编与排（一）	王晓梅	柴靖
2017.11.31	心理团辅室	校园心理剧的编与排（一）	王晓梅	柴靖
2017.12.14	心理团辅室	校园心理剧的编与排（一）	柴靖	辛永林
2017.12.21	心理团辅室	校园心理剧的编与排（一）	柴靖	辛永林
备注：除考试和节假日外，每周三安排社团活动				

《心灵驿站》2017—2018 年度第二学期社团活动方案

活动时间	活动主题	主要内容	负责老师	备注
三月	爱在三月	1. 什么是爱 2. 爱的情感 3. 爱的表达 4. 爱的交往 （心理剧排练）	柴靖 辛永林	
四月	生命的力量	1. 人之初 2. 心理的本源 3. 人这一辈子 4. 青春期的秘密 （心理剧排练）	王晓梅 刘岚	
五月	感恩五月	1. 我的初心 2. 我和妈妈在一起的日子 3. 你到底要我怎样（心理剧排练）	辛永林 柴靖	
六月	激情六月	1. 揭秘考试焦虑 2. 学习中的那些苦恼 3. 高效学习的秘诀 4. 学习哪有那么难 （心理剧排练）	刘岚 王晓梅	

　　备注：《心灵驿站》本学期活动共围绕四个主题开展，每组老师在主题不变的情况下，内容可根据自己的需要和理解做调整；请负责老师务必按时做好准备，高效完成心灵驿站社团活动。

《心灵驿站》2018—2019 年度第二学期社团活动方案

活动时间	活动内容	负责人
3.13	第一板块：认识自我	柴靖
3.20	欣赏与赞美	王晓梅
3.27	扬起自信的风帆	辛永林
4.3	挥洒青春色彩——特质大搜索	刘岚
4.10	第二板块何为学习	王晓梅
4.17	做时间的主人	柴靖

续上表

活动时间	活动内容	负责人
4.24	提高学习能力——提高记忆效率	辛永林
5.8	华山论"学"	刘岚
5.15	第三板块：沟通与摆渡	王晓梅
5.22	让世界充满爱	柴靖
5.29	人际交往艺术探索	辛永林
6.5	做个受欢迎的人	刘岚

成形是成长的另一种形态，某种程度上说，成形意味着经过从无到有的过程，达到了一个新的状态，但同时也是另一种更新更好的状态的开始。我们经历探索和磨砺的过程，不过是在漫长的追求教育理想之路上的一个片段，或一个瞬间，走过一段，总要回头看看，收获了什么？遗憾和教训是什么？这样才可以令下一步走得更清晰、更稳当。目前，学校心育中心形成了中职心理健康课的评估和评价体系，形成了高中和中职的心育课程体系，建立了高中和中职学校的心理危机干预模式，同时，兼顾教师心理健康的研究培训模式。心育路上，没有终点……

4.1　心理健康教育走进课堂

一直以来，对于心理健康课的评价都是存有争议的。有些老师认为注重学生的开心快乐等主观感受是核心；有些老师认为要把对学生的品行要求融合其中，对学生有教育意义是重点；还有的老师认为要让学生在课堂活动中有成长和感悟才是目的……如果上一节没有目的的课，那是在浪费学生的时间和精力，无论学科课程还是心理健康课，必然要"有的放矢"，那么心理健康课的"矢"和"的"究竟是什么？

4.1.1　课程表中的心理健康教育课

2017 年，我们的心理健康教育课正式作为学校选修课程的一部分进入高中课堂和中职课堂，按照课程表的安排，中职班每周一节心理健康课，教材参考俞国良《心理健康教育》，教师结合学生情况适当修改；高中参考甘肃省教科所《心理健康教育》，共六册。心理健康课列入课表后，偶尔有老师会占用，作为选修课，这种情况并不多见，不是老师不想占，而是学生不允许，从学生对课的期待看得出，学生是多么希望了解自己，了解各种心理现象，他们需要心理课堂给他们增加心理能量，去应对纷繁世界的各种挑战。

4.1.2　高中和中职心理健康课教学实施方案
4.1.2.1　高一上学期心理健康课教学方案

这一时期主要以学生适应性辅导为主，包括对环境的适应，和新同学的相处，以及对自我的兴趣爱好、能力及性格的认知探索，便于为学生在新的学习环境中确立新的目标和方向。

单元名称	章节及课时	课题
第一单元 新学期　新起点	第一课	新学期新起点（一）
	第二课	新学期新起点（二）
	第三课	乐相处善合作（一）
	第四课	乐相处善合作（二）
第二单元 我的生涯我规划	第五课	我生活我经营
	第六课	明方向寻梦想
	第七课	我的生涯我设计
第三单元 我的个性我塑造	第八课	扬长避短显气质
	第九课	我的个性我塑造（一）
	第十课	我的个性我塑造（二）
第四单元 价值选择见真我	第十一课	个性职业连连看
	第十二课	兴趣伴我生涯路
	第十三课	天生我材必有用
	第十四课	价值选择见真我（一）
	第十五课	价值选择见真我（二）
	第十六课	探寻潜在能力

4.1.2.2 高一下学期心理健康课教学方案

这一时期的教学方案关注学生的生涯发展，探索自身优势，了解职业分类，帮助学生理清自己的职业志向，了解我国大学的分级情况，了解专业设置与职业的关联，使学生早规划、早行动，避免迷茫无序。

单元名称	章节及课时	课题
第一单元 起航新高考 （基于新高考背景，具体内容有调整，会出现和上学期部分内容重复的情况，但实际教学内容差别较大）	第一课	成长的脚印
	第二课	兴趣伴我天涯路
	第三课	天生我材必有用
	第四课	价值选择见真我
第二单元 触摸职业	第五课	探索职业万花筒
	第六课	职业深处大揭秘
	第七课	不做职业单相思
	第八课	职业体验进课堂
第三单元 拓展能力	第九课	学习有术，张弛有度
	第十课	突破常规，创意无限
	第十一课	直面挫折，丰富人生
	第十二课	新高考+3选课指导
第四单元 寻梦高校	第十三课	走近高校
	第十四课	专业ABC
	第十五课	另类求学
	第十六课	志愿锦囊

4.1.2.3 高二上学期心理健康课教学方案

这一时期的教学方案围绕学生生活学习中常见的问题，包括时间管理、人际沟通、应对挫折及其他成长性问题，去年疫情后，我们在课程教学方案中又增加了生命教育的内容，这学期学生心理健康课由高一的一周一节改为两周一节，所以紧紧围绕学生需求设计。

高二上学期心理健康课方案

单元	课时	课题
第一单元 做时间的主人	第一课时	合理管理时间
	第二课时	提高记忆力的秘诀
第二单元 挫折中成长	第三课时	勇敢面对挫折
	第四课时	做积极快乐的高中生
第三单元 沟通连起你和我	第五课时	架起沟通的桥梁
	第六课时	有朋友，真好
第四单元 感恩·成长	第七课时	感恩有你
	第八课时	生命中的重要他人

4.1.2.4 高二下学期心理健康课教学方案

这一时期的教学方案考虑到学生即将进入高三，面临高考，对考试焦虑、高效复习等问题做重点的关注，另外也涉及职业规划的一部分内容，为学生进入高三学习加油助力！

高二下学期心理健康课教学方案

课时	教学内容
第一课时	识别情绪，管理情绪
第二课时	调整心态，体验幸福
第三课时	做时间的主人
第四课时	记忆的策略
第五课时	霍兰德职业测试
第六课时	我的未来不是梦
第七课时	绘出我的生命
第八课时	成长的足迹

4.1.3 心理健康课的"矢"与"的"

下面是我在高中心理健康教育技能大赛的一篇评课稿，这也是我对上好心理健康课的理解："矢"是我们用什么方式去上课，怎么去设计和操作的问题；"的"是我们对谁在上课，在满足谁的需要？这么上课的意图是什么？这样的问题清晰了，我们如何上好心理健康课就没那么迷惑了。

心理健康课的"矢"与"的"
——对全市高中心理健康技能大赛的思考

尊敬的各位老师：

大家早上好！一天半的高中心理健康技能大赛已接近尾声，大赛的名次也已尘埃落定，但作为每一位从事心理健康教育的老师们而言，我们依然在路上。面对九位老师为我们精心烹制的心灵大餐，我们该如何尽享，又如何消化？从这个意义来讲，我们实际上正在站在酒泉高中心理健康教育新的起点上，讨论和交流必然焕发生机，反思和学习更会促进成长。在此由衷感谢九位老师为我们带来这样的契机。

昨天到今天，我和各位评委老师、观摩老师、相关课的老师进行简短的沟通，他们从不同角度谈论自己感兴趣的课，有人说学生调动得好，气氛热烈的课就是好课；有人说老师表现力强、热情积极的课是好课；有人说注重学生主体，启发引导好的是好课；还有人说，立意高，有思想的课才是好课，每个人心中似乎都有自己的评判标准，我们经常说有的放矢，心理健康课的"的"是什么？他的"矢"又是什么？怎么将你精心准备的"矢"射出，才会正中靶心？弄清这个问题，可以帮助我们清晰一节好的心理健康课的标准究竟是什么。下面，我想围绕我国著名心理学家，教育部中小学心理健康教育指导委员会主任林崇德先生所总结的一节好的心理健康课的评价标准，来谈谈这次技能大赛参赛课中让我们获益之处和亮点所在。

一、从专家的评价标准看参赛课的优点和亮点

（一）以纲定教，突出心理健康课的目的性、实效性

我国著名心理学家林崇德提出：心理健康教育辅导课是在教师引导下，以活动为载体，让学生在活动中感受、体验、思考、感悟而获得心理成长，形成健全人格和良好心理品质的课程。知、情、意、行的心理过程正是心理健康课的设计和实施标尺，作为心理健康课的"矢"，无论设计怎样的活动，无论活动实施多么精彩，他都只是方法和手段，目的则使学生有所识、有所思、有所悟、有所行，最终有所成长，这便是心理健康课的"的"。这和2002年教育部颁发的《中心学心理健康教育实施纲要》（2012年修改）所提出的教育目标不谋而合，《纲要》指出：学校心理健康教育的目标是通过科学有效的心理辅导使学生学会学习和生活，能正确认识自我，提高自

主自助和自我教育能力。基于这样的思想，李立新老师最后的问题：怎样通过身体语言来提升自己的魅力？如何正确运用身体语言，怎样避免身体语言给你的交往带来麻烦？陈军德老师：怎样正确运用身体语言，提高交往的能力？妥秀红老师的问题：学习了这些记忆妙招后，在今后的日子你会怎么做？老师们通过问题激发学生的心理能量，有助于学生自我反思和自我成长，这才是心理健康课最有价值的部分。

（二）主题明确，活动层次分明

好的心理健康课简洁、内容不复杂，围绕主题有层次地开展活动。对于这一点，九位老师都是紧扣主题，但在活动层次的设计和实施上还是有差异的。郑晓玲老师从读心识别身体语言到体验身体语言的表达，再到探究身体语言在学生日常生活中的作用，最终运用身体语言指导自己的社会交往，设计由浅入深，顺应学生的心理特点；陈军德老师从直观的视频资料开始，引导学生识别身体语言，然后通过课堂表演体验身体语言的运用对沟通的作用，进而分析人际沟通中有利于交往和不利于沟通的身体语言，有层次的设计突出了学生的"悟"和"行"。柴靖老师从初识身体语言到体验，到分享讨论，活动设计环环相扣，符合学生的认知规律和心理特点。

（三）学生全员参与，主体作用突出

关注每一位学生是好课的最基本特点，心理健康课的目标是使每一个学生形成良好的心理素质，因此，活动的设计与实施要充分考虑每一学生都有机会参与，个个都有体验，因此，心理健康课活动应尽可能是每一个学生都有任务的团体活动。例如，买凤霞老师"我懂你心"的活动设计，柴靖老师的视频讨论设计，妥秀红老师记忆妙招硕果的设计，张雪娇老师记忆规律探索活动都具有这样的特点，人人参与，人人体验，突出了学生自主体验和主体意识。

（四）学生活动为主，注重体验和感悟

好的心理课，顺应学生的心理成长规律，对学生而言，一节心理健康课就是一次心灵的体验旅程，这一路体验如何基于课堂、是否注重学生感受、能否引领学生在体验中建构自我发展的方法。学生体验建构的方式有多种，例如李立新老师图片呈现团辅现场，让学生比较中体会身体语言传达的信息，柴靖老师对视频情景提问：假如是你，你会怎么做？这是创设问题情景，让学生思考体验；另一种则是通过游戏活动（角色扮演、团体活动或游戏、训练），让学生在现场的情境中体验，郑晓玲老师和买凤霞老师突出地运用这种方式给学生提供了丰富的现场体验活动，使学生获得最真切的感受，亲历"做到——悟到——知道"这一心理成长过程。

（五）重视分享交流，善于利用学生资源

课堂分享是学生树立自己体验过程，也是体现学生的智慧的过程，学生在分享中往往会突破教师预设，产生许多新的资源，教师的智慧和教学技能则表现为能否捕捉这些资源，充分利用并以此关注学生的个体差异。买凤霞老师以"现实生活中用哪些常用的身体语言进行表达"引导学生分享，学生们在买老师充满激情的引导中轻松分享，稍显遗憾的是，学生的表述一直停留在肢体动作而忽视了面部表情、目光也是身体语言这一知识点，老师本可以捕捉到这一信息，拓展身体语言的内涵。心理健康课是动态生成的过程，也是真诚有效的师生互动的过程。

（六）注重实践联系，学以致用

不只文化课学习要实践练习，心理健康课也是需要的。最好的行动就是立刻行动。一节好课，是在学生有了收获后，给学生实践的机会，培养学生的心理践行能力。在记忆规律的训练中，及时尝试用获取的记忆妙招进行记忆；感受不恰当的肢体语言对自己的影响等这些设计，使学生通过一系列游戏和活动的体验感悟，最终落脚于自己的生活实践。

（七）尊重、包容、聆听，教师价值中立

昨天，当听到买老师和同学们的契约中要互相包容、尊重；听到郑老师说错了也没关系，要有开放、包容和真诚的态度；当看到唯一的男老师身体微微前倾，始终面带微笑地上课，我感受到了，学生也感受了教师们对他们温暖、亲和的态度，学生们也回报给老师精彩的合作，心理健康课就需要这样的氛围，在这样的氛围中，学生才有机会表达自己的心声，即使学生的表达不符合道德规范，也没有那么强的逻辑性，但老师的聆听会让你听到学生的情绪，并以尊重、理解和支持的态度与学生建立和谐的师生关系；教师的价值中立体现在不对学生的想法进行对或错的评判，可以将问题给学生，使学生在讨论、思考中获得自我教育的机会。

二、以学习和反思的态度看如何上好心理健康课

（一）增加对学生的研究和分析，使心理健康课的设计更有针对性

反观九节课的课堂呈现，我们发现在对学生分析和研究上还需要做更多工作，例如，身体语言的魔力对高中生而言，不应停留在对学生身体姿势的识别和解读，更重要的是怎样运用于他的交往中；在记忆妙招的发现中，不仅停留在对记忆方法的罗列上，而应该是让学生体验不同的方法，从而找到适合自己的方法；在素材和资料的选取和使用中，应充分考虑高中学生的特点，记忆方法在小学、初中、高中都会训练，高中生的训练一定是有别于初中和小学的，这需要在训练材料的选取上做更多的思考。

（二）增强课的思想性，体现心理过程的知情意行

一节好的心理健康课，学生必然是在老师的引领下有所识、有所思、有所悟、有所行。如果心理健康课仅停留在课堂活动丰富、课堂气氛热烈，而缺乏立意和升华，那课堂就会显得虎头蛇尾，这一点，我要特别说到我们的解青老师，她的激发学生挖掘自己的记忆潜力，借助高中学习内容，使学生发现的快乐，学习的有信心。心理健康课需要学生有大量体验形成自己的认知和态度体系，但最终的落脚点必然是体现于学生的行为中，促成其心理成长和发展。

（三）树立正确的师生观，有效互动彼此包容

心理健康课特别重视学生在课堂中的主体作用的体现，能否践行学生主体，要看老师如何看待心理健康课中教师和学生的关系，所有上课老师都有很强的课堂包容心，言语行为中体现了亲和和尊重，但这在心理健康课堂中显然不够好，需要对学生有足够的信任和心理支持。如果，课堂上缺乏信任，老师不认为学生可以达到自己的预设，老师总想以不易觉察的居高临下来诱导学生，试图达到自己想要的结果，老师总在不停地表达，生怕学生不知道自己的想法，这时，我们和学生之间的距离感已经产生，我们更无法获得有价值的课堂生成资源，那么，师生互动虽然看似热烈，但有效性受限。

（四）知行合一，注重课堂的感悟、体验、分享和探究过程

之前的内容中已经反复强调过课堂中学生感悟、体验和探究过程对其心理发展的意义，事实上，一节课几乎所有的你想要传递给学生的信息都可以在学生体验中得到更好的升华，例如，我们告诉学生有些身体动作在交往中会有负面影响，甚至会有伤害性，为什么不能在课堂上，让学生现场去体验：当看到别人的不合适的身体语言时，自己是什么感受，自然形成对自己行为举止的修正，多好

的自我教育机会。在记忆妙招这一课，不仅要发现记忆妙招，更要体验运用这些妙招，体会那些妙招适合自己，使他们更好地为自己的学习服务。所以，学生在心理健康课上，不仅知道，更要悟到，最终践行成长。唯其这样，才能让我们精心准备的利箭准确地射入我们想让学生达到的靶心。

（五）博观而约取，厚积而薄发

在很多人眼中，心理健康课老师轻松、悠闲，谁都可以做。只有我们自己知道，想要上好一节心理健康课需要多少积累和付出多少辛劳，更需要涉猎方方面面的知识和信息，才不致在课堂上出现知识性错误，传递错误信息，在这次赛课中，我们遗憾地看到有老师在描述身体语言时，把身体语言等同于身体姿势，概念不清；把自己的片面理解当作知识传递给学生，把苏轼的词说成是无意义的材料，这样的认知偏差原可以避免。所以，心理健康教师更需要广泛涉猎方方面面的知识，多阅读，广吸纳，在课堂设计中，才能用最精华的素材达到最理想的效果。因此，倡导每一位心理健康老师都能够博览群书，潜心修学，不断取他人所长，去自以为是，方能带领学生走向更美的诗和远方。

4.1.4　心理健康课的评价与发展

如何评价一节心理健康课？心理健康课不同于学科课程，课堂呈现的部分也不是心理健康课的全部，对知识性的掌握和要求也不需要像学科课程那么高，最核心的部分是学生在一节课中收获到了什么？领悟了什么？所以，对心理健康课的评价理应把它放在更为开阔、更具创新的角度进行。

查阅网上关于心理健康课的评价标准，基本围绕"课的设计、课的操作、课的实效"三个方面，除此之外，都有一个共识：一堂好的心理健康教育课一定是有趣的、走心的课。结合这几年心理健康课的教学和探索，我也从这"三方面、一共识"谈谈心理健康课的评价标准。

4.1.4.1　心理健康课的设计

1. 要有以学生需求和发展为中心的主题

要有发展心理学的基本知识，对学生所处年龄段、学段常见的基本的心理规律和心理特点有所了解和把握。了解学生所处的环境，因地制宜，因势利导，才能使学生获得最直接的心理经验。心理课的主题选择要敢于和善于用心理学的态度和方法去探讨，解决学生真实存在的具体问题。掌握学生可接受程度和理解认知能力，有助于心理健康课的效果提升；同时，要避免主题范围太大，例如：亲情之爱、学习能力提升等，太大的主题往往太散，反倒难以达到预期。也要防止多主题或双主题，容易冲散学生注意力。

2．目标设计明确具体、有层次性

在进行活动设计时，教师头脑中始终要以主题思想和教学目标为主线，每一个环节、每一个活动的选择和设计都要为实现教学目标而服务。教学目标要明确具体，充分考虑学生可接受程度，一节课的时间有限，目标越小、越具体清晰、越有针对性就越容易达成；反之，如果目标定得过高或者过多，教师在实践中不好把握，就只能是空中楼阁，不能真正指导教学。心理课的教学目标可以分为课程总目标主题或单元课程目标、课堂教学目标三个层次；目标的层次性还体现在目标从易到难、从简单到复杂、从低级到高级的递进。

4.1.4.2　心理健康课的操作

心理健康课的具体实施过程是检验教师课的设计能力的硬标准，但同时也可能超越设计。在操作中辅导思路是整个辅导进程的作战地图，教师应当把辅导的基本步骤仔细想清楚，并且要多考虑几种可能出现的学生反馈的角度以及自己应对的策略。

1．心理课堂中的操作性结构

一节心理健康课，从结构来看，大致包括：热身活动、主题活动、活动感悟与分享、活动小结与反馈等环节。为使每一个环节能够紧密联系且有层次感，教师在操作中，要精心策划每一个活动，使活动与主题密切结合，不存在为活动而活动的设计，更没有单纯为有趣而强加的活动，如果活动之间不能有内在联系，活动的设计将会喧宾夺主。从逻辑层次上来讲，围绕核心理念，由浅入深，由部分到全体，由人际表层互动到分享互动，由行为层次到情感层次再到认知层次，逐步深化主题，前后连贯一致，过渡自然，首尾呼应。

2．教学时间的节奏适宜、合理有序

一节课只有40—45分钟，每一段时间的安排都要考虑学生的感受和体验，不宜过急过缓，更不能无视学生的反应。课堂生成问题也可能是占用时间打破原有的设计，如果学生需要，就需要灵活处理。时间安排更要考虑教学任务和目标的达成，这一点和学科课程是一致的。

3．教学活动的操作宜静宜动、难易适度

很多老师认为心理健康课就是带学生们玩游戏。这种理解未免偏狭，如果没有思考和感悟，就没有成长，单纯热闹的游戏在活动课就可以进行，何必占用宝贵的课上时间？再者，对中职学生而言，单纯的游戏已经不能满足他们的需求，搅动内心的活动才会产生意识和行为的改变。游戏活动是为教学内容与目标服务的，舍本逐末，效果自然不佳。活动具体操作中规则要清楚明确，指导语清晰，室内活动幅度不宜过大，便于管理；活动要有分享、总结和感悟提升。教师在活动中要有激情和热情，着装适合活动场合。

4.1.4.3　心理健康课的效果评价

一节课的优劣最终落脚在它的效果上，而效果的呈现也是多元的。

1. 辅导理念是否积极正确

近些年，一些非科学的心理学思想影响人们对心理学和心理健康教育的认知，科学的理念才会有积极的教育效果，因此心理课主张理念第一，技巧第二；理念会生发出技巧。具体而言，要求教师对相近概念、交叉概念能够厘清和辨析，例如气质与性格、幸福与快乐、兴趣与志趣、鼓励与赞扬；对历史与现实生活中一些事件和问题的看法和解读、对传统文化和人们习以为常的一些正确观点的反思等，心理健康教育教师的专业素质和文化素质要求比较高，需要教师不断学习积累，方能满足课堂的需求。

2. 课堂语言是否有感染力

心理健康课的语言不是书面化的、比较呆板僵化的语言，而应当是灵动活泼的、生动亲和的、有感染力的，符合学生认知水平的语言。

3. 课堂管理是否有序

教师课前对课堂的预设体现了教师对学生的了解程度，要充分预设课堂中可能出现的情况，事先做好应对准备。为便于管理，可以制定团体契约，运用团体动力来牵引和制约学生的课堂行为；选出小组长或设立心理委员，协助教师管理课堂纪律；运用强化的方式，真诚表扬鼓励，有效运用考评手段；善用截断技术，及时制止不良行为；对另类学生要接纳包容，巧妙引导；设置清晰的问题引导学生思考也是调控课堂秩序的方法。

4. 教师的态度和反应是否适当

心理健康课是充满积极情绪和力量的课堂，教师应接纳、尊重学生的观点，对他们的言语和行为给予积极的关注，帮助学生发现自己积极、正向的一面，引导其辩证客观地看待自己，增强心理能量。教师不能一言堂，更不能观念绑架，要保持价值观的中立，要能接纳学生的不同观点、不将自己的观点强加于人，不否定个别学生的不同观点。

5. 课堂气氛是否活跃、有趣

一堂充满欢声笑语的心理课不一定是一节好课，但一堂缺乏互动、沉闷压抑的心理课一定不是一节好课。教师要善于尝试不同方式设置情境，将学生带入深度感受和思考；减少认知，增加动感；运用多元的表达性艺术的手段；少用、不用"说教"。避免过分学科化、避免德育化、避免教条化、避免模式化。

4.1.4.4 "走心"的心理课才能助力学生成长

心理健康课要"有心"，要了解学生，符合学生身心发展特点；要"用心"，教师要扮演好一名引导者、组织者、协作者的角色，营造温馨的氛围，调动学生参与的积极性；要"精心"，认真做好课前准备；要"真心"，要充分接纳和尊重学生；要"细心"，要注重细节的处理，把握好力度；要"耐心"，不断提高，不断完善。

4.2 心育课程结构的形成

历经风雨，方见彩虹。心育中心的老师们在亦步亦趋中摸索前行，在这个城市的中职学校，没有车辙，只能自己找路。一边实践，一边总结积累，一边接受教训，一边探索新的方向，适合学校特色的心理健康课程体系终于形成。

4.2.1 校本特色的心理健康课程结构体系

为了更进一步促进学校多元化发展，适应新时代学生发展的需求，学校通过校本课程的开发和实施促进学生核心素养的发展，彰显省级特色实验学校的特色发展，充分展现特色实验学校的教育风采，学校心育中心从 2007 年开始，积极推进心理健康教育工作的全面开展，经过近十年的实践和探索，形成了符合我校学生实际的心理健康教育课程方案。

4.2.1.1 课程设计思路

学校心理健康教育的课程实施方案是依据《中小学心理健康教育指导纲要（2012 年修订）》（以下称纲要），结合学校实际，针对我校学生心理健康现状而开发并实践的。根据《纲要》要求，学校心理健康教育课程不仅向学生普及心理健康知识，更重要的是向学生传递健康的生活理念，提升高中学生的生涯规划意识，教授科学的心理调节技能，引导学生自己解决这个年龄段普遍存在的心理困惑和易发问题，促进学生自我成长和自主教育能力。

4.2.1.2 课程目标确立

按照《纲要》的要求，结合我校生源实际，通过学校心理健康教育课程的实施，意图达到以下目标：

总体目标

1. 培养高中生良好的个性情感，完善的意志品质，增强自觉性、果断性和自制力。

2. 培养高中生更为成熟的自我意识和社会责任感，正确面对学习、人际交往、情感世界及自我发展等问题。

3. 帮助学生提高人际交往的认识和能力水平，进行交往角色辅导，以正常的心态参与人际交往，培养学生具有良好的人际关系。

4. 帮助学生正确面对学习和升学的压力，进行学习方法与思维方式的辅导训练，开展考试心理调适和辅导，减少学习、升学和考试的心理负担。

5. 帮助学生正确面对升学或就业问题，开展择校或职业辅导，培养学生具备选择专业或职业的能力，具备克服升学就业压力的能力。

分层目标

高一级：根据高一级学生初入高中且大多数学生来自农村，在缺乏学习和生活指导的情况下，很难较快地投入高中学习生活中，因此，高一级主要教学目标设置为认识高中阶段，适应高中学习，掌握高中学习方法；学会交往、学会合作，适应竞争和具有高度的责任感；认识自己、把握自己，充分体现自己的社会价值，顺利走过高中过渡期。

高二级：高二年级是高中学习的关键阶段，学生度过高一适应期，对高中生活失去新鲜感，自我管理能力欠缺，自控能力偏低，学生对未来学习和生活缺乏规划，致使学生产生迷茫、空虚、孤独感和焦虑感，心理状态不稳定，比较浮躁，会出现早恋的苗头，容易在学习上出现两极分化的现象，基于以上心理特点，将高二级主要教学目标设置为科学规划自身发展方向，确立发展目标，学会进行学习和职业规划；学会合理调节自己的情绪，磨炼自己的意志，树立正确的价值观，健全自己的人格；学会独立生活，正确地与异性交往；掌握科学的学习策略，制订详细的学习计划，为高三学习打下坚实基础。

高三级：高三学生面对艰苦的学习和升学压力，对外界刺激比较敏感，容易发生冲突和波动，这个阶段的主要教学目标是：培养学生把握自己的人生，突破自我设限，明确选择发展的道路，激发强烈的成功愿望；能够正确认识考试的目的，主动调节因考试复习而引起的焦虑、紧张情绪，积极应对各种考试；学会高考复习的策略和方法，进行系统的知识复习；主动调节和管理考前情绪，缓解考试压力，完成升学阶段的最后冲刺。

4.2.1.3 课程实施主要任务

作为自主开发的校本课程，其主要任务是全面推进素质教育，提升学生核心素养，增强学校德育工作的针对性、实效性和吸引力，开发学生的心理潜能，提高学生的心理健康水平，促进学生形成健康的心理素质，减少和避免各种不利因素对学生心理健康的影响，培养身心健康、具有社会责任感、创新精神和实践能力的德智体美全面发展的社会主义建设者和接班人。

4.2.1.4　课程具体实施

教材体系。本课程方案完全依照《纲要》的要求，结合我校学生实际需求和学校教育目标，开发适合我校实际的校本教材：《酒泉市实验中学心理健康教育团体辅导活动课程》《高中生心理健康教育自助读本》《高中生行为训练手册》《高中生生涯规划教育校本教材》等教材体系。

教师队伍。学校现有专业心理健康教师 6 名，均有心理咨询师资格证，其中专职教师 3 名，兼职教师 3 名，兼职辅导员 37 名（全体班主任老师、对心理健康教育充满兴趣和热情的教师）。

教学内容及计划。学校心理健康教育课程主要由心理健康专题教育、心理咨询辅导、心灵驿站社团活动等组成，具体教学计划如下：

1．心理健康专题教育

心理健康专题教育由三部分组成，心理健康课、专题讲座、专项团体辅导等。

心理健康课

我校心理健康课主要在高一高二年级开设，高一每班每周一节课，高二每班两周一节课，通过课堂教学进行系统的心理健康教育辅导活动。

心理健康课教学方案（详略）

专题讲座

根据不同学段学生特点，学校心理健康教育中心的老师集体备课研讨，以专题辅导讲座的方式普及心理健康知识，提升学生心理素质，强化学生自我成长。高一年级以"爱要怎么说出口"为主题的女生心理健康教育讲座；高二全体学生"为自己点亮一盏心灯"为主题的生涯规划教育辅导讲座；高三进行高考应试技能的系列讲座："高考哪有那么难"为主题的高考心态调整讲座；以"高考，你准备好了吗"为主题的考前情绪管理和压力缓解讲座；以"100 天，你还能做什么？"为主题的考前冲刺策略讲座。

专项团体辅导课程

针对部分学生所呈现的心理问题，我们集体开发团体辅导课程，向全校招募课程实施对象，定期实施团体辅导。

高中学生人际关系团体辅导活动课程

单元主题		团体目标	团体发展阶段	团体活动（具体活动）	备注
课程总体设计	课程设计总思路：在团体中感受良好人际关系的意义；掌握人际交往的基本技巧；发展良好的人际关系。	课程总目标：协助高中学生树立正确的人际观念、引导学生发展受欢迎的人格特质、协助学生熟练掌握和灵活运用各种交往技能。	五个单元		理论基础：1. 团体动力学理论 2. 人际互动理论
第一次亲密接触		1. 澄清团体目标和成员参加团体的动机，帮助成员了解团体的性质；2. 协助成员订立团体规范；3. 促进成员人际互动。	第一单元	1. 破冰游戏——轻柔体操 2. 主题活动——"叠罗汉" 3. 主题游戏——"许愿精灵" 4. 感悟和分享	
快乐沟通		1. 学会在人际交往中体会他人心情；2. 尝试在活动中理解他人，有效沟通。	第二单元	1. 热身游戏：找零钱 2. 主题活动一：塔桥过河 3. 主题活动二：人体拷贝 4. 分享体验	
团结就是力量		1. 帮助学生在活动中学会处理人际问题；2. 引导学生在体验中提高交往能力；3. 进一步学会沟通、理解和信任。	第三单元	1. 热身活动——大风吹 2. 主题活动一：穿越地雷阵 3. 主题游戏二：合力吹气球 4. 体验与分享	
		1. 掌握倾听的言语技巧和非言语技巧；2. 改变学生对人际冲突的消极看法；3. 协助学生掌握建设性解决人际冲突的基本技巧。	第四单元	1. 解开千千结 2. 我说你画 3. 人际矛盾AB剧 4. 体验与分享	

续上表

单元主题	团体目标	团体发展阶段	团体活动（具体活动）	备注
一路上有你	1. 团体成员分享参加团体的心得与感受； 2. 进一步感受人际互动的快乐与幸福。	第五单元	1. "回首来时路" 2. 祝福留言卡 3. 最后大团圆	
结束活动 评估团体辅导的效果	成员之间告别，感受交往的快乐。	结束阶段	团体成员之间相互祝福，结束团体	

高中学生情绪适应团体辅导活动课程

单元主题	团体目标	团体发展阶段	团体活动（具体活动）
1. 创建小组	澄清团体目标，帮助团体成员了解团体性质	定向及探索阶段	棒打薄情郎 滚雪球
2. 情绪体验	1. 进一步增进成员之间 2. 认识并体验自己的情绪 3. 总结分享	凝聚阶段	青蛙跳水 平静结语
3. 情绪觉察	1. 学会觉察自己此时此地的情绪，感觉自己的存在 2. 总结分享	工作阶段	现在进行时 心理按摩 平静结语
4. 情绪适应一：压力管理	1. 觉察、处理压力引起的情绪问题 2. 寻找压力源	工作阶段	大风吹 压力源探索
5. 情绪适应二：合理情绪理论	根据合理情绪疗法理论，采用心理技术团体活动	工作过程	放松体验
6. 情绪适应三：沟通情绪、情感	1. 改变消极情绪 2. 运用积极情绪	工作过程	情绪传递
7. 总结与分离	1. 总结自己在前面团体活动中的感受和体会 2. 合影 3. 进行告别	结束阶段	让自己笑起来 丰收时刻 合影留念

压力管理团体辅导活动课程方案

单元主题		团体目标	团体发展阶段	团体活动（具体活动）	备注
课程总体设计	共四个单元	1. 正确识别压力、压力源。 2. 认识自己的不合理信念。 3. 学会寻找支持系统。 4. 学会放松、减压。	四个阶段	团体构成 团体合作 团体成长 团体解散	
第一单元		通过活动互动，让大家初步认识，互相了解，构建团体。	缘分的天空	活动1：你我初相识 活动2：好友对对碰 活动3：寻找我的小组伙伴 活动4：共商团队规范 活动5：我们这一家	
第二单元		通过了解情绪和压力的状况，形成团体合作氛围。	遇见你真好 认识不合理信念	活动1：突围闯关 活动2：我的压力故事 活动3：压力小品 活动4：传递信息 活动5：体验不合理信念	
第三单元		学习管理压力的方法，增进团体信任，借助团体动力体验压力管理。	压力的真相 信任的力量 做自己压力的主人 轻松解压	1. 快乐兔子 2. 信任之旅 3. 汪洋中的一条船 4. 寻找生活目标 5. 压力分担 6. 身体放松训练	
第四单元		自我成长，轻松话别。	压力自救 愉快话别	1. 哑口无言 2. 戴高帽 3. 秘密大会串 4. 说我说你	

2．心理咨询辅导

心理咨询室作为心理健康教育的重要阵地，为全校学生提供专业的心理咨询与辅导，针对部分学生的心理困扰和心理问题，及时进行咨询辅导，必要时进行转介。（1）开放时间：学校心理咨询室每天 16:30—17:50 开放，周一至周五开放；周六周日实行预约服务。（2）开展形式：个体心理咨询、优秀书籍阅览、宣传心理健康教育活动。①个体心理咨询。有六位老师定期为学生进行面对面心理咨询与辅导，通过与学生的直接沟通，更好地掌握来访学生的情况，更深入地为学生提供有效的心理帮助和支持。另外，通过心语信箱以书信的方式进行心理咨询：在心理咨询室外设置心语信箱，给性格内向、害羞、不善于交际的学生提供咨询途径；另外，开通电子邮箱心理咨询，拓宽咨询途径，快速、便捷、保密的交流方式，更加方便学生吐露心声，进行高效的心理咨询。②优秀书籍阅览。精心挑选心理健康知识、学习策略、心态培养、励志等方面的杂志和书籍，建成开放式读书角，学生可以在课余时间自主阅读，有助于学生自助选择学习，在书籍中寻找自己的答案。③宣传教育活动。将每年的 5 月 25 日所在周确定为"心理健康周"，在高一年级进行校园心理剧大赛；组织各班心理委员，带领学生通过横幅、橱窗、展板、校园广播等形式，为广大师生宣传心理健康知识，提高心理健康意识。同时，组织学生学习心理健康宣传手册，发放心理健康调查问卷，扩大宣传范围，提高对心理健康的正确认识，培养学生对心理咨询工作的正确观念，让学生了解心理咨询室的功能与作用。

3．"心灵驿站"社团活动

学校成立"心灵驿站"心理健康教育社团，为喜爱心理学和乐于参与心理健康常识学习的同学提供共同学习和参与的平台，通过室外拓展活动、室内辅导活动、心理常识学习、心理电影讨论等方式满足部分学生对心理学的好奇心，激发学生朋辈辅导的动力，发挥学校心理健康教育中心的专业优势，使学生更全面地掌握心理健康常识。

4．校园心理剧的探索和实践

校园心理剧作为一种团体心理辅导活动，对学生的共情能力和人文素养提升都有很大的帮助。我校从 2016 年探索校园心理剧的实施，在部分班级开展校园心理剧编排，2017 年开始，在高一年级推行校园心理剧的编排，要求剧本必须原创，来源于生活、学习中的困惑问题，每年 5 月份进行校园心理剧大赛，班级主题班会和家长会中，也通过校园心理剧呈现常见的心理困扰，通过体验式教育的优势，充分发挥校园心理剧在学校心理健康教育和家庭亲子教育的优势。经过两年的探索和实践，我校校园心理剧成为心理健康教育特色的一部分，收到了良好的教育效果。

2017 年，在学校心理健康教育辅导中心的指导下，我校学生自编自演的心理剧《谁的青春不迷茫》获全省校园心理剧大赛一等奖；2017 年，学校在全校各班进行校园心理剧的编导，学生们在心理剧中感受家长、教师、同学、朋友等不同角色，体验他们的情绪情感，换位思考，有效地改善了人际关系，提高了学生的心理承受能力；2018 年，学校在"5·25 心理健康宣传"周举办我校首届大型校园心理剧展演，全校高一年级九个班的校园心理剧走上了舞台，演员、观众、全校老师和学生都引起巨大反响，效果非常好，大赛中前两名的心理剧参加"甘肃省中小学校园心理剧大赛"，喜获一等奖。2018 年，酒泉市中小学心理健康教育教师培训中，我校学生表演的校园心理剧《叛逆的少年》《选择》得到参训老师的极大肯定，纷纷邀请到他们所在学校巡演。

校园心理剧运用到学生心理健康教育中取得了可喜成果，今年将继续推进校园心理剧的探索和实施，学校把校园心理剧大赛作为学校常规活动，在每年的 5 月第三周预演，第四周正式比赛。将这种有效的团体心理干预方式充分地应用到学生心理健康教育中，形成学校心理健康教育新的特色发展模式。

4.2.1.5 课程方案的突出特征

基于酒泉市实验中学的学校结构及生源结构特点，学校心理健康教育课程的结构应包含以下内容：

不同类型学生的生涯发展规划策略

作为学生群体，在高中阶段的成长既要关注他们的共性，但同时又要清晰地认识到每个学生都是不一样的，尤其对于不同类型的班级同学他们的发展方向必然会有很大差异，所以，引导他们找到自己的奋斗目标，为自己确立正确的、适合自己的、科学合理的职业定向，应该成为高中生心理健康教育的内容之一。高中阶段的生涯规划辅导内容可以从两方面着手：一是指导学生个体为自己策划生涯规划书，尝试从高一开始规划自己的三年高中生活，进而规划自己未来五年的发展目标；二是对不同年级、不同类型的班级进行团体生涯规划辅导，例如：高一以学习规划为主要内容，高二以目标定向和学习中短期目标确立及评估为主，高三则主要把高考志愿填报及职业规划作为主要内容。艺术班除要关注他的艺术能力之外，还应进行入班前的心理筛查，心理筛查可以在学生入校后的第一个月内运用相关的量表进行测试，测试结果可以为学生选择合适的班级提供一项科学的依据。

不同学习能力的学生的学习方法指导

高中心理健康教育的内容必然要包括学生学习潜能的开发。由于实验中学生源的特点，绝大多数学生学习能力差，学习习惯不良，中考成绩相对较低，针对学习方面的问题，我们的校本教材对学生学习能力的指导应该有别于其他高中学校的。学习辅导的内容应充分考虑学生的个体差异性。对重点班的学生，我们要认识到这些学生只是比普通的学生入校分数高一点，他们的学习自主能力、坚持性相对于普通班而言，要强一些，这部分学生的学习辅导主要是发展性辅导。对他们的辅导内容要侧重每一科的学习方法、技能的指导和自主学习能力提高的指导，另外还要强化学习的兴趣和动机，培养良好学习品质。普通班的学生学习辅导以矫正和激励为主，这部分学生的学习辅导内容包括：学习中近期和远期目标的确立；学习习惯的养成辅导；学习自觉自主能力的培养；不良学习行为的矫正；学习中的合作与促进等内容。对于艺术班的学生，学习心理辅导则需要把重点放在矫正不良学习习惯，激发学习动力和兴趣，把专业学习和文化课学习结合起来，注重对学生双基教育，指导学生主动进行学习时间的管理。

不同年级学生的辅导重点及策略

高中阶段是学生心理成熟和心理成长发展的重要时期，针对高中不同年级学生制定的辅导内容应充分体现学生不同阶段的年龄特征，编辑个体成长发展中的典型问题的案例作为校本教材的组成部分，可以引导学生对自己进行自我觉察和自我体验，便于学生及时自觉调适自己学习生活中的心理状态，从而促进其自我成长。高中一年级是高中阶段的第一年，高一学生从各个学校来到新的学校学习，新的学习环境、新的学习内容等因素对高一学生的思想带来很大的冲击。因此，高一阶段应该着重引导他们解决从初中升入高中过渡阶段遇到的各种适应问题，包括学习环境的适应、学习方法的更新、人际交往的调整等，使学生尽快踏上高中阶段学习和生活的正轨。高二学生是高中阶段的"断层"时期。高二上学期，特别是文理分科之后，他们刚刚有点适应高中的学习环境、班级气氛和人际关系，马上又面临了人际的重新调整和学业上的重新定位；每一个学生在走过这个时期的时候都会感到一种困惑和茫然。这些曾经在中考中失利的学生面对前途的迷茫和学业的压力，往往会感觉"有压力没动力"，部分转向通过吸引异性的目光来获取成就感和价值感，还有部分学生沉迷于网络不能自拔，也有相当一部分学生从此奋发向上，为高三打下了良好的基础；高二下学期，经过一个学期的调整、适应以及对人生的探究，大部分同学开始意识到时光流逝的痛苦和学习任务的紧迫性，基本上开始进入状态。由此班级的气氛也变得紧张焦虑，同学之间交往明显减少，对学习的关注超越了对人际和其他方面的关注。这一时期心理辅导的内容主要以应对学生的焦虑和孤独、厌学情绪的干预策略，异性交往中的问题以及对未来人生和规划等问题的辅导策略。进入高三，学生们都已经形成了自己的思维形势和思维方法，除了学习上的觉悟和投入，他们强烈地关心自己的个性成长，有强烈的自尊心。他们常常体验到更为广泛的内心冲突的压力，这些都促进了他们价值观的确立和个性的成熟。由于高三学生的社会阅历的局限，以及辩证思维能力的有待发展，他们在看问题时往往比较主观、片面，容易走极端。除了面临升学抉择这一挑战，家长的过高期望和社会价值取向的多元化，使高三学生感到更加的迷茫烦乱，迫切需要指导和关心；高三下学期，高考临近，考试前的身体反应（睡不好、吃不下、抑郁不安……）、考试后因现实与理想的差距导致的情绪问题、追求理想与止步不前的现状的矛盾等是困扰他们最多的问题。整个高三阶段，抗挫折能力的培养、考场心理的训练、考试后分析总结以及心态的调节显得至关重要。

关注个别学生心理健康状态

高中阶段学生在心理发展的多重矛盾中，既渴望同伴交往，又感到孤独；既希望独立自主，又不能摆脱对父母、朋友的依赖；既希望有所成就，但又屡次遭遇学业的失败所带来的挫败感……在诸多矛盾中成长的学生，总会出现个别学生因承受能力较低又过于敏感、胆小而表现出心理异常。因此，高中心理健康校本教材还应把常见的心理异常症状归类编辑，增加常见的心理行为问题的自评量表，学生可以对照症状及症状自评结果决定自己是否寻求帮助，便于较早发现学生心理异常，及时为学生提供能力范围内的帮助。

教师心理健康关注

高中心理健康教育校本教材还应关注高中教师的心理健康状态。教师的心理状态直接影响师生关系，对教育效果会产生重要影响。尤其作为实验中学这样的普通高中学校的教师，一方面长期面对学习能力相对较低水平的学生，无论教育还是教学都存在付出与回报的失衡，因此会持续感受到挫败感；另一方面，应试教育模式下的高中教学任务繁重，工作头绪多，长期超负荷的工作使教师背负沉重的压力，持续的压力状态使教师出现身心疲惫、烦躁、厌倦等问题。因此，校本教材内容要包含教师自我调适及自我减压的措施和技巧，为教师心理自助提供必要的理论支持和实践指导。

4.2.2 "三位五化"中职心育课程的建构

4.2.2.1 问题的提出

酒泉市实验中学是适应国家师范教育从三级师范向二级师范过渡的形势，在甘肃省酒泉师范学校的基础上兴办的一所市直普通高中。2007年秋季开始招生，由于周边分布着具有多年高中办学经验的酒泉中学、酒泉一中和肃州中学，这些高中以其办学优势吸引了优秀初中毕业生。而我校招收的大多数学生不仅中考成绩较低，而且在学习、生活、交往等方面存在许多心理问题：学习方面表现为学习目标模糊、学习兴趣单一、学习动机不强、学习自信不足、上课捣乱起哄、作业敷衍了事、应试消极应付等；生活方面表现为大手大脚、盲目攀比、铺张浪费、小偷小摸、损坏公物、抽烟酗酒等；交往方面表现为漠视亲情、心胸狭隘、拉帮结派、倚强凌弱、争风吃醋、打架斗殴等。为此，学校提出了"教育先于教学"的德育指导思想，倡导全体教师在课堂教学管理中渗透学生的思想道德教育，关注学生的心理健康发展，为解决这些问题发挥了积极作用。

2012年，教育部印发了《中小学心理健康教育指导纲要（修订版）》，明确了中小学开展心理健康教育的指导思想、基本原则、目标与任务、主要内容、途径与方法、组织实施等。指出"地方教育行政部门和学校要利用地方课程或学校课程科学系统地开展心理健康教育。"为了更好地贯彻《中小学心理健康教育指导纲要（修订版）》，切实解决我校学生中存在的一些典型心理问题，帮助学生培育自尊自信、理性平和、积极向上的心理状态，由辛永林、王晓梅、刘岚等老师着手构建开发符合高中生心理发展规律、推动心理健康知识普及、促进高中生心理健康成长、解决学生中的典型心理问题的特色课程。

4.2.2.2　解决问题的过程与方法

研究准备阶段（2010.9—2012.8）

1. 理论学习

本研究组成员一方面系统地学习了《中小学心理健康教育指导纲要（修订版）》以及郭念锋主编的《国家职业资格培训教程：心理咨询师》（2011版）系列教材、汪道涵编著的《心理咨询——心理问题个案分析与解决问题（2003版）》、刘颖等编著的《心理健康辅导——团体训练（2007版）》等专业书籍，提高研究组成员的专业知识和专业素养；另一方面学习交流了丛立新编著的《课程论问题（2000版）》、郝德永编著的《课程研制方法论（2000版）》、熊梅编著的《当代综合课程的新范式——综合性学习的理论和实践》等课程理论书籍，提高研究组成员的课程意识和课程开发素养，为构建高中心理健康课程奠定了坚实的理论基础。

2. 厘定思路

在理论学习的基础上，研究组经过反复研讨，厘定的构建心理健康教育课程的思路是研究开发"三位五化"课程体系："三位"是指研究开发健心读本课程、健心活动课程和健心团辅课程，"五化"是指通过课程研发与实践形成师资团队专业化、课堂教学规范化、社团活动常态化、团辅教育精准化、个别咨询经常化的课程实施特色。

3．制定方案

《基础教育课程改革纲要（试行）》指出："学校在执行国家课程和地方课程的同时，应视当地社会、经济发展的具体情况，结合本校的传统和优势、学生的兴趣和需要，开发或选用适合本校的课程。"根据这一新课程实验精神，围绕"开发背景""课程开发目标""课程设计框架""课程实施保障"等，制定了《酒泉市实验中学高中心理健康教育"三位五化"课程开发方案》。

4．理论探索

围绕课程开发方案，研究组成员对"班级心理文化建设、高中心理教育、同伴互助教育、敌对情绪预防""课堂师生互动、学生生涯教育、学生心理危机干预"等内容进行了理论探索。

研究实施阶段（2012.9—2016.8）

1．加强理论研究

针对促进高中生心理成长的问题，围绕辛永林主持的甘肃省教育科学"十二五"规划 2012 年度课题《中学校园暴力的心理学研究》，分析国内外有关校园暴力的文献资料的基础上，重点开展了"校园暴力的最新研究进展、校园暴力的心理成因与对策、校园暴力的事前预防与事后干预"为主的校园暴力预防研究。采用文献综述法、案例分析法、经验总结法等方法，研究撰写了了《国内校园暴力研究的最新进展和问题思考》《例谈校园暴力的心理成因》《高中生敌对情绪的成因及教育对策》《高中生欺凌行为的心理形成及其教育对策研究》《解读中学欺侮行为，探讨学生心理教育》《中学校园暴力的心理成因机制探析》《不同校园暴力的特点及其行为动机探究——基于侵犯动机理论的认识》《心理干预在校园暴力行为矫正中的应用》等 8 篇论文。指出"有仇不报非君子"等错误观念、"以偏概全"等不合理信念和"非白即黑"等极端思维等认知偏差是导致校园暴力的认知原因；相对持久的叛逆心理、嫉妒心理、攀比心理、侥幸心理、报复心理等消极情绪困扰是诱发校园暴力的情绪原因；武断从事、鲁莽草率、执拗或任性等意志品质缺陷是导致校园暴力意志原因。达成了"推进心理教育是预防校园暴力的前提条件，开展法制教育是预防校园暴力的重要手段，创建健康环境是预防校园暴力的坚实基础，培养健全人格是预防校园暴力的根本所在，学会情绪管理是预防校园暴力的有力抓手"等共识。采用行动研究法，围绕同伴互助的事前心理预防和内观体验法的事后心理干预，提出了制定相应的学校政策、教师预防技能培训、学生行为改变等三大策略预防校园暴力发生。

针对构建高中生心理健康教育课程的问题，采取调查法、经验总结法等方法，分析了现行的各类教材的特点，并针对我校学生的实际，研究撰写了论文《普通高中心理健康教育校本教材结构初探——以酒泉市实验中学为例》，提出了不同类型学生的生涯发展规划策略、不同学习能力的学生的学习方法指导策略、不同年级学生的辅导重点及策略。

2.编制课程文本

在研究中学生典型心理问题、课程构建理论和教材结构特点等的基础上，研究者着手编制开发健心读本课程、健心活动课程和健心团辅课程的文本。

健心读本课程文本方面，研究者按照积极心理学的基本思想，编制《中学生心理健康教育读本——阳光年华，助人自助》；按照行为主义的基本思想，坚持"知行合一"的精神，编制《酒泉市实验中学生心理训练手册》；按照舒伯（Super）生涯发展理论，编制《生涯规划教育》。

健心活动课程文本方面，面向"心灵驿站"学生社团，体现科学性、趣味性、探索性和生动性，研究者一边实施，一边整理实施材料编制《心理健康教育社团活动》；面向高一新生，由心育中心的教师团队指导培训学生，师生共同编制《校园心理剧汇编》；同时，针对高中生不同阶段性表现出的倾向性、典型性、苗头性的心理行为问题，编制预防发展性的课程资料《心理健康专题讲座》。

健心团辅课程文本方面，针对不同群体的心理误区、心理特点和心理辅导需要，按照团体动力学理论，落实师生互动、生生互动、自我探索、促进成长的理念，心育团队编制了《心理健康团体辅导活动》教材。

3.创新教学模式

严格执行《甘肃省教育厅关于印发〈甘肃省普通高中新课程实施指导意见（试行）〉的通知》（甘教基〔2010〕41号）和《关于印发〈酒泉市实验中学普通高中新课程实验实施方案（试行）的通知〉》（酒实中校发〔2010〕23号）的文件精神，认真落实学校课程设置方案和心理课开设计划，征订省教科所主编的地方课程《心理健康教育》，高一每周1课时、高二每两周1课时的心理健康教育课。在心理健康课教学实践中，重点开展地方课程校本化研究，探索提出了"设计理念突出体验性→素材选取体现生动性→过程教学关照生成性→目标达成坚持快乐性"的"体验式"教学模式。按照"体验式"教学模式，研究组成员参加甘肃省中小学教师技能大赛高中心理优质课评选、全省德育与心理健康教育优质课（录像课）评选、甘肃省"一师一优课、一课一名师"高中心理健康教育课例评选、酒泉市中小学教师技能大赛高中心理优质课评选、酒泉市中小学教师技能大赛高中生涯规划优质课评选等教学竞赛中多次获得一、二等奖。

4．完善课程体系

我校心理健康教育专职教师认真学习领会课程实施方案，通过每周五上午举行的集体备课，按照个人领悟、集体讨论、把握纲要、丰富资源的课程建设原则，落实"四定七环节"（"四定"即：定时间、定主讲人、定课题和定讲解要点；"七环节"即：主讲人授课——主讲人课后说课——备课组组内评课——确定下次授课课题——下次主讲人课前说课——集体讨论达成共识——主讲人备课），在反复进行的讲课、听课、评课等磨课活动中，不断完善课程体系，确保了自主开发的校本课程的科学性、趣味性、实用性。

总结推广阶段（2016.9—至今）

经研究组成员的共同努力，开展心理健康教育的课程体系基本形成，开展心理健康教育的各项工作得到了学校领导和广大教师的认可。学校领导班子提出创建心理健康教育特色学校的目标要求，并把实施心理健康教育作为提振教师士气、树立学生信心、彰显学校特色的突破口，确立了"打造校园健心文化，培育师生阳光心态"的工作思路，总结提炼了"师资团队专业化、课堂教学规范化、社团活动常态化、团辅教育精准化、个别咨询经常化"的心理健康课程教育特色。

1．师资团队专业化

根据师生心理健康教育需要，近年来学校支持心理教育专业教师参加国家心理咨询师考前培训，5名教师取得三级以上资格证书。2016年成立心理健康教育领导小组，组建心理健康教育辅导中心，形成了"以专业咨询师为骨干，政教处主任、团委书记和年级主任为指导，班主任、班级德育标兵和心理委员为核心"的心理健康教育团队。工作中落实专职专业老师联系培训班主任、心理委员负责联络班级学生的工作保障机制，一支结构合理、专业扎实、爱岗敬业、内心阳光、关注健康的专业团队已成为学校心理健康服务工作的支柱力量。

2．课堂教学规范化

充分运用推广《心理团体辅导活动设计》《学生心理行为训练手册》的基础上，在高一、高二年级进行心理健康课教学，征订省教科所主编的地方课程《心理健康教育》，高一每周1课时、高二每两周1课时的心理健康教育课。创新运用人文高效、师生互动为核心的"体验式"教学模式，有效解决了学生适应不良、交往困惑、学习低效等问题，实现了课堂教学的规范化。多年规范的课堂教学，得到了市教研室的一致认可，2017年9月成功承办了由酒泉市教研室主办的全市高中心理健康教师教学技能大赛观摩研讨。酒泉市高中心理健康教师齐聚一堂，就如何上好高中心理健康课进行深入研讨。

3．社团活动常态化

按照"以美养心、以美育智、以美健体"的健心文化理念，学校举办每年一次的"迎新年"书画展、春季田径运动会、"温暖校园、幸福青春"演讲比赛、"五四"校园青歌赛、"走进经典"诗文朗诵、"特长班"特色课程汇报表演、"毕业杯"球类比赛、团体健身项目比赛、"迎国庆"文艺汇报演出等系列健心文化活动，丰富师生文化生活，陶冶师生道德情操、培育师生阳光心态。在原有驼铃文学社、声之韵朗诵社等社团的基础上，组建合唱队、舞蹈队、篮球队、排球队、话剧社、书法社、反思训练营、思维快车、航模爱好者、博雅社、春秋学社、中国画、手工制作等45个学生社团，每周三下午两节课后定期开展社团活动，为学生搭建了"同伴互助、发现优势、体验快乐、展示特长、赢得自信"的健心舞台。

4．团辅教育精准化

学校重视对心理健康教育的指导，将重要工作纳入学校教育教学工作计划。辅导中心依据学校工作计划，形成了"各有侧重、层次递进"的心理健康教育主题：高一进行学习心理辅导和适应性干预；高二开展生涯规划辅导；高三进行考前压力缓解训练及考试技巧辅导。形成了"科学化、专业化、系统化"的心理主题团体辅导课程，先后围绕"建设班级文化，推动全员健心""预防校园暴力，和谐同伴关系""开展校园心理剧，传递阳光正能量"主题，以"心理健康周""5·25"心理健康月等为契机，每学年开展心理健康教育专题讲座6场；每月开展团体心理辅导活动10次，每天开展心理咨询活动1—2次，每周开放接待时间为15小时以上。每年请专家做心理健康教育学术报告5次以上。依托心理师资优势，推广课程研究成果，在全市六社区教育讲堂进行六次心理健康教育主题讲座，在司法、教育、文化领域进行心理知识普及、社区司法心理矫正和人民调解员培训，形成了一定的社会影响力。

5．个别咨询经常化

为防范心理危机事件爆发，新生入校进行 SCL—90 心理测评，建立学生心理健康档案和电子心理档案。每周下午两节课后安排专人进行个体咨询，每位辅导老师每学年接待个体咨询10—15例，及时化解诊断为一般或严重心理问题学生的烦恼、紧张、焦虑等。

4.2.2.3　成果的主要内容

理论研究成果

在课程建设的相关研究过程中，完成了 5 项省级课题。甘肃省教育科学"十一五"规划课题《课程改革中师生互动、共同发展典型案例研究》（2011年10月通过鉴定）围绕心理健康教育课程实施的背景、课堂环境管理、师生共同发展等内容的研究，为心理健康教育课程建设提供了课程理论框架；甘肃省教育科学"十二五"规划课题《中学校园暴力的心理学研究》（2014 年 9 月鉴定为优秀）围绕高中生的敌对情绪、欺侮行为以及校园暴力的研究进展、心理成因、教育对策等内容的研究，为摸清心理健康教育课程服务对象的心理特点与规律，研制课程文本发挥了基础性的指导作用。甘肃省教育科学"十三五"规划课题《新高考背景下高中生涯规划教育的探索与实施》（2020.5 通过鉴定）围绕高中新课程改革及新高考制度改革的大背景，对高中生如何进行自身的学业规划、时间管理、职业规划等进行系统的调查研究，最终形成高中生涯规划教育的实施模式和课程建构。

课程文本成果

1. 健心读本课程

《中学生心理健康教育读本——阳光年华，助人自助》按照积极心理学的基本思想编著，2014 年 4 月由东北师范大学出版社出版，围绕"青春期心理、认识自我、人际交往、情绪调适、学法指导、心理保健"等 6 个方面，帮助中学生了解青春期心理特点、男女生心理差异，认识中学生的兴趣、性格、潜能与自我意识，恰当处理亲子关系、师生关系、同学关系的技巧，学会驾驭压力、面对挫折、摆脱烦恼的方法，掌握激发学习动力、优化学习策略、科学应对考试的路径，培养积极阳光心态、构建社会支持系统的举措等。

《酒泉市实验中学生心理训练手册》按照行为主义的基本思想和目标驱动理论编制，围绕"积极心态五大训练法"——心态替代、誓言激励、建立自信、角色假定和目标视觉化等练习，培育学生的积极心态；围绕"时间管理自我检核"，通过 40 项内容的每月检核，帮助学生提高学习效率；围绕"成功日记"，帮助学生明晰个人的目标系谱（人生终极目标、人生主线总体目标、远期目标、中期目标、近期目标、核心近期目标）、年度目标计划、年度核心目标、月目标、周目标。通过认真填写成功日记，合理安排学习内容，及时发现每日进步，每天进行心态训练与评价。

《生涯规划教育》按照舒伯（Super）生涯发展理论编制。从"新起点，心开始""我的个性我塑造""兴趣伴我生涯路""价值选择见真我""天生我材必有用""我的生活我做主"等六个方面帮助学生唤醒自我潜能；从"学习有术，张弛有度""突破常规，创意无限""直面挫折，丰富人生""探索职业万花筒""职业深处大揭秘""职业体验进课堂""寻梦高校智规划"等七个方面帮助学生点亮高中生活；从"明方向，寻梦想""让心灵到达那个地方""我的职业生涯规划书""为人生描绘最美风景"等七个方面帮助学生提升生涯智慧。

2．健心活动课程

《心理健康教育社团活动》按照"科学性、趣味性、探索性和生动性"的原则编制。从"色彩心理学、用色彩线条画感觉、性别差异、历史人物心理学分析、心理学与生活"等方面引领学生体验有意思的心理学；从"沙盘活动、我的自画像、心理拓展活动、心理电影赏析"等方面组织学生开展心理素质拓展活动；从"心理健康基础知识、心理咨询及心理健康状况识别、心理健康维护与心理调适"等方面提升学生的"助人自助"素质水平；从"性格养成、人际沟通指导活动"等方面训练学生的人际交往与沟通交流能力；从"学习策略指导、学习心理调整"等方面提高学生学习内省能力；在此基础上，组织学生社团带头创编排练校园心理剧活动。

《校园心理剧汇编》由心育中心的老师指导培训学生，将心理剧展演的剧本进行整理，最后由师生共同编制，按照"生活化、艺术化、戏剧化"的基本原则创编；从"亲子关系""师生关系""学习生活"等方面再现高中阶段学生的心路历程。

《心理健康专题讲座》内容涉及五大板块，25讲内容。第一板块成长的脚印，主要针对初高中衔接的过程中，学生常见的青春期困惑、压力及适应困难问题，通过辅导讲座使学生主动思考和体验高中生活的特点，激发自己的学习动力，快速适应高中生活。第二板块我和你的距离，主要涉及高中生人际交往中所出现的普遍问题，追根求源，形成正确的交往理念，建构和谐健康的人际交往观，正确处理同学间的人际关系，把握高中异性之间交往的距离。第三板块做情绪的主人，指导学生了解情绪产生的本质，学会管理情绪的方法，建立积极乐观的情绪态度，提升自我管理情绪的能力。第四板块绽放生命的精彩，从高中学生生涯规划发展中常见的问题着手，涉及学生生涯目标确立，实施和管理，使学生良好的生涯意识状态中，有目标地学习和生活。第五板块向快乐出发，主要针对教师的心理健康和专业成长进行设计，实践中提升教师职业的专业化和归属感，激发教师的职业自豪感，为教师的心理健康伴驾护航。

3．健心团辅课程

《心理健康团体辅导活动》则结合不同群体的心理误区、心理特点和心理辅导需要，按照团体动力学理论，针对高中生不同阶段性表现出的倾向性、典型性、苗头性的心理行为问题，落实师生互动、生生互动、自我探索、促进成长的理念。

4.2.2.4　效果与反思

1．优化了学生心理素质。课程实施以来，基本解决了学生学习目标模糊、学习兴趣单一、学习动机不强、学习自信不足、上课捣乱起哄、作业敷衍了事、考试消极应付等学习方面的问题。也为解决大手大脚、盲目攀比、铺张浪费、小偷小摸、损坏公物、抽烟酗酒等生活方面的问题和漠视亲情、心胸狭隘、拉帮结派、倚强凌弱、争风吃醋、打架斗殴等交往方面的问题发挥了积极作用，优化了学生的心理品质。

2. 促进了教师专业成长。课程研制过程，带动了 4 人考取国家心理咨询师资格考试，4 人在省市级教师技能大赛（包括录像课）中获奖 16 节，2 人的 20 余篇论文获奖，4 人的 24 篇相关论文在省级以上刊物发表，1 人获得省级"园丁奖"优秀教师、省级学科带头人、省级教学能手、市级先进教育工作者等称号，1 人获省级新课程实验先进个人称号、省级学会先进个人、省级骨干教师、市级优秀教师称号。

3. 丰富了健心课程体系。根据《中小学心理健康教育指导纲要（2012 修订版）》，研究组认真落实《酒泉市实验中学高中心理健康教育"三位五化"课程开发方案》，对心理健康教育课程的"国家课程校本化、校本课程规范化"方面做了大量的工作，完成了健心读本课程 3 部（正式出版 1 部）、健心活动课程 3 部和健心团辅课程 1 部。这些"三位一体"的课程基于我校学生的实际，具有较强的科学性、针对性、实用性和操作性的特点。

4. 彰显了心理教育特色。课程研发推进了我校心理健康教育"师资团队专业化、课堂教学规范化、社团活动常态化、团辅教育精准化、个别咨询经常化"的心理健康课程教育特色。学校 2014 年被甘肃省心理学会评为"心理工作先进单位"，2016 年被省教育厅评为"甘肃省心理健康教育特色示范学校"，2018 年被省教育厅评为"甘肃省中小学标准化心理咨询（辅导）室示范学校"。

研究组发挥团队精神，系统设计课程主题、合理确定活动目标、认真推敲活动内容、科学评估活动效果，开展了主题鲜明、目标明确、内容丰富、形式多样的心理健康教育活动，探索开发特色健心课程的好点子、好做法。

4.3 学生心理危机干预的模式建构

2020 年，一场席卷全球的新型冠状病毒引发的肺炎让全世界人民意识到在防控病毒的过程中，心理恐慌比病毒的伤害性更大、范围更广。尤其在学校中，因居家隔离而产生的心理冲突和极端情绪比往年增加了数倍，因此，学校心理健康教育关注特定情境下，学生心理危机干预的需求和实施，心育中心的成员在很短的时间内，通过课题研究的方式形成学校心理危机干预的实施框架，制定了学校心理危机干预的实施方案和教师干预手册，形成应对特殊事件和重大危机事件下学校心理危机干预的实施模式。

4.3.1　心理危机的界定及其特征

心理学家埃里克森（Eric Erikson）认为人生是由一系列连续的发展阶段组成的，每个阶段都有其特定的身心发展课题。当一个人从某一发展阶段转入下一个发展阶段时，他原有的行为和能力不足以完成新课题，新的行为和能力尚未建立起来，发展阶段的转变常常会使他处于行为和情绪的混乱无序状态。

百度百科这样定义心理危机：当个体遭遇重大问题或变化发生使个体感到难以解决、难以把握时，平衡就会打破，正常的生活受到干扰，内心的紧张不断积蓄，继而出现无所适从甚至思维和行为的紊乱，进入一种失衡状态，这就是危机状态。危机意味着平衡稳定的破坏，引起混乱、不安。危机出现是因为个体意识到某一事件和情景超过了自己的应付能力，而不是个体经历的事件本身。

处于青春期的中职学生容易受到家庭、学校和社会环境的影响而产生应激反应，出现心理危机的现象并不少见。和其他群体一样，中职生心理危机的特征是现实生活中的危机涉及面很广泛，既有不同群体的各种不同危机，也有同一群体不同时期的同一危机。不同的心理学家对危机具有什么特征持不同的观点，归纳起来，主要有以下特征：

普遍性

心理危机的产生、发展及激化经历着复杂而微妙的心理过程。几乎每个成长中的个体都不同程度地经历过心理危机，但心理危机并非必然导致极端行为。事实上，心理危机并不像我们想象的那样神秘，它就在大学生的身边，甚至正存在于某些大学生的心里。心理危机从一定意义讲是每个人成长过程中都会遇到的事，没有人能够幸免。虽然在人生中危机是不可避免的，但是只要我们把握机会、设定目标、形成计划、妥善处理，是可以渡过危机的。

机遇性

危机意味着风险，又蕴藏着机遇。一方面危机是危险的，因为它可能导致个体严重的病态，包括对他人和自我的攻击；另一方面危机也是一种机会，因为它带来的痛苦会驱动当事人寻求帮助、解决问题，从而使自己得到成长。在危机状态下，如果大学生成功地把握了危机或及时得到了适当、有效的心理危机干预或帮助，个体可能就学会了新的应对技能，不但重新得到了心理平衡，还获得了心理上的进一步成熟和发展。危机的成功解决能使个体从危机中得到对现状的真实把握、对过去冲突的重新认识，以及学到更好地处理将来危机的应对策略和手段，这就是机会。没有危机，就没有成长，如果当事人能够有效地利用这一机会，就会在危机中逐步成长并达到自我完善。

危机的复杂性

心理危机是复杂的，可以是生物性、环境性和社会性危机，也可以是情境性、过渡性和社会文化结构性危机。而造成危机的原因可能是生理的，也可能是心理的和社会性的。另外，由于个性不同，个体面临危机也会采取不同的反应形式，例如，有的当事人能够自己有效地应对危机，并从中获得经验，使自己变得成熟；有的当事人虽然能够渡过危机，但并没有真正地解决问题，在以后的生活中，危机的不良后果还会不时地表现出来；而有的当事人在危机开始时心理就崩溃了，如果不提供及时、有效的帮助，就可能产生有害的、难以预料的后果。一旦危机出现，便会有很多复杂的问题卷入其中。

动力性

伴随着危机，焦虑和冲突总是存在的，这种情绪导致的紧张为变化提供了动力。也有人把危机看作成长的机会或催化剂，它可以打破个体原有的定势或习惯，唤起新的反应，寻求新的解决问题的方法，增强挫折的耐受性，提高适应环境的能力。例如，对药物成瘾、网络成瘾的治疗，他们将问题拖延到较为严重的程度，以至于治疗者不得不将问题分步处理。个体在成长和追求的同时，也意味着带动一个可能受挫的机制，如能及时调整，适应变化，则能形成动力，促进心理健康发展。

困难性

当个体处于危机中时，其可供利用的心理能量降到最低点，有些深陷危机的个体拒绝成长，危机干预者需要帮助处于危机中的个体重建新的平衡。这就需要运用专业的心理学支持，常用的方法有"支持治疗""认知领悟疗法""家庭治疗""合理情绪疗法"等。但无论哪种方法，都有其独特的适用范围，没有治疗心理危机的通用方法。另外，还有些危机愈后容易反复，治疗起来有一定困难。

4.3.2 学生心理危机干预的重点——以疫情防控背景为例

这是一篇关于学生心理危机需求的调查，调查的时间是 2020 年 5 月，这一时期正是学校疫情防控时期，学生刚刚复学，对疫情防控的紧张形势感到不适，还有居家学习中累积的问题，使他们复学后压力增大，也会有紧迫感、焦虑感。需要特别说明的是：调查对象是普通中学和中职学生，他们对学习的期望和重点高中学生有一定的差别，这也会影响到他们的危机反应的感受。调查结果反映的问题是学校心理危机干预的风向标，清楚问题在哪里，才可以更有效地实施干预。

4.3.2.1 疫情防控背景下高中生危机干预需求调查的目的和意义

复学后，受疫情防控影响，学生一方面需要处理复学后所遇到的学习和正常校园生活的改变所带来的不适应；另一方面，长时间居家所引发的家庭亲子矛盾及自身的种种冲突，都会让学生感受到心理的不适。通过对高中生进行心理危机干预需求调查，不仅将心理危机问题引入学生视野，引起学生对心理危机的关注；调查中，可以了解学生对心理危机知识的掌握情况，以及在多大程度需要进行危机干预。为下一步疫情防控背景下高中生心理危机干预策略的实施提供重要的事实依据。

4.3.2.2 高中生危机干预需求状况的调查实施

调查对象

本次高中生危机干预需求调查所选取的调查对象为甘肃省酒泉市实验中学高一至高三每个年级随机选取一个班的学生，共计 194 人，其中，高一年级 53 人，高二年级 83 人，高三年级 54 人，回收有效问卷 190 份，4 人没有提交问卷。调查涉及高中三个年级，可以充分代表酒泉市实验中学高中学生危机干预需求状况。

调查问卷编制

本次调查采用的问卷为自编问卷：《疫情防控背景下高中生危机干预需求调查问卷》问卷共设置题目 18 道，其中，单项选题 9 道、多项选择题 8 道、主观简答题 1 道。前四题为学生基本情况调查，包括学生性别、所在年级、年龄、班级任职等信息；第五题涉及新冠疫情暴发后，被调查者对疫情影响的承受程度；第六题调查学生对心理干预概念的认知；第七题是对自己是否处于危机状态的主观认知；第八题调查学生对危机干预知识科普的需求；第九题调查学生对自己是否需要进行危机干预的调查。多项选择 8 道，题目涉及学生对心理危机产生原因的主观认知、学生获取危机干预知识的方式、学生在遇到心理危机时的处置方式及学生对学校进行心理危机干预的需求和期待。主观简答题 1 道即第 18 题，调查学生对心理危机干预的关注度和需求度。单选题采用了对应题目评分，即选择适合自己的项目打"√"，根据结果统计积分百分比。

调查方法

调查问卷统一编制后，由课题组成员将问卷通过问卷星平台编辑完成。在同一时段分别在所选班级进行手机 APP 完成问卷，然后又问卷星平台对每道题的答题结果进行初步汇总，课题组成员则需要进行题目分类和归类结果汇总。优质的问卷星小程序确保调查在短时间内完成，并且快速统计结果，大大节省了研究者的实践和精力。

调查中的注意事项

问卷调查中，考虑到可能出现的干扰因素影响结果的真实性，因此，在指导语中特别强调调查结果只用于课题研究，不涉及每个同学的个人利益，问卷题目的设计尽可能以直观感受为主，以此降低学生参与问卷作答的压力，便于得出更客观真实的数据。

4.3.2.3　疫情防控背景下高中生危机干预需求调查结果及分析

高中生危机干预需求调查及结果

1. 高中生对危机干预的基本常识的了解程度

问卷第 6、7、14 题涉及高中生对心理危机知识的了解和对危机干预常识的基本认知。调查显示：高中生对心理危机的理解知之甚少，虽知道一些，但不十分了解。有 3.67% 的学生对心理危机完全不了解，有 7.37% 的学生对自己是否有过心理危机完全不了解。高中学生了解心理危机知识的渠道主要通过网络查询或相关宣传资料，有 44.2% 的高中生愿意通过学校心理咨询机构了解心理危机的相关知识。从调查结果显示，学生对心理危机知识的了解有限，获取此类知识的渠道主要通过网络搜索，系统的心理危机知识的科普非常必要且重要。

2. 高中生对危机干预需求的主观感受

问卷 8、9 两题涉及高中生对心理危机干预的需求状况的主观感受。调查显示：79.47% 高中生希望学校进行心理危机干预的知识科普或专业指导，7.37% 的高中学生认为不需要进行此类干预和影响。由此反映出高中学生对心理危机及干预的了解有明确的期待，绝大多数学生希望了解此类知识，在进一步访谈中，学生认为："生活中总会遇到各种意想不到的事情，只有之前做好功课，才能在紧急时刻有备而战。"（18 题学生回答），即使在还不清晰危机干预的基本常识的情况下，高中学生从主观上已然明确自己非常希望学校进行危机干预知识的科普和指导。

3. 高中生对心理危机的原因认知

这个问题的调查是通过问卷的第 10 题、第 11 题呈现出来的。调查中关于"你认为什么情况下高中生可能会发生心理危机"，91.58% 的学生认为引发心理危机的主要原因是遭遇突发事件、重大心理压力事件，如：离婚、亲人丧失、疾病、人际关系紧张等。有 34.68% 的学生认为日常事件也会引发心理危机，有 42.56% 的学生认为年龄阶段需求会导致学生适应困难，而产生心理危机。在高中生产生心理危机的可能的原因的调查中，重大变故或特定事件导致情绪爆发、日常事件的负性情绪积累以及学生人际关系问题在导致心理危机的原因上排在前三位。由此说明，高中生对危机心理产生的原因认知契合自身的实际，和自己的生活事件密切相关，同时也反映出学生眼中对引发危机事件的原因分析有同质性。

4．疫情防控中心理危机的归因

关于本次新冠疫情可能导致心理危机的归因分析，主要通过问卷的第13题反映出来。58.42%的学生主要的心理不适源自网络学习带来的困扰，认为心理不适主要因为网络学习效果太差，担心因此带来的不良后果，尤其是高三学生，因无法正常复学而产生的焦虑很明显。57.37%的学生担心因为疫情导致自己的学业受到影响，落下的课程太多，这符合高中学生的心理特点，持续的居家对学生的价值感和成就感带来了冲击，从而产生心理焦虑或紧张。53.68%的高中学生把担心自己被感染或自己的亲人被感染作为危机心理的主要原因。有极少（17.8%）的学生会因为疫情期间和家人矛盾引发亲子关系紧张而产生心理不适。

5．出现心理危机时对学校干预的要求

如果已经感觉到自己有明显的心理危机反应，学生希望学校提供怎样的干预和帮助呢？关于这个问题的调查，在问卷的第16题有清晰的反映。学生希望学校对高中学生进行心理危机评估和筛查，需要心理辅导老师进行专业及时的干预，需要学校重视心理危机学生的识别，这三方面占学生需求的前三位，另外对学校开设相关课程、讲座和团体辅导，对家校合作的需求以及开设专门的危机干预热线或网络平台也有突出的需求。总体上学生对心理危机的知识需求明显，希望通过不同平台获取心理危机的相关知识，达成对心理危机的自助识别和自我判断，为进一步求助找到依据。

6．高中生心理危机的自助方式调查

问卷14、15题是对高中学生危机心理自助方式的调查。结果显示：高中学生了解心理危机常识的途径，排在前三位的是：82.11%的学生通过网络、电视等方式获取信息；80.53%通过查询软件获得相关信息；44.21%的学生会通过自己查看相关书籍获取相关信息。这表明学生对危机心理知识的需求明显，且自主了解相关信息的比例较高。对于疫情期间，学生感到自己心理状态不佳时，求助方式前三位分别是：和家人倾诉、寻求学校心理辅导老师、寻求心理热线援助和网络咨询，由此可见，学生自觉求助的意愿明显，求助方式也是首选与自己比较亲近的、方便进行的方式。

疫情防控背景下，高中生对危机干预关注的问题调查

问卷16、17、18题是对学生危机干预需求的开放性问题的调查，关于对学校提供危机干预的方式的调查，73.68%的学生认为学校应该进行危机心理的筛查和评估，由此可见，学生极希望自身危机心理的状况，70%的学生认为学校心理健康教师要及时进行专业的干预，调查可以显示出，学生对自己和他人的心理危机状况的态度，也充分体现学校进行心理危机干预的必要性和紧迫性，一半以上的学生希望学校提供与心理危机有关的书籍，进行系统的心理危机知识的科普和宣传。在对学生心理危机状态下，有效干预效果的调查显示，学生最希望能先稳定情绪，找到自我调整情绪的方式和方法。学生最关心的问题是：遇到危机情况，该怎样尽快地让自己情绪稳定，该怎样调节情绪，该怎样减少危机事件对自己情绪的影响。

对高中生的心理危机需求调查不仅了解到学生在重大危机事件中对自己心理状态的关照态度，更让调查者看到学生在调查中真正的需求是什么，这次调查呈现出：高中生希望了解心理危机尝试，高中生希望有更有效的方式应对危机心理，高中生希望学校层面给予更多的干预和帮助，高中生希望在危机出现时，自己能够识别、判断和处理，具备自助的能力，而这些希望为身为学校心理辅导老师的我提供了重要的工作思路，我们一边反思已经做过的努力，一边在调查中发现学校心理危机干预中存在的问题，最终形成学校心理危机干预的实施操作模式，以便更好地促进学生心理建设。

4.3.2.4 疫情防控背景下高中生危机干预实施中存在的问题

高中学生心理危机的常识普及有待加强

调查显示，高中学生对心理危机知识的了解主要通过自己查阅或上网查询，但网络信息良莠不齐，很难保证学生获得系统的心理危机常识。我所在的高中学校每年会通过校园展板或心理知识科普的方式贯穿一些相关知识，但系统的心理危机及其干预知识的传播和学习还很欠缺，学生出现危机问题的时候，经常是一对一的处理，导致学生对相关知识的了解模糊，既充满好奇，又不愿和老师沟通探讨，便形成了学生危机干预知识普及的片面化、简单化和模糊化。疫情防控中，对学生心理危机常识的科普更是刻不容缓。疫情后复学的一项筛查显示，学生危机心理的出现呈上升趋势，进一步面询中发现：即使知道自己心理状态不佳，学生也不愿主动找老师或心理咨询师，那会让他感到自己和别人不一样。正因如此，学校更需要定期对学生进行心理危机知识的科普宣传，让更多学生知道危机心理的表现及如何应对危机心理。

高中生对心理危机的识别和判断严重缺失

调查显示，高中学生对心理危机的识别和判断的知识和技能严重缺失，学生通常把普通的心理问题以及心理应激反应都会等同于心理危机，也有部分学生会漠视危机心理问题，对自身出现的心理危机反应置之不理，或以变形的方式表现出来，等寻求心理援助或干预时，往往为时已晚，因此给学生带来更大的伤害和困扰。因此，学校需要在心理危机知识科普中，通过团体辅导或班级心理课堂对学生进行系统专业的危机心理的辅导，把危机心理的起因、症状和处置方式通过体验的方式让学生有直观而清晰的习得，甚至可以通过模拟危机事件，让学生体验危机事件中自己的心理感受，对有敏感反应的同学可以做现场的干预。总之，通过专门的教学设计和专门的教学和辅导活动，有助于学生获得受益终生的心理危机识别、判断和干预知识。

高中学生对重大危机事件所引发的心理问题缺乏自觉

调查显示，高中学生对重大危机事件引发的心理问题缺乏自觉，主要表现为高中生更容易把情绪问题等同于心理危机问题。学生认为稳定情绪就是进行心理危机干预。调查中，高中学生们普遍认为疫情期间所产生的心理不适是由于现实的家庭或亲子矛盾所引起，即使因为对学业的担忧而产生的情绪波动甚至情绪崩溃，也会随着时间流逝自然恢复，所以，很少有学生自觉主动寻求心理援助和心理干预，他们宁愿自己听歌、打游戏、把自己关在房间，以此让自己好受一些，也不愿意找心理辅导老师，或者更准确一些，想不到寻求心理辅导老师的帮助。高中学生对自己心理状态的认知更多停留在："过去就会好"的状态，一定程度上，对危机心理常识的无知和对自己心理状态的忽视，容易使学生在遇到危机心理状态时采取逃避、投射和艰难忍耐，长期压抑容易引发更严重的心理和生理疾病。

学校及相关部门没有形成系统的危机干预实施程序

疫情防控中，高中学校开始重视学生心理问题，对学生心理状态的筛查和评估也提上了议事日程。本次课题研究调查学校在5月份对全体高中学生进行了心理筛查，对高分预警的学生也进行了面询评估，对学生了解自己心理状态起到了很好的宣传和科普作用。这些举措也只是应对此次疫情防控而进行，据了解，我所在的市县级高中普遍缺乏系统的危机干预实施程序，对危机干预的知识和理论欠缺，更没有明确的分工和程序性安排，危机事件发生后，各学校重视事件对学校造成的负面影响，竭力控制舆论，学校师生以讹传讹，谣言四起，师生情绪波动大，又缺乏专业的指导和帮助，使危机状况进一步扩大……随着时间延续，新一波学生又将入校，疫情防控还在进行中，未来依然有可能有新的重大危机事件发生，学校如果没有系统的危机干预实施程序，缺乏危机干预应急机制的支持，学校在危机事件发生时，很难有效调动各方面力量，无法对危机心理的形成有效干预。

学校危机干预缺乏专业人员和专业技术的支持

目前，我所在的市县级高中学校虽配备了心理辅导老师，但各学校心理辅导老师身兼多职，能够顾及学生常规的心理辅导已经是竭尽全力了，疫情复学后，面对高中学校心理问题明显增加的现状，一位心理辅导老师难以承载学生需求，有些学校虽增加了兼职的心理辅导老师，将班主任也纳入学校心理辅导的后备力量，但面对学生纷繁复杂的心理问题，专业的辅导和帮助至关重要。危机干预是专业的心理干预，需要有专业的工作程序和工作技术，这些都是目前学校心理辅导老师急缺的知识。由于缺乏专业人员和专业技术的支持，高中学校心理危机干预是指建立在学校教育和学校管理基础上的心理危机干预，对学生心理危机干预的意义在于预防，而不是等到悲剧发生了才进行干预。所以，积极预防，提前对学校心理辅导老师及相关人员进行专业知识的培训和科普势在必行，重视学校危机干预专业人员的专业技术提升更是非常必要，只有提前规划，面对难以避免的学校管理范围内危机事件的发生才可以做到科学有序预防、及时有效干预。

4.3.3　疫情背景下的学校心理危机干预实施与反思

心理危机是由于突然遭受的严重灾难、重大生活事件或精神压力，使生活状态发生明显变化，从而使人陷入痛苦、不安，引发焦虑情绪，容易感到绝望甚至自我毁灭的心理体验（百度百科）。此次新型冠状病毒引发的肺炎具有很强的传染性，甚至不断出现无症状感染病例，如此重大的疫情对很多人而言，都是一次心灵的磨砺和挑战。高中学生既面临学习进度受阻的现状，又因与家人长时间相处，消极的沟通方式容易激发家庭矛盾，引发学生极端情绪；网课直播教学中，低效学习状态对学生的自我价值感具有一定的破坏性作用。因此，复学后，学生心理问题凸显，特别是危机心理反应明显。

基于此，高中学校心理健康教育需要对学生心理状态进行评估和干预，反思疫情期间心理干预的有效性，确保重大危机事件爆发时，能够及时对学生进行心理危机干预，及时安抚学生情绪，稳定心理状态，安全平度过这段特殊的时期，也为学校在重大危机事件中尽心心理危机干预提供可借鉴的资料。

4.3.3.1　关于心理危机干预

心理危机及其产生原因

1. 什么是心理危机

心理危机是指由于突然遭受严重灾难、重大生活事件或精神压力，使生活状况发生明显的变化，尤其是出现了用现有的生活条件和经验难以克服的困难，以致使个体陷于痛苦、不安状态，常伴有绝望、麻木不仁、焦虑，以及植物神经症状和行为障碍。由于心理危机导致的痛苦对身体和精神状态有较大的消耗，所以个体在危急状态下容易出现心力交瘁，引发极端行为，是一种具有破坏性的心理问题。

2．心理危机的表现

每个人对严重事件都会有所反应，但不同的人对同质性事件的反应强度及持续时间不同。一般的应对过程可分为三阶段：立即反应阶段，个体表现为麻木、恐慌，否认或不相信；完全反应阶段，这个阶段个体会感到激动、焦虑、痛苦和愤怒，也可能引发罪恶感、退缩或抑郁；消除阶段，指个体接受事实并为将来做好计划。危机过程持续不会太久，如亲人或朋友突然死亡的居丧反应一般在6个月内消失，否则应视为病态。

3．心理危机产生的原因分析

心理危机的产生主观上和个体的性格、身心状态有直接关系；客观环境也容易诱发心理危机，例如紧张的人际环境，高压力的工作、学习环境；另外，重大生活事件的影响会摧毁个体的心理调适体统，从而导致个体的应激反应，也会引发心理危机。例如：亲人亡故、父母离异、学业失败等都可以成为重大生活事件。最后，重大危机事件，例如这次新型冠状病毒引发的肺炎，高传染性和高风险给全社会造成紧张气氛，会间接或直接影响到每一个人，不能及时处置也会导致心理危机的发生。由于危机状态对个体和社会都会产生破坏性影响，因此及时有效的干预是对心理危机者最好的支持。

心理危机干预

心理危机干预是应对危机最有效的方式。危机状态下，个体容易做出极端行为，防止处于危机状态的个体伤人和自伤，心理危机干预通常需要多方联动，由专业的心理干预人员实施。危机干预要遵循迅速四个基本原则：首先要确定要干预的问题；其次，必须有其家人或朋友参加危机干预；第三，要鼓励自信，不要让危机者产生依赖心；最后，要把心理危机作为心理问题处理，而不要作为疾病进行处理。通过促进交流与沟通，鼓励危机者充分表达自己的思想和情感，鼓励其自信心和正确的自我评价，提供适当建议，促使问题解决；稳定情绪，防止过激行为，如自杀、自伤或攻击行为等；必要时寻求医疗帮助，处理可能出现的昏厥、情感休克或激惹状态。

4.3.3.2　**疫情防控中，高中生心理危机干预的实施**

新冠疫情暴发以来，高中学生一方面受到外来疫情信息的影响，对疫情信息的判断出现混乱；另一方面，高中学生长时间居家防疫，在与父母亲的相处中会出现冲突和矛盾，引发学生的极端情绪；还有因为长时间网课学习效率较低，学生对自己的学习状态和学习能力产生怀疑……诸多刺激因素容易诱使高中生的认知、情绪和行为偏离日常状态，心理危机产生的可能性大大提升。我们在对高中生进行心理危机需求调查中，学生反馈：有5%的学生明显感到心理状态变差，情绪暴躁，易怒、不安、担心增多；70%以上的被调查学生提出学校应该安排专门的教师进行心理危机干预。在疫情防控初期，课题组所在的酒泉市实验中学也实施了相应的危机援助策略，及时为学生提供心理支持。

疫情防控中，高中生危机干预的实施框架

在此次新冠疫情暴发的初期，学校领导组织政教处和心理辅导中心的教师快速做出反应，形成疫情期间心理危机干预的基本框架。

1. 形成疫情期间心理危机干预的组织机构

疫情防控初期，课题组所在的学校迅速做出反应，组成疫情期间的线上心理支持小组，由校长任组长，政教处负责信息推广和联络，班主任老师及时了解学生心理动态，识别有心理问题的学生，及时向学校心理辅导老师汇报。心理辅导中心的老师承担具体的心理援助任务和心理异常问题学生的转介。通过热线电话、QQ、微信等联系方式，及时对疫情期间有心理危机和心理不适的学生、学生家长、教师提供心理支持援助。从2020年2月1日起，到学生返校的4月13日，心理支持小组共接到热线和网络平台求助14例。紧急组织的学校疫情期间心理支持小组作为疫情期间心理危机干预的重要组织机构，为疫情期间安抚学生心理发挥了重要作用。

2. 确立疫情期间心理危机干预的实施方案

疫情防控初期，课题组成员敏锐地发现疫情防控的特殊时期，学生及家长可能面临的心理困扰，以课题组成员为核心，通过网络平台进行讨论和研究，形成了《酒泉市实验中学疫情防控期间心理危机干预实施方案》，从预防教育、早期预警、干预措施到后期跟踪，形成完整的心理评估、预警、干预和转介程序，一定程度上降低了学生心理危机事件的发生率，减少学生因危机事件带来的伤害，为疫情防控期间稳定学生心理状态发挥了积极作用。

3. 组织疫情期间心理危机干预的师资队伍

课题组成员作为学校心理危机干预工作的核心成员，一方面面向学生，借助网络平台为学生科普心理调节的方式和技巧，另一方面，指导任课教师和班主任学习心理危机的常识，便于及时识别学生的危机状态，通过学校领导组织安排，心理辅导老师具体实施，政教处、班主任、科任老师积极配合，形成以心理辅导老师为主体的学校疫情期间学生心理危机干预师资团队。团队通过网络平台研讨、学习、督导，及时处理心理支持小组成员在疫情防控期间所遇到的各种问题。

4．落实疫情防控期间的心理危机干预措施

疫情防控期间，高中心理危机干预的具体实施

疫情防控初期，大众居家防疫，网络媒体的疫情信息铺天盖地，各种信息真假难辨，不断有学生通过微信群或 QQ 信息表达自己居家的烦躁不安，加之全国的心理咨询和辅导机构都已经纷纷开始组建疫情心理援助热线，我所在的高中也开始紧急启动疫情期间心理支持系统，在最短的时间内调集相关人员组建心理线上援助团队，在学生、家长网络联系平台发布心理支持小组电话，为全校师生及家长提供心理支持。

1．培训提升

为了科学规范地进行线上危机干预支持，在危机干预线上援助团队组建初期，首先组织学习中国心理学会临床心理注册系统颁布的《心理援助热线伦理规范实施细则》，团队成员严格遵守伦理要求，一边通过线上咨询和发布心理危机推文的方式安抚学生情绪，一边紧急"补课"，参加由清华大学社会心理学系发起的北京幸福公益基金举办的"抗击疫情，心理援助"系列培训，通过培训，团队成员学习了线上咨询的伦理要求、操作规程和线上咨询技术，增强团队的专业胜任力，为科学专业的线上心理危机干预工作奠定了基础。

2．预警分析

疫情防控期间，学生从 2 月底开始网络学习。对疫情发展的相关信息敏感度下降，但在网课学习中却呈现出更多心理问题，线上心理支持的老师连续接到学生的求助电话，学生在长时间居家过程中，与父母冲突频发，加之网课学习效果不佳，临近高考的学生更是因为不能面授上课焦虑不安。为积极应对可能发生的危机状况，学校心理支持小组通过学校群向全体教师推送疫情期间学生心理指导手册，让教师了解心理危机干预的知识，及时识别有危机反应的学生；对接到的求助电话及时记录和分析评估，对有危机心理反应的学生进行追踪了解，与家长沟通，及时关注有危机反应的学生状况。复学后，针对学生长假期的反应，编制《高中学生心理危机干预的需求调查问卷》，在全校范围内随机抽样发放问卷，对调查结果进行分析识别。对调查中有明显危机反应的学生进行面谈，了解其心理状态，进一步对学生危机心理状况进行预警分析。对高预警值的学生进行定期的个案辅导，对特别严重的两例进行转介，使他们及时得到正规的医学治疗。

3．干预指导

根据学生实际状况，学校心理支持小组五位老师（此次专项课题组成员）及时汇总接线信息，及时研讨案例，为学生提供专业的干预指导。首先，课题负责人通过市教育局的网络公共课平台开展疫情期间家庭教育指导课程，指导家长和学生主动调节心理状态，稳定情绪，合理安排作息，促成良好的家庭教育氛围。其次，对放假前就接受咨询的学生进行回访，提供连续的网上咨询，安抚情绪，稳定状态。第三，复学后，一方面在校园中制作"心理复位"和学校心理危机干预知识的宣传专版；另一方面通过广播第一时间对学生进行心理辅导讲座，指导学生做好复学后的心理调适。第四，对六例在疫情防控期间感到严重心理问题的学生进行定期辅导，制订辅导计划，确立辅导目标，连续两个月的辅导后，其中四例状态稳定，能够正常学习生活。

4. 转介追踪

在预警分析中，有两例学生出现自残自伤行为，其中一例甚至有服药自杀的行动，经过支持小组的评估，及时和家长联系，对该学生进行转介。由于及时得到精神科医院的治疗，该学生状态有所改善。支持小组指定专人负责对其进行近况追踪，从学校的角度提供必要的心理支持。

疫情防控中，心理危机干预的有效性评估

作为心理干预技术，其有效性评估是一件很困难的事，目前为止，缺乏有效性评估的工具，因此，对疫情期间心理干预的效果评价只能借助学生反馈信息获得。首先，根据已经接受过网络干预和面询的学生反馈，他们认为心理干预对自己很有帮助，让自己能够静下来看到问题的真实状况。其次，通过家长的反馈，他们认为学生在心理辅导老师的帮助下有明显的改善，虽然还会出现不适，但学生愿意找心理辅导老师讨论自己的困惑和问题。第三，复学后，学生整体情况稳定，虽然还有个别学生出现心理问题，但及时干预确实对学生的情绪稳定和心理冲突的解决起到了重要作用。第四，最近一次的全校心理健康状况筛查结果显示，学生总体情况稳定，极个别的高预警分学生也得到及时的关注和干预。对学生心理危机干预有效性评估还需要更有说服力的工具和操作方式，这也是未来我们课题组成员要探索的问题。

4.3.3.3 **疫情背景下，高中心理危机干预的反思**

纵观疫情期间，我们对高中学生心理危机干预所做的种种，都是在重大公共卫生事件发生后所做的尝试和探索，没有可以参照的模板和范例，只能是一边尝试，一边反思改进。回顾之前所做的危机干预的尝试，确实还有许多待改进之处。

实施框架不够完善

疫情防控背景下，虽已经在学校危机心理干预方面形成了基本的框架，但在危机干预制度建设、危机干预实施方案的确立以及危机干预预警对象库的建立方面依然有空白，致使在疫情防控初期只能临时组建机构，疫情暴发虽是突发事件，但面对有可能发生的意外状况，必须要有完整的学校心理危机干预体系方可以及时快捷地应对危机事件。

实施过程缺乏系统支持

在疫情防控中进行心理危机干预，既是对学校应对危机的挑战，也是对学校心理辅导老师专业胜任力的检验。特别是面对有危机心理反应的学生，学校心理辅导老师在专业咨询辅导上，事实上是孤军奋战，缺乏危机问题干预的督导，面对咨询中的问题只能是同行之间互相交流，缺乏强有力的专业督导系统支持，支持小组的老师亦步亦趋、小心翼翼，他们承载着很大的压力和责任推进工作，实属不易。

实施内容比较单一

在疫情防控背景下实施心理危机干预，团队成员主要针对已经表现出危机心理反应的个体进行，围绕问题采取行动，致使在干预过程中，内容单一，针对面狭窄，以知识科普宣传和个体辅导为主。事实上，高中学校可以以班级为单位开展丰富多彩的文体活动丰富学生的课余生活，培养他们积极向上、乐观进取的心态，在学生中形成团结友爱、互帮互助的良好人际氛围；还可以通过主题班团会的形式营造积极健康的育人环境，降低引发危机心理的环境因素等内容，通过拓展危机干预的内容和形式，促使全体学生树立积极自我调适的意识，全体教师能主动识别判断，及时为有需要的学生提供力所能及的帮助。

实施对象难以顾及全面

由于学校危机干预支持小组成立时间较短，缺乏足够的经验，难以顾及全体学生的利益。尽管危机心理反应的学生是极个别的部分，但了解和学习危机干预知识却是每位老师和学生都需要的，但基于人力和精力有限，实施很难做到全面顾及。学生中还有没有寻求帮助却有长期睡眠障碍、自残自伤及持续情绪抑郁低落的学生没有筛查出来，更没有得到有效的干预。因此，需要调动全体教师、班主任及家长的力量，及时识别和发现，全体教师尤其是班主任可以经常关心学生的学习生活，帮助学生解决学习生活上的困难，与学生交心谈心，做学生的知心朋友。学生干部对有心理困难的学生应提供及时周到的帮助，真心诚意地帮助他们渡过难关。动员有心理困难学生的家长、朋友对学生多一些关爱、支持和陪伴。

专业性和规范性操作有待提高

支持小组的成员虽然都经过专业的心理咨询学习和培训，但在危机干预方面的经验依然很匮乏。危机干预是一个有评估、干预治疗到后期追踪等环节构成的系统化的过程。每一个过程所需要的专业化程度都很高，需要经过专业培训和专业操作程序，但事实上课题组的老师只是在疫情初期，通过网络学习接受有限的危机干预知识和操作培训，在处理学校的危机个案中还远远不够，又因为缺乏专业督导，使课题组老师在疫情复学后进行心理危机的干预操作只能是亦步亦趋。

对可能产生的风险评估不够

此次疫情防控的大背景下所出现各种心理问题既有环境因素，也有自身的个性特点，更有直接或间接的干扰和影响，面对这样突发的事件，我们都不具备或者不完全具备应对的准备。对学生可能出现的心理问题评估也不能单纯地根据以往的状况做出评估，缺乏个案概念化的能力，使支持小组在对自伤、自杀、抑郁倾向的学生进行评估时，明显有风险评估不足的情况，致使干预过程中效果不佳；另外，在心理筛查中，呈现出的高分预警对象，在谈话面询中却与筛查结果相差较大，面对这样的状况，支持小组成员在讨论中分歧较大，明显存在对阶段性出现的问题风险评估不够的情况，经过引入督导机制，相信这样的状况会得到有效的处理。

需要形成程序化的心理危机干预模式

在疫情防控的半年时间里，高中学校危机干预虽然已经努力在探索和实践，但所遇到的危机心理事件的发生具有个体性，面对的是个别学生，所以，在实施中未能形成程序化的危机干预制度，课题推进后期还需要根据学校和学生特点，研究探索高中生心理危机干预的课程实施策略，形成高中生校园危机干预的预案，制定符合学生实际的危机干预制度体系，危机一直存在，学生面对危机的态度和行为是应对危机的关键，因此，专业化、规范化的危机干预模式的建构势在必行。

4.3.4 学校心理危机干预实施方案

学校心理危机干预需结合本校实际制定相应的方案，此方案是结合网络资料和学校实际修订而成的。

4.3.4.1 学生心理危机干预机制

为了确保学校稳定和学生的健康成长，心理咨询中心决定建立"班级心理委员—心灵驿站心灵社团—学校心理健康教育辅导中心"三级学生心理危机预防、干预和疏导机制，做到"上情下达，下情上传"的快速反应，即：

1. 通过每班的班级心理委员密切关注身边同学的心理情况，一旦发现有问题立即向心理辅导老师反映。

2. 学校心理辅导老师得到信息后，须立即向心理辅导中心通报情况并立即对当事人开展心理辅导和思想疏导。

3. 心理辅导中心要采取行之有效的措施，实施紧急干预，以最快的速度解除学生心理危机，并做好学生心理危机过后的心理护理和增强心理调适能力的工作。

对学生心理问题的发现和解决需要全校师生的共同努力。心理健康委员和心理辅导员要深入课堂、公寓，了解学生的学习、生活情况，把握学生的思想特点和关心的问题，做到心中有数。通过全校师生的共同努力，确保一旦有异常情况发生，能做到及时发现、及时上报、及时处理，把可能出现的伤害事故解决在萌芽状态。

学生心理危机干预机制的建立，对学生可能出现的心理障碍、心理疾病做到及时发现、正确解决，确保学生心理健康发展。

4.3.4.2　学校危机干预实施细则

危机的特征

1. 危机是一种突然发生的事情；

2. 从某种意义上来说，危机是一种正常状态，是每一个人在生活经历中的某个时刻都会遇到的情境；

3. 危机是一种个人体验，某种情景对某个人来说是危机，但同样的情境对另一个人来说则可能不是危机；

4. 危机可在短时间内以这种或那种不同的方式来解决；

5. 若采纳一些变化，发挥一些潜能，个人解决问题的能力将发展，相反，不良的应对方式会令人们的防御能力下降和社会退缩。

危机干预的过程

1. 第一级危机干预也称心理性急救，主要是对危机的情境做出反应，帮助人们稳定下来去处理即刻的需求，协助他们应对当时的情境并给予支持，这项工作学校专业心理辅导老师可以承担，必要的时候需要专业督导的支持。

2. 第二级危机干预也称危机治疗，在当事人稳定之后，提供治疗性咨询服务，侧重于应对危机的情境和处理遗留下来的心理上的症状，这项工作主要有心理治疗师或心理医生完成，学校心理辅导老师需根据情况及时转介。

学校危机干预的主要对象

1. 遭遇突发事件而出现心理或行为异常的学生，如家庭发生重大变故、受到自然或社会意外刺激的学生；

2. 患有严重心理疾病，如患有抑郁症、恐怖症、强迫症、癔症、焦虑症、精神分裂症等疾病或有家族史的学生；

3. 既往有自杀未遂史或家族中有自杀者的学生；

4. 身体患有严重疾病且久治不愈、家境贫困、经济负担重且深感自卑的学生；

5．个人感情受挫、人际关系失调或出现心理行为异常的学生；

6．因学习压力过大而出现的学习困难或严重环境适应不良导致心理行为异常的学生；

7．由于身边同学出现个体危机状况而受到影响，产生恐慌、焦虑、困扰的学生。

常见的危机干预形式

1．面对面的帮助这种干预方式是通过干预人员与受助学生直接地面对面地交流，其特点是能相对快速地、详细地、全面地、准确地了解受助学生的状况，从而及时地、有针对性地对受助学生实施解释、疏导及具体干预；

2．电话危机干预是指处于紧急情绪障碍、精神崩溃或企图自杀的个体，通过拨通中心预约咨询电话，向中心咨询人员求助，这种方式具有快速、方便、经济和匿名等特点；

3．网络书信指导是一种通过网络信函的求助方法。使用这种方法学生大多是暂时不愿意暴露身份或针对难以当面启齿的问题。

4.3.4.3　危机干预的实施步骤

危机评估

1．危机严重程度的评估，如是否出现危机行为，是否已丧失原有的社会角色能力；

2．临床表现的评估，包括情绪、认知、行为和躯体症状；

3．家庭和班级评估，如家庭成员、朋友、同学等状况的评估；

4．危机评估后建立高危人群干预档案。

确定干预目标

干预的目标要针对受助学生即刻的具体问题和受助学生的心理需要制定，同时还要考虑有关社会文化背景、社会生活习俗、家庭环境等因素。通常在首次会谈中要完成以上这两项任务。

干预实施

使用各种干预技术按既定实施目标进行干预，帮助受助学生学会并掌握解决危机所需要的技巧。干预所需时间取决于受助学生面临的危机的性质、受助学生自身的能力及干预的目标难易程度。

终止干预

当受助学生情绪症状缓解、认知能力改善、自我保护意识加强时可以考虑及时结束干预，并处理终止干预的有关问题或负责危机干预的心理辅导员不能有效干预危机时应及时向中心提出处理办法，如对受助学生建议转介等。

4.3.4.4　危机干预问题的解决步骤

帮助危机学生学会解决问题是解除危机的一个比较有效的办法，尤其是帮助他们按照步骤进行思考和行动，常能取得较好效果：

1．明确存在的困难和问题；
2．提出各种可能的解决问题的方法；
3．罗列并澄清各种可能方法的利弊及可行性；
4．选择最可取的方法（即做出决定）；
5．考虑并计划具体的完成步骤或方案；
6．付诸实践并验证结果；
7．小结和评价问题解决的结果。

4.3.5　学校心理危机干预教师手册

教师是中职或高中心理危机学生的第一接触者，他们的早识别、早发现和早干预是预防学生心理危机产生严重后果的第一个关口，此手册的作用既科普心理危机的知识，也是对教师参与心理危机干预的操作指南。

4.3.5.1　心理危机

心理危机指人在面临自然、社会或个人的重大事件时，由于无法自我控制、自我调节自己的感知与体验而出现的情绪与行为的严重失衡状态。心理危机是一种正常的生活经历，并非疾病或病理过程。每个人在人生的不同阶段都会经历危机。

判断标准

事发突然，并且有足够强度。自认为"对自己构成威胁"。现有生活状态出现不良变化。常伴有心理、行为发生改变。

危机反应：1—6周

1．生理：睡眠失常、食欲反常、梦见死者、容易惊吓、感觉呼吸困难、肌肉紧张等。
2．情绪：恐惧和担心、无助、悲伤、内疚、愤怒、强迫性重复回忆、失望和思念等。
3．认知：注意力不集中、缺乏自信、无法做决定、健忘、效能降低等。
4．行为：心不在焉、常做叹气、过度活动、哭泣等。

发展过程：麻木、苦思、忧郁、复原

危机后果：严重心理障碍、容易自伤自毁、留下心理创伤、顺利度过危机

对于大部分的同学来说，危机反应无论在程度上或者是时间方面，都不会带来生活上永久或者是极端的影响。他们需要的只是有时间去恢复对现状和生活的信心，加上亲友间的体谅和支持，能逐步恢复。但是，如果心理危机过强，持续时间过长，会降低人体的免疫力，出现非常时期的非理性行为。

4.3.5.2　哀伤辅导

1. 青少年哀伤特征：长期沮丧、长期焦虑、睡眠障碍、饮食障碍、否认哀伤、自责与内疚、无法静定、失去兴趣。

2. 哀伤辅导注意事项：不要去设想学生曾经或正在经历的一切。不要假设每个学生都会受到精神创伤。不要使用疾病诊断，哀伤不是心理问题。不要用救世主跟学生交谈，专注于他们帮助别人的举动。不要假设每一个学生都愿意甚至需要与你交谈，安静陪伴就行。不要询问事件过程中的细节。不要猜测甚至提供不准确的信息。

3. 哀伤辅导应该做的：保护和提供安全场所。给予认同。调动所有支持系统。有关创伤的心理教育。给予持续的关注。不要试图打破心灵创伤者的内疚感（如果当时……就不会发生……）内疚感是为了建立安全感。

4. 哀伤辅导不能做的：大事化小。埋怨遇难者。开玩笑。寻求刺激（快说说，当时是什么情况？）。不公正的猜疑（我觉得她就是……）。忘记，不再关注。不能说太过笼统却毫无帮助的安慰话：做个勇敢的男孩！生活是为了活下去、一切很快就会结束、你会站起来的、一切将在一年内过去、你会变好的、坚忍到底。

5. 哀伤辅导过程与任务：

①接受丧失：丧失已经发生；接受丧失，不扭曲；接受丧失不可逆转。

②经历哀痛：哀痛是必须的；哀痛是正常；接触、感受哀痛。

③重新适应：适应生活中的缺少；新的正面自我形象；生活观、信念调适。

④投注于新关系：爱的保留；社会系统；生涯任务；希望在明天。

6. 哀伤辅导原则和程序：帮助学生界定并表达情感；帮助学生在失去逝者的情况下活下去；将感情从逝者身上转移（爱、安全）；允许时间去哀伤；阐明正常的哀伤行为；持续的支持；检查防卫和适应方式；界定病态行为并转介。

7. 需要转介的情况：如果学生有以下表现，且对学习和生活造成了较为明显的影响，以至于不能正常应对日常事务，请及时转介给学校心理老师或告知家长。

4.3.5.3　恐惧应对

辅导目的

引导学生缓解恐惧心结：从发觉到宣泄；从讨论事件中认清哪些需要担

心，哪些不需要；启发采取积极预防和安全措施：从恐惧到行动。孩子从宣泄到认知，由认知到正确的行动，是他们在受挫折的现实环境中，心智成长最好的教育。

团体辅导方案一：澄清恐惧情结

教师引言（5分钟）

教师用平静的语气，简单介绍这次事件的状况、造成的损害和伤亡，并回顾或举一个温馨、机智、救人的故事。

引发学生说出心中的恐惧（20分钟）

如：在事件中你看到、听到、感受到什么？最恐惧什么？把孩子惧怕的原因或想法，逐项写在黑板上；逐项检讨它是否合理，是否符合现实；把不符合的打×，把符合的打○。

要引导学生认清恐惧是由于对事件的消极想法引起的。对于合理的恐惧事项，应讨论如何克服它，如何预防它。

整理班级交谈结论（10分钟）

由老师做结论，区分值得恐惧和不值得恐惧的事。值得恐惧的事要如何预防，才不会发生危险。带领学生作一行动方案——如何做好预防措施。

团体辅导方案二：恐惧自我嘲笑

教师引言

心理学家告诉我们，受到强烈惧怕压力时，可以透过嘲笑自己的害怕来解开心结，例如："啊！我怕得两脚发软，哭了起来，简直是吓破胆了！"然后哈哈大笑，"当时我怕得魂不守舍，差点把尿都急出来了！"然后哈哈大笑。

班级老师可以应用自嘲，带领学生也通过自嘲来调整情绪等。

教师布置任务：比比看谁自嘲得最有趣

大家轮流对自己恐惧的事自嘲，有助于学生消除恐惧。教师要先说明："每一个人都会惧怕，怕是自然的事，正因为有怕，我们才会预防危险，会去思考解决问题。我们把心中的怕说出来，对于不合理的部分，由本人加以嘲笑，可以带来更理性的态度和心理放松。不过，我们绝不嘲笑别人的惧怕。"

教师结论

说明自嘲是无伤大雅的事，而且有助于情绪缓解和压力的消除。但要特别强调：不可互相嘲笑，只可以自我嘲笑。维持不伤害自尊的气氛，让自己不合理的惧怕情绪得到宣泄。

教师可以带领先作惧怕的自我嘲笑，引发每一位同学参与。教师做结论时，要说明惧怕的非合理性和自我嘲笑的价值。

团体辅导方案三：恐惧放松训练

1. 准备动作

在一般情况下，放松训练程序要求学生先自行紧张身体的某一部位，如用力握紧手掌 10 秒钟，使之有紧张感，然后放松约 5—10 秒，这样经过紧张和放松多次交互练习，学生在需要时，便能随心所欲地充分放松自己的身体。通常施行紧张松弛训练的身体部位是手、手臂、脸部、颈部、躯干以及腿部等肌肉。

2. 正式训练

肌肉放松训练时，要使学生保持心情轻松，并舒适地坐在椅子上，训练最好在遮光且隔音设备较佳的房内进行，并让学生拿掉眼镜、手表、腰带、领带等容易妨碍身体充分放松的物品。大约休息二三十分钟后，治疗者用平稳、镇静、低沉的声调对学生说："从事这项放松训练，可以帮助你完全地放松身体。你必须根据下列步骤耐心进行，当你操作紧张活动时，如果感到紧张，必须再持续操作 5 秒钟，直到感觉到紧张到达极点，方可完全松弛下来，让有关部位的肌肉显示出十分无力，特别要用心体验放松后的一种快乐感。现在请跟着（我的）指示做。"

3. 老师指导语

"我现在来教大家怎样使自己放松。为了做到这一点，我将让你先紧张，然后放松全身肌肉。紧张及放松的意义在于使你体验到放松的感觉，从而学会如何保持松弛的感觉。""下面我将使你全身肌肉逐渐紧张和放松，从手部开始，依次是上肢、肩部、头部、颈部、胸部、腹部、下肢，直到双脚，依次对各组肌群进行先紧后松的练习，最后达到全身放松的目的。"

第一步："深吸一口气，保持一会儿。"（停 10 秒）

"好，请慢慢地把气呼出来，慢慢地把气呼出来。"（停 5 秒）

"现在我们再做一次。请你深深吸进一口气，保持一会儿，保持一会儿再。"（停 10 秒）

第二步：（前臂）"现在，请伸出你的前臂，握紧拳头，用力握紧，体验你手上的感觉。"（停 10 秒）"好，请放松，尽力放松双手，体验放松后的感觉。你可能感到沉重、轻松、温暖，这些都是放松的感觉，请你体验这种感觉。"（停 5 秒）

"我们现在再做一次。"（同上）

第三步：（双臂）"现在弯曲你的双臂，用力绷紧双臂的肌肉，保持一会儿，体验双臂肌肉紧张的感觉。"（停 10 秒）

"好，现在放松，彻底放松你的双臂，体验放松后的感觉。"（停 5 秒）

"我们现在再做一次。"（同上）

第四步：（双脚）"现在，开始练习如何放松双脚。"（停5秒）

"好，紧张你的双脚，脚趾用力绷紧，用力绷紧，保持一会儿。"（停10秒）

"好，放松，彻底放松你的双脚。"

"我们现在再做一次。"（同上）

第五步：（小腿）"现在开始放松小腿部肌肉。"（停5秒）

"请将脚尖用劲向上翘，脚跟向下向后紧压，绷紧小腿部肌肉，保持一会儿，保持一会儿。"（停10秒）

"好，放松，彻底放松。"（停5秒）

"我们现在再做一次。"（同上）

第六步：（大腿）"现在开始放松大腿部肌肉。""请用脚跟向前向下紧压，绷紧大腿肌肉，保持一会儿，保持一会儿。"（停10秒）

"好，放松，彻底放松。"（停5秒）

"我们现在再做一次。"（同上）

第七步：（头部）"现在开始注意头部肌肉。""请皱紧额部的肌肉，皱紧，保持一会儿，保持一会儿。"（停10秒）

"好，放松，彻底放松。"（停5秒）

"现在，请紧闭双眼，用力紧闭，保持一会儿，保持一会儿。"（停10秒）

"好，放松，彻底放松。"（停5秒）

"现在，转动你的眼球，从上，到左，到下，到右，加快速度；好，现在从相反方向转动你的眼球，加快速度；好，停下来，放松，彻底放松。"（停10秒）

"现在，咬紧你的牙齿，用力咬紧，保持一会儿，保持一会儿。"（停10秒）

"好，放松，彻底放松。"（停5秒）

"现在，用舌头使劲顶住上腭，保持一会儿，保持一会儿。"（停10秒）

"好，放松，彻底放松。"（停5秒）

"现在，请用力将头向后压，用力，保持一会儿，保持一会儿。"（停10秒）

"好，放松，彻底放松。"（停5秒）

"现在，收紧你的下巴，用颈向内收紧，保持一会儿，保持一会儿。"（停10秒）

"好，放松，彻底放松。"（停5秒）

"我们现在再做一次。"（同上）

4．想象告别

请学生找个舒服的姿势坐好，轻轻地闭上眼睛，慢慢地深呼吸、放松，然后根据想象如下场景：一片嫩绿的草原上，鲜花盛开，我们慢慢地走近了，看到了他／她（逝去的学生），他／她在咯咯地笑着，请告诉他／她，你想念他／她，祝愿他／她在天堂幸福，一路走好。我们要转身离开了，我们转身看到了一条平坦的大道，花草在两边，微风徐徐，阳光和煦，你感到温暖起来，血液沸腾起来，你感到一种力量在招呼你，你发现越来越多的同学走在你的身边，他们是你的亲人、同学、朋友和老师，你昂首挺胸向前走去……

5. 重要提示

按照上述方法做，大约经过1—2周时间就能在几分钟内让自己全部放松。在达到全身放松的目标后，就可以进入系统脱敏训练程序了。

必须注意，在还没有达到放松目标以前，不要试着用放松法来抵制恐惧感，以免发生意外。

团体辅导方案四：班级恐惧释放

1. 介绍宗旨：活动的目的是什么？

2. 心灵对话：填写《心灵对话》单。

亲爱的：我们已相隔和离别有（时间），

每当我想和你沟通时，我感觉，当我想起你时：

我记得，最后一次见面：

我记得，这些回忆让我感觉：

你的死，对我最大的影响是：

我没有想到的是：

我最大的惊讶是：

失去你，我觉得自己好像失去了：

如果你还活着，我希望自己可以：

如果你还活着，我希望你可以：

我一直希望你可以对我说：

虽然大家分离了，我们却有共同的：

我希望你现在：

3. 宣泄哀伤：面对逝者照片相互表达。

4. "内疚"处理："如果我做了……的话，× 也许就会活着。"

5. 走出哀伤：同学、老师分享经验。

6. 重思生命：引导大家珍惜生命，快乐生活，坦然面对生命中的丧失。

7. 告别逝者：每人写一封信给逝者，默哀3分钟。

8. 畅想未来：请大家畅谈自己今后的人生规划。

9. 传递拥抱："我们相互支持，我们共同走过！""告别悲伤，拥抱未来！"

4.3.5.4 教师自我调节

您可能出现以下反应：对事件的发生感到麻木与困惑。对事件的发生产生内疚感。过分地为逝去学生悲伤、忧郁。因心力交瘁、筋疲力尽而觉得生气，甚至暴躁易怒。由于身心极度疲劳，休息与睡眠的不足容易产生晕眩、呼吸困难、紧张、无法放松等不适感。对于接受帮助觉得尴尬、难堪。您能为自己做些什么：接受自己的感觉并将这些感觉与经验说给其他人听。多留意自己的身心状况，适时让自己休息。多给自己鼓励、打气、加油，尽量避免批评自己的救援行动。接受他人诚心提供的帮助与支持。肯定自己有内疚感、悲伤、忧郁等心理反应都是正常的。可以与其他教师讨论，相互支持、鼓励。对学生出现的异常行为多些包容。确认学生的需要，再提供可能的协助。

4.4 一回眸的幸福

我们看到过因不堪重负而自杀的老师，也见到过因过于劳累而早衰的老师；我们更是听说过不少因工作压力和社会舆论不能承受之重而心理变态的老师。现实很残酷，但老师们必须要活着，而且要活得有尊严，活得幸福，心态变化也许只是一转念之间的事情，所以，幸福，也许只在一回眸的瞬间。

4.4.1 关注教师心理健康

2021 年的正月十五早晨六点，年仅 43 岁的高中政治教师从学校九楼的窗户一跃而下，一位正值壮年的老师决绝地离开了这个世界……

后续的通报显示，该教师严重的身体疾病引发心理问题，这是多么令人痛心的事件，但这样的事件不知发生在我的身边，离我很近的一所高中学校，新闻报道对教师自杀事件的报道已不是新鲜事。

2019 年，教育部对两千多名城乡教师的心理健康状况进行调查，结果显示教师心理健康状况堪忧，近 40% 的被调查教师心理健康状况不佳，20% 的被调查教师生理健康状况不佳，超过 60% 的被调查教师对工作不满意，部分经常有跳槽的意向；47% 的老师感到工作和生活压力比较大，而 34.6% 的教师感到压力非常大，2016 年，日本媒体报道称：因为压力大，教师已经沦为日本自杀的高危行业，一年中，公立学校自杀死亡的女教师 66 名，男教师103 名，国内虽没有相关的数字报道，但教师因压力过大导致的自杀和猝死也时有发生，教师职业倦怠、情绪耗竭、抑郁焦虑等极端情绪多有发生。面对这样的状况，教师们想要平静地生存已属不易，哪里会奢望能够幸福地生活？

事实上，依然有教师通过自身调节和努力，愉快地面对工作中的困境，也可以影响到周围的同事，正能量的老师依然是行业内的高能人群。无论现象如何，关注教师的心理教师是教师职业迫切的需求。

4.4.2 教师身心健康管理的重点

幸福离我们究竟有多远？ 2009~2010 年，我曾连续两年担任全市农村骨干教师培训班的班主任，在这三届培训班中我深切体验到了老师这个职业与幸福的距离。培训班每期四个月，也算是时间比较长的培训了。也许各种培训在农村学校中早已司空见惯，耗时耗力的多，实际有效的少。老师们对这样的培训怨声载道，年轻一些的老师玩世不恭、怨言不断，第一天就开始联系晚上的牌局和饭局。年纪大一点的老师，多是在原学校不能代课，被送来凑数而已。这些等待退休的老人家更是没有兴趣管培训的问题，到教室的第一件事就是跟我诉苦：家离得太远；身体各种病痛缠身；记性不够好；学了也没什么用……至于培训内容是什么，似乎和他们没什么关系。培训开始的第一周，情况还说得过去，毕竟都是老师，面子还是要的。第二周开始，请假、迟到、旷课，他们每次都有看似充分的理由请假，每次都会诉说一大堆难处，这样的生活与他们而言，是彻头彻尾的煎熬，这种情形迫使我走近他们，了解他们的生活状况。

在培训中有一门课叫做教育分享，我为这门课确定了一个题目：教师的幸福在哪里？刚开始上台演讲时，不少老师上台第一句话就是：根据我从教××年的经历，教师这个职业的幸福无从谈起。有两位比较年轻的老师甚至对自己刚做老师时如何体罚学生大谈特谈，他们对自己因体罚学生受到处分而耿耿于怀。那一刻，我觉得很悲哀：不为自己，不为这些抱怨生活不公的老师，而是为农村孩子受教育状况感到忧心和悲哀，但我似乎又无能为力。直到有一次课间休息，一位女教师用同情的语气跟我说："王老师，你们高中老师也太辛苦了，你这又是高三又是我们的课，咋跑得过来？原来以为城里的老师养尊处优，没想到你们的压力比我们大多了，至少我们晚上不用再这么操心。"我记住了这位老师的同情，我想是时候谈谈我的幸福了。

接下来的那节教育分享课，我说了这样的话：教师是我的职业，它让我得已安身立命，让我衣食无忧，我挺感激这份职业的；所以我努力一步一步做好自己的事，偶尔我也会把它当作事业，认真思考我遇到的各种困扰和问题，幸福感油然而生。老师这个职业确实有很多让我们不满意的地方，你们遇到的不如意，我也曾遇到，但我觉得没必要因为是教师而妄自菲薄。试着换一种心态，换一种观念，你会发现每天都可以有幸福起来的理由：今天给大家上课，大家共同分享，可以交流，可以抱怨，可以随心所欲，难道不是一件幸福的事情吗？我所说的对大家产生了影响，我感到了自己的价值，我觉得很幸福；看到不谙世事的高中学生渐渐长大，一天天在变化、成长，我觉得很幸福，因为我见证了他们的成长；偶尔有拙作发表或获奖，我觉得很幸福；和朋友逛街，又有了新发现，我竟然还没有落伍，我觉得很幸福……生活就是这样的小细节构成的，可以开心地笑，也可以悲伤地哭，可以抱怨，可以叹息，只要你记得：当生活中遇到不如意或不满意时，一回眸之间，发现自己还有路可走，还有幸福起来的理由，原来幸福离自己那么近，就在可贵的一回眸之间。

随后的一段时间里，我发现培训班的老师们有了变化：男老师们会在活动室打乒乓球；他们会相约进行篮球比赛；会去逛电子市场，谈论最新的电子产品；他们会去书店，会在分享教育心得时谈论最近自己读过的一本好书；个别年轻老师寻求新的方向，或报考教育硕士、或准备各种竞聘考试……女老师的变化更大：她们看起来比刚来时精神了，她们相约去逛街，看时下最流行的元素；她们会抽空换个发型；会抽空写博文；会问我什么刊物可以发表她们的文章。她们个儿个儿看起来都自信了、快乐了，每天上课都看得出她们用心打扮了自己，而我每次看到她们的变化都会忍不住赞叹："你们变得越来越了不起了。"也许这些老师的变化会对我们的心态改变有所启发，幸福没有大小，一切源自自己的感受，我记得一句电视剧台词：我们总在别人眼中找自己的幸福，岂不知自己正在成为别人幸福的榜样。

身为教师，我们并没有像孔子一样得到足够的尊重，所谓的师道尊严不知在哪年哪月早已消失殆尽。社会舆论且不说，只在学校，就有不少让我们头痛的事：我们用心上课时，那些学生肆无忌惮地睡觉、玩手机，甚至有更过分的事；这时候，你走过去想要制止时，他会一脸无辜地问你：我为什么站起来？我没睡觉啊？我干什么了？你会忍不住怒火中烧，一天的好心情烟消云散；当你提问一个很简单且已经重复很多遍的问题时，发现全班没几个能回答得上，你会沮丧地发现，原来自己在做辛苦的无用功。这些情景难免使我们一触即发，爆粗口、将学生赶出教室……别的学生并不明白怎么回事，而你已被气得脸色苍白，你会看到有学生在窃笑，你的愤怒已到极点……这个时候，身为老师的我们，一定要停下来，要给自己一点尊严，无论发生多难堪的事，记得他们还是学生，请不要歇斯底里地大吼，更不要暴力打压，绝对不要像网上某老师那样下跪以警醒他们。我们不是救世主，我们只能让那些已经懂得或将要懂得老师苦心的孩子用心生活，得偿所愿，用平和的心态维护我们的尊严，原谅那些不懂事学生的不懂事行为吧。即使确有人不够尊重我们，但我们一定要尊重自己。

面对不良心境和职业挫折，身为教师的我们有很多方法可以应对，最不宜采取的就是重复在别人面前诉说自己所谓不幸和委屈，这种祥林嫂式的诉说只会让别人同情和唏嘘，问题却得不到解决。改变自己，我们可以这样做：

第一，学习心理常识，了解常见的心理问题以及心理疾病的预防、治疗方法等。作为教师，并不缺乏心理学常识，但是遇到自己无法解决的心理痛苦，不少人还是会碍于面子不愿意向别人寻求帮助，对自己的心理问题缺少关注，错误地以为"挺一挺就会过去的"，以至于耽误了时间，引起不良的后果。

第二，注意进行认知的改变和认知水平的提高。教师心理保健应该侧重在认知调整和师生关系改善这两大方面。由于教育对象的特殊性，技校教师面对的师生关系相对复杂。因此，调整对师生关系的认识，积极地改善师生关系，显得极其重要。有的学生由于学习成绩不尽如人意，他们受到教师、家庭、学校的关注往往较少，缺乏成就感。来到学校，他们渴望得到老师们的关注，老师们应该接纳他们，把每一个学生当作一个具有个性的人来看待。对待学生，不能急于下结论"他怎么这么不听话""他为什么这么懒，这么不可理喻""他这样的人难成大器"等，应该着眼于理解和尊重，着眼于把工作做好。比如说，"这个学生很有特点""学生肯到学校接受教育是件很好的事情，我有责任把他教育好"等等，这些良好的认知能够有效地解决问题，帮助我们改善师生关系，促进师生心理健康发展。

第三，学习并掌握心理调适操作办法。比如情绪放松法、压力缓解法、心理训练法，以及参与心理咨询和心理治疗的方法等。比如，有的教师经常在教学过程中发火，导致师生关系闹僵。这显然是一种情绪失控现象，对师生身心健康将产生极为不良的影响，需要引起高度重视。如何进行调适呢？

首先，应该认真思考并检查自己心理状态是否发生了改变，比如思维、生活、身体健康状况、人际关系等情况是否正常，如有异常，请及时解决这些问题。其次，深入了解自己的学生，进行师生沟通。再者，发火的时候，可以采取深呼吸等放松方法，及时地控制住自己的不良情绪，也可以马上转移自己的位置，或到教室门外站一会儿，或转过身子、面向黑板，心里告诫自己："不能发火，发火根本没有什么作用。个别学生惹我生气，但我不能让全体学生挨批评。"最后，可以利用合理情绪疗法之 ABCDE 模式、模仿法、角色扮演法等进行心理训练，训练步骤为：一是找出引发不良情绪的事件；二是分析发火的原因；三是采取自我辩论等方法对抗、修正自己不合理的思维方式；四是设计出新的、恰当的表情、动作、言语，当突发事件发生时用它们来表达自己的情感。

身为老师，身处社会、家庭、学校，每一部分都有自己应该承担的角色，没有哪一个角色是完美的，因为生活本不是一帆风顺的过程，如何处置随时随处可能遇到的压力、不满？我喜欢一句西方谚语：上帝为你关上一扇门，必会为你打开一扇窗。当我们碰壁了、头痛了、郁闷了，请一定记得：一回首之间，阳光灿烂，那扇窗外的风景依然美丽！

4.4.3 教师心理素质结构的模型假设

教师心理素质的研究在我们国家的教育学、心理学界的研究已经有很多成果，专家界定教师心理素质结构多从心理学及心理测量学的角度，科学、客观，但对于高考压力下的高中教师心理素质结构的研究似乎很少见系统的研究成果。我的少见和短见是一个方面，而另一方面，则是因为对高中教师心理素质结构的研究注重给策略；注重提方向。而关于高中教师心理素质结构的构成却很少见相关成果。这是一种奇怪的现象，如果一棵树在没有根的情况下，它已经结果了，这岂不是很荒谬？建构一个模型实际上是一个很复杂的过程，所以，笔者仅以自身浅薄的知识和一腔热情斗胆尝试提出高中教师心理素质结构的模型假设。假设提出只基于已有理论研究的基础，当然随后会有实证性的调查研究，尽管如此，也难免谬误和疏漏，但我终究迈出了这一步……

4.4.3.1 关于教师心理素质的界定

关于心理素质的含义，不同学者有不同看法，目前国内有以下几种有代表性的观点。第一种观点认为，心理素质是以先天禀赋为基础，在后天环境和教育的作用下形成并发展起来的稳定的心理品质。第二种观点认为，心理素质是个性心理品质在人的生活实际中的综合表现。第三种观点认为，心理素质以生理素质为基础，将外在获得的东西内化成稳定的、基本的、衍生性的，并与人的社会适应性行为和创造行为密切联系的心理品质。第四种观点认为，心理素质是一个由心理能力素质（智力因素）、心理动力素质（人格因素）和身心潜质三个亚系统交互作用的、动态同构的自组织系统；林崇德教授则将教师心理素质定义为："教师在教育活动中表现出来的，决定教育教学效果对学生声心发展有直接而显著影响的心理品质的总和"。我国关于教师心理素质的研究始于二十世纪90年代中后期，目前对教师心理素质的研究主要集中在三方面：一是教师心理素质状况的调查研究；二是心理素质结构的内涵和结构的理论分析；三是教师心理素质结构的实证研究。由于我国关于教师心理素质的研究起步较晚，其理论研究和实践探索都还存在诸多不足。目前研究中，理论研究较多，实证研究较少；对教师心理素质的内涵界定较多，结构分析较少且零散。

4.4.3.2 教师心理素质结构构成研究的已有成果

教师心理素质就其结构来讲，可以从多角度划分。张向阳把教师心理素质分为两大类：能力素质和非能力素质，能力素质又分为两个子类：教育能力和教学能力；非能力素质则包括性格特点、情绪特点、意志特点、态度特点、兴趣特点五个方面的素质，每个子类又分若干个要素。张承芬等所作《教师心理素质的隐含研究》，运用隐含研究方法揭示教师应具备的心理素质及其结构，结果表明创造性、责任感、教育效能感等21项特性是教师重要的心理品质，在这些心理品质中，客观公正性、移情性、角色认同、有恒性、监控性、责任感、非权势等11项心理品质被教师、家长、学生共同认定为最重要最基本的心理品质，并得出人们心目中教师心理品质是由工作动因、工作行为、行为调控三个维度构成的。曹娟则以教师的职业需要为中心，作了《教师的职业需要与教学成效的相关研究》，使用较流行的塞普尔设计编制的职业价值量表，进行个别和团体两种施测方式，统计分析了教学成效不同的教师在职业需要方面存在的差异，确定教师的职业需要与教学成效之间的相关关系，并据此提出建设性意见。林崇德教授则认为教师心理素质结构应该包括以教师自我意识为主的五项素质。即：1．教师角色认知。指教师个人对教师职业的社会地位、作用及行为规范的认识以及对教师职业与社会其他职业的关系的认识。2．教师角色体验。是教师在教育教学活动中受到社会及家长、学校学生和教师的评价和期待时所产生的情绪体验。3．教师角色期待。是教师依据一定的社会规范对自己角色行为的看法和期望。4．教师品格。如果把教师看成学生的楷模，则更注重于对教师人品上的角色规范。5．教师自我意识。主要指教师对自己以及自己与周围世界关系的认识和态度。另外，林崇德教授认为教师心理素质最核心的成分是其实质内容，它支配和调整着教师工作中的行为表现，也决定其能否胜任教师职责。依据此教师心理素质的实质内容大致又包括五种基本"元素"构成，即成功教师应具备的五种心理能力。1．角色适应力，是教书育人的基础。2．心灵感悟力，是尊师爱生的基础，包括对声调、手势、面部表情等方面的识别能力。3．情绪控制力，为人师表的基础。4．心理承受力，是诲人不倦的基础。5．教育表现力，教师机智的基础。迄今为止，关于教师心理素质结构的理论研究综述已有不少，综合以上研究结果，结合当前高中教师的教育教学实际，我认为高中教师的心理素质结构应该可以成为一个相对稳定的动态管理结构，它能够充分体现教师作为一个普通个体所具备的心理基本素质，同时，又突出教师的角色特征所要求的职业心理素质，基于这样的思路，我尝试对高中教师心理素质结构进行建模。

4.4.3.3 基于已有理论研究的高中教师心理素质结构模型

高中教师心理素质结构的结构建模是定量与定性相结合的多元化建模，模型中每一因素都应从教师心理结构的实际出发，理论联系实际，才能形成客观、科学、全面的结构假设。基于教师心理素质及心理素质结构的研究结果，可以假设：高中教师的心理素质结构构成具有教师心理素质的普遍特征，但还应该体现其独特之处，还应该更充分地体现在升学压力下教师的情绪调控和自我概念的完善；还应该包含教师应对职业压力和职业倦怠的因素。因此，高中教师心理素质必然是一种复合型素质，这种复合型素质主要由认知因素、个性因素和社会适应因素三个基本维度构成，其中每个维度又包括多种心理成分，于是就构成了教师心理素质结构的基本构成。

认知、个性和适应性三方面彼此关联渗透又相互影响制约，从而组合成个体独特的心理素质结构，构成了教师个体心理素质的整体面貌。社会适应因素是个体心理素质发展的制动器和调控。由于学校环境及教师自身因素的

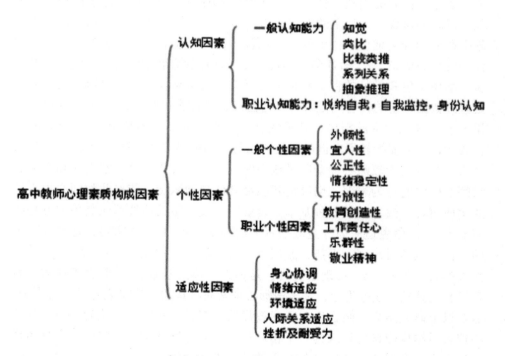

高中教师心理素质结构图示

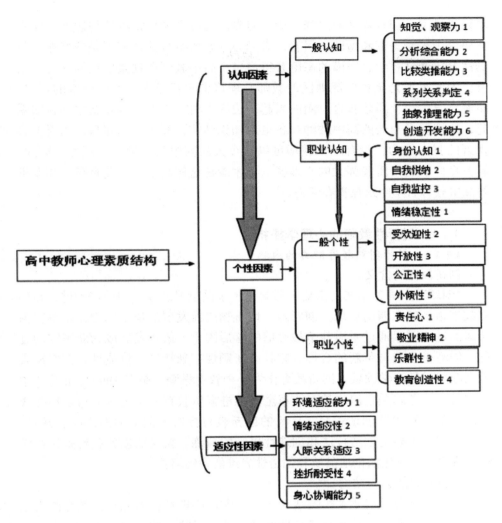

高中教师心理素质结构的模型假设

影响，每一因子的影响程度不同，因此，对高中教师心理状态的重要性程度也不同（张向阳），但都将成为教师良好心理素质的构成部分。根据各因素相关程度及构成重要性状况，假设形成高中教师心理素质结构的模型如图所示。

4.4.3.4　高中教师心理素质结构研究的实证构想

以上结构模型只是在理论研究基础之上的模型假设，是否成立以及各因素位置的排列是否符合实际，还有待进一步实证检验。依据心理学研究的科学进程，实证检验将通过编制《高中教师心理素质结构调查问卷》《高中教师心理素质结构访谈问卷》两个问卷进行对应的现状调查，通过调查数据进一步修正模型。调查样本的选择、调查问卷的信度和效度检测等问题都将在实证研究中得到论证和检验。尽管，教师心理素质结构的研究不是新问题，但仍然希望通过科学、严谨的态度获得酒泉市高中教师心理素质结构的有效信息，为酒泉市乃至更广泛地区的教师心理培训和督导提供可以借鉴的资料。随着终身教育、通才教育思潮的兴起，边缘学科、交叉学科和新型学科的崛起，迫切要求今天的高中教师具备更新知识结构，补充学术养料，拓展教育视野的强大能力，没有一个教师可以在今天的高中教学中一劳永逸。因此，具备良好心理素质和强大的心理能量，才能在这样高压力、高负荷、高要求的高中教育教学中永葆青春活力。

4.4.4　创新性教师的心理学探析

4.4.4.1　教师创新教育能力的内涵

创新教育的含义

"创新"一词，早在《南史·后妃传·宋世祖殷淑仪》中曾提到过，是创立或创造新的东西的意思。创新是一切事物向前发展的根本动力，是事物内部新的进步因素通过矛盾斗争战胜旧的落后因素，最终发展成为新事物的过程。创新是创造与革新的合称。它具有新颖性、独特性、价值性。创新概念最先应用于经济学领域。创新教育作为一种教育思潮，是在 1999 年 6 月《中共中央、国务院关于深化教育改革全面推进素质教育的决定》公布以后形成的，创新教育也称创造教育，广义的创新教育指对人创造力的影响、开发、培育活动，主要是创造技法和创造性思维的训练。狭义的创新教育是指在学校教育中，对学生的创造品质和创造性思维能力的培养。

创新教育能力的结构

能力是符合活动要求影响活动效率的个性心理特征的综合，教育能力是符合教育活动要求影响教育活动效率的个性心理特征的综合，创新教育能力是符合创新教育活动要求影响创新教育效率的个性特征的综合。创新教育能力包括两个层次：即一般性创新能力和特殊性创新能力。一般性创新能力包括：①培养思维能力、想象能力、洞察能力、评价能力、动作能力、个性心理能力等；②上好创新教育课的能力；③进行创新活动指导的能力；④学科教学和活动课教学渗透和培养一般创新思维品质的能力；⑤对学生创新素质发展进行评价的能力。特殊性创新能力包括培养语文能力、数学能力、音乐能力、绘画能力、体育能力等。

创新型教师的概念

创新教育是以培养受教育者的创新精神与创新能力为价值取向的教育。

教师的创新能力, 其实质应该体现在教育教学过程中。这个观点包含三层含义: 一是教师首先必须具备强烈的创新意识和创新精神, 这是教师形成创新行为的动力。二是教师要有教育教学的创新能力, 仅有强烈的创新意识而没有教育教学方法的创新, 是不能实现预期教学效果的。三是最终形成的学生解决实际问题的能力应切实有效, 其结果应体现在学生的创新活动与创新成果中, 这是检验教师教育教学是否有效的最好指标。

创新型教师一般具有以下几方面的特征: 第一, 善于吸收最新的教育科学成果, 将其积极地运用到教育、教学、管理等过程中, 并且富有独创见解, 能够发现运用行之有效的教学方法。第二, 在个性品质上往往表现为幽默、热情、乐观、自信, 乐于接受不同观点, 以及对其工作之外的其他事情也表现出强烈的兴趣并积极参与。第三, 在教育教学方面, 注重教育艺术和机智, 有强烈的求知欲和成就动机。第四, 在教学风格和技巧上, 善于经常变换各种教学手段, 激发学生积极思考, 鼓励学生参与课堂教学, 相互交流并讨论各自观点。第五, 驾驭教材能力很强, 对学生的课堂反应有很强的敏感性。凭直觉进行教学, 想象力非常丰实, 不拘泥于已有的规划或既定的程序。第六, 在班级管理方面, 创新型教师对班集体和学生管理时都表现出: 努力创设并维护一种使创造力易于表现的师生关系、同学关系及班集体风尚。第七, 信任、公平、宽容、自由、安全、富于创造性的集体气氛是创造型教师进行班集体和学生管理时所追求的目标。

4.4.4.2 教师教育创造力的结构及关联要素

深入分析和探讨教师创新教育能力的构成, 对培养和发展教师的创新教育能力是十分必要的。但由于教育对象的特殊性和教育活动的复杂性, 全面、系统而科学地揭示教师创新教育能力的构成要素实属不易。教师创新教育能力由背景性要素和技能性要素所组成, 其中, 背景性要素是内隐的, 主要指那些与开展创新教育有关的教师个体的特征或素养, 一般不具操作性; 而技能性要素则是外显的, 是教师实施创新教育过程中的教育或教学方式、方法, 通常具有一定的操作性特征。

背景性要素

创新教育精神、创新教育知识、创新心理特征及其他一些重要的相关素养是形成和发展教师创新教育能力的重要基础, 也是教师自主而有效地实施创新教育的必要条件; 教师的科研与教研素养, 一方面能体现教师自身创新水平的高低, 另一方面也能促使教师在科研与教研活动中亲身实践, 增加对新的感性认识, 积累创新的实践经验, 同时也能帮助教师适应创新教育的需要, 使教学和教研相得益彰。

技能性要素

技能性要素实际上就是外显的创新教育能力要素，大体可分成创新教育方法运用能力和学生创新素质培养能力两大类。

①创新教育方法运用能力。教师需具有营造宽松、民主、和谐的教育教学氛围的能力，应以真诚、宽容的态度对待学生，建立起开放、合作、平等的师生关系，以有助于学生求新求异的批判精神和发散性思维能力的培养。

②学生创新素质培养能力。对教师该方面能力的研究目前较为活跃，在此只作简要的概括性说明。

4.4.4.3 教师教育创造力的缺失及分析

近代以来，由于封建、落后的教育方式和因循守旧、墨守成规的社会文化习俗的影响，创新精神受到束缚，创新能力受到影响，导致了中华民族科技文化的落伍。追根溯源，近代中国教育功能的异化，教师教育理念与教育行为的偏失，对中国近现代落伍负有一定的历史责任。尤其值得警醒的是，时至今日，尽管培养学生创新能力的呼声日益高涨，但教师因受自身创新教育能力与素养所限，仍难以真正有效地培养和发展学生的创新精神与创造能力。教师创新教育能力缺乏，是无法培养和造就我国社会发展所急需的创造型人才的，这确是当今我国教育中值得我们重视的一大缺憾。

4.4.4.4 提升教师教育创造力的策略和方法

消除发展教师创新教育能力的客观障碍

要消除残存于教育领域的阻碍教师创新教育能力发展的陈旧观念障碍、学校管理者的认识障碍以及客观环境的导向障碍等。要从教育管理、校园氛围、人际认同等方面，给教师创新教育活动以实践和尝试的机会与空间，使教师在积极的实践活动中培养和发展自身的创新教育能力。

调动教师增强创新教育能力的内驱力

通过教育管理与评价等手段，培养教师的创新教育意识，激发教师的创新教育精神，努力形成一种推崇创新教育、追求创新教育的氛围和共识，促使教师产生实践创新教育的内驱力，从而使教师更新教育观念，探索创新教育的方法，提高创新教育能力。

优化教师创新教育能力培养的学校环境

学校环境是对教师创新能力的形成发展产生影响的外部要素之一，其中较为重要的有学校的校长、学校管理、教学的评估体系等。适宜、合理的学校环境是教师创造力顺利发展的必要条件。

①优化学校环境的关键要素——创新型校长。任何一所学校是否具有良好的环境，一校之长是关键所在，唯有具有创新精神的创造型校长，才能为

教师创造性教学提供指导和支持。创新型校长最为主要的特征是能够创造性地开展工作，具体而言，包括加强科学的学校管理，使学校管理有利于促进和鼓励教师创造性教学；带头研究和解决学校中的创造性课题，善于听取和发现教师的新观点及富有建设性的意见，努力为教师提供创造性工作和研究的机会与条件，等等。

②创设有助于教师创造性发挥的学校环境。学校在管理中要允许、鼓励和帮助教师创造性地进行教学。允许是指为教师提供一种相对宽松自由的环境；鼓励是指学校管理者应对创造性表现的教师给予精神和物质上的积极强化；帮助是指学校管理者应利用一切条件为教师提供有关创造的新的理论、成果、技术和方法等信息，经常组织参观学习、讨论交流、专家指导等，使教师开阔视野，拓宽思路。只有给教师的创造力营造宽松的环境和条件，积极鼓励教师的创新活动，才能激活学校内部管理活动。

③完善学校评估体系，注重创新教育能力考查。学校的教育评估体系是对教师教学成果的检验，同时评估体系所选择的标准又是对某种教育思想和方法的肯定，对教师的教学起着很强的诱导和强化作用。所以注重评价体系中教师创造性工作成效的权重、导向、奖励，使之形成人人争创新的氛围。

开展教师创新教育能力培养的原则和课程设计

教师创新教育能力的形成和发展过程是一个长期的过程，对它的形成、培养、发展规律的认识还是初步的，还需要进行长期深入研究，目前在全国各地各类学校作了一些有益探索，积累了一些成功做法。

①创新教育能力培训的原则

第一，整体性原则。创新教育能力是一个整体结构，结构愈完整，功能就愈完善。培训创新教育能力，要使创新教育意识与创新教育能力协同发展，创新态度、创新思维和创造技能协同发展，使一般能力与特殊能力协同发展。第二，发展性原则。创新教育能力是一种最高级的教育能力、教育艺术。它的形成必然经过一个从无到有、由低级到高级、由简单到复杂的过程，它的发展是无止境的，是一个终身学习、终身发展的过程。

第三，实践性原则。创新教育能力的形成和发展离不开创新教育实践。无论是学校管理还是教育教学过程，都要努力创设创新活动的条件，如允许教师在教学内容上与教学方法上创新，促使教师在教育教学活动中培养、形成学生和自身的创新素质。

②创新教育能力培养的课程设计

目前中小学教师继续教育的课程内容由以学科知识为主的主体性知识，以教育基础理论为主的条件性知识和以教育升华为基础的实践性知识三部分构成。因此，对教师创新能力培养的课程设计应考虑以下问题：

第一，在本体性课程中，开设学科前沿简介、科学概念的形成过程、知识拓宽与应用、高新技术的基本知识与其他学科的联系和综合等课程，使教师能不断充实和调整知识结构，树立终身学习和不断创新的观念。第二，在条件性课程中，开设创造思维心理学、人才学、班级管理、教育思想、教育测量、国内外教改简介等课程，使教师能将自身教育经验提高到理论分析层面去审视和概括，又能用所学的教育观念和理论、方法自觉指导自己的教育教学实践。第三，在实践性课程中，开设发散思维训练、创造技法训练、教材教法指导、现代教育技术、教育科研、选修课开设和指导课程，使教师除了具备坚实的知识基础和创造思维能力之外，还要懂得创造的规律，在教育教学实践中形成和发展自己的创新教育能力。

③形成有利于培养创新思维、创新能力的培训模式

由于学习的革命性变化和创新教育能力的课程内容，就决定了教师培训模式要由简单传授为主的模式转变为反思性的多种模式。在知识经济中，教师的学习有如下特点：工作和学习逐渐融合为一，教师工作的同时就是在学习新知识，工作学习化，学习工作化。由于信息的快速流动与更新，学习必须是连续的、终身的、不间断的。信息技术的广泛使用，使学习走出教室，走进生活中，通过计算机阅读与写作更为重要。善于选择和有效利用信息的能力更为便捷。

心育路上的跋涉

　　心理健康教育是更注重以人为中心的教育，也因此，心理健康教育发展到今天，各地区、各学校各有特色，可借鉴，但不可复制。我们在心理健康教育这条长路上，磕磕绊绊地一路行走，只为寻找一条适合我们的学生，适合我们区域特色的心育之路。几年的探索和实践中，有几个关键词是不得不说的。

　　第一，心育的核心是成长

　　学校心理健康教育的核心任务是促进学生身心健康发展。因此，心育不仅对心理有问题的学生进行干预，更重要的是让全体学生清晰怎样才可以帮助自己持续地保持健康。心理治疗中有句话很常用"看见即疗愈"，对学生而言，最具有成长性的做法是，从日常的自我调节做起，了解和掌握心理健康的常识，防止和消除产生心理问题的因素，清晰了解成长中可能遇到的困境，那便是最有生命力的成长。对一个生命个体而言，不同阶段有不同的课题要面对，不同环境有不同的影响因素，心理健康教育就是要让学生们看到：问题从来不会消失，但面对问题，我们的态度和行为决定我们内心的感受，决定问题最终会向哪个方向发展。当学生们能够面对自己成长中遇到的问题，每找到一个问题的解决方向，他们就获得了一次成长的机遇，本着这样的思路，心理健康教育实际上是一门学生成长的教育。

　　第二，心育的保障是专注

　　如何有效地进行心理健康教育？实践告诉我们：唯有专注和投入。心育教师的专注首先在于甘于寂寞，潜心探索。心育中心成立以后，很多老师和学生对心理健康咨询和辅导有误解，所以，学校咨询室甚是冷清，这种时候，心理辅导老师一方面专注于自己专业的提升和发展；另一方面，深入调研学生的特点和需求，你会发现，当你专注于自己要做的事情时，别人的看法没那么重要，那些误解也会随着有效开展的工作烟消云散。其次，心育教师的专注在于清晰定位自己。在学校，心育教师被认为是副课教师，还有些学校直接把心育教师归为教辅人员。如果，心育教师自认为无足轻重，便会随波逐流，无所事事。事实上，心育老师是什么位置、会不会被别人重视并不重要，重要的是：即使在最艰难的环境中，我们也要清楚自己的价值和使命，有序推进学生心理健康发展，促进学生成长才是心理老师存在的意义，专注于在这个方向上多做事，做实事，效果自然显而易见。第三，心育教师的专注还在于有勇气全心全意只做好一件事。专职心育教师的设立既是学校管理者的教育观念的体现，又是学校教育的必要之举，但很多学校的心育老师到现在还是兼职的心理辅导老师，既要上课，又要承担学校的其他行政或教务的工作，琐碎繁杂的事务性工作占用了大量时间，又怎能了解学生需要什么，更无法持续性地开展系列活动。

第三，心育的底气是专业

心理健康教育是专业性很强的工作，只有专业，才能规范，才可以真正有效帮助学生。没有专业的理论和技能做支撑，心理健康教育就可能流于形式，无法真正深入地针对学生需求开展工作。心育老师的专业在于她知道在哪个年级开展哪些活动对学生发展是有益的；她知道学生的困惑从哪里着手才可能解惑；她知道学生一举一动的行为中可能会有怎样的心理状态；她知道哪些学生的状况是需要早干预的；她知道讲道理对于一个内心焦灼不安的学生没什么实质性的帮助……是的，只有专业才有底气去应对可能发生的各种状况，而专业源自教师不停歇的学习，不断地汲取心理学、教育学及各领域的知识，心育老师才能承载学校心理健康教育所赋予的职责和任务。

第四，心育的中心是学生

心育的中心毫无疑问是学生，学生的心理需求是心育的内容和方向，心理健康教育做什么、怎么做，依据是学生的特点和学生的需要，心育过程中所涉及的活动或方案也是为满足学生需求而设计的，最能彰显心育效果的表现是：学生健康积极阳光地面对生活和学习中的困难；学生在遇到心理问题时，愿意寻求支持让自己变得更好；在压力和竞争中，能保持平和稳定的心态。因此，心理健康教育是围绕学生而进行的教育活动，深刻理解学生的需求和困境，尊重学生，认可学生，关怀每一位学生，最终促进学生的成长发展为目的的教育。

第五，心育的价值不止当下

心理健康教育关注学生当下出现的问题，但其价值远不止解决当下的问题，而是通过专业干预和影响，使学生看到自己的资源和能力，引导学生自己发掘解决问题的方向和力量。因此，心理健康教育是传递给学生一种意识：问题不是重点，解决问题的人才是重点，学生们自己才是解决问题的专家。这样的意识让学生看到自己的力量，问题解决中增强对自我的评价，提升自我认同感，这对一个人的影响是终身受益的。所以，只有立足学生中心，把主动权交给学生，充分信任学生的力量，才会让学生赋能成为有力量面对问题的人。

第六，心育的道路必然曲折

心理健康教育的过程就是一个不断磨砺的过程。就像在爬一座高山，每一位心育老师在爬山前都无法判断那山有多高，也没有既定的路线，更没有可以轻松踩踏的台阶，他们能做的，就只有在一点点向上攀爬的过程中去开路，去劈开那些阻挡前行的杂草，有时还会在路边撒些花籽，也是在艰难行进中，回头看到那些花籽已经发芽、成长，甚至已经开花。于是，所有的辛苦跋涉都变得值得。

2018年全国教育大会上，习近平总书记提出：培养德智体美劳全面发展的社会主义建设者和接班人。"五育并举"成为培养全面发展的有生命力的人的根本，而德、智、体、美、劳五育的核心则是心育，育人首先要育心。异曲同工，2016年9月发布的《中国学生发展核心素养》就包括文化基础、社会参与和自主发展3个方面，人文底蕴、科学精神、学会学习、健康生活、责任担当、实践创新6大素养，以及细化出18个基本要点。只有身心健康的人，才能够担负起国家发展所赋予的责任。因此，心育是五育的基础，也是五育的保障。

庆幸的是，随着社会的发展，全社会都开始越来越关注人本身的发展，也意识到心理健康教育的重要作用，心育路上的跋涉也将带我们去搞更高远的未来！

山高水长，我们一路高歌

行文至此，该到落笔的时候了！

下午下班离开咨询室的时候，一位中职的女孩儿站在中心拐角，一脸灿烂的笑容。

"你是在等我？"

"嗯嗯！老师，这个给你！"

往我的手里塞了一个粉色的正方形盒子，上面是一个红色的心形图案。打开盒子，里面是各色的糖果，上面有一封信。

老师：

    您好！

    您还记得我吗？那个胳膊上划过很多口子的女生。第一次在咨询室见到你，我哭了一个小时，您陪着我，为我递上纸巾，为我擦着眼泪，你轻轻抚摸我胳膊上的划痕，问我：一定很痛吧？划的时候是有多难过？那轻轻的抚摸，那轻柔的询问都让我好温暖，长这么大，好像从来没有人这么关心过我⋯⋯

    是您陪我走过了我最痛苦的一段时光，现在我终于可以笑着看这个世界了，我发现这个世界还是很美好的，阳光很温暖，春天到了，迎春花也开得很好⋯⋯

    盒子里的糖是我专门去超市挑的，如果您再遇到像我这样的女孩，您就可以给她一颗这样的糖，告诉她：有一个女孩也曾经和她一样，现在她很开心⋯⋯

跋涉在心育这条路上，我们并不孤单，山高水长，我们一路高歌！

2021 年 3 月

参考文献

［1］刘晨元. 普通高中职业生涯教育实践初探——对北京中加学校"职业生涯规划"课程的思考［J］. 中国基础教育，2008（6）.

［2］赵士果. 普通高中学生职业生涯规划研究——以徐州市区普通高中为例［J］. 现代教育论丛，2008（12）.

［3］马赛葛. 论生命关怀视野下的高中生涯教育［J］. 成才之路，2009（13）.

［4］浙江省遂昌县职业中专课题组. 农村职业高中学生职业生涯教育策略的研究与实践课题实验报告［J］. 中小学心理健康教育，2008（3）.

［5］张学民，林崇德，申继亮. 国外教师认知能力发展研究述评［J］. 比较教育研究，2004（5）.

［6］申继亮，王凯荣. 论教师的心理健康教育能力的构成［J］. 北京师范大学学报（人文社会科学版），2001（1）.

［7］郑希付，邹爱红. 中学生心理素质的构成因素研究［J］. 湖南师范大学教育科学学报，2004（2）.

［8］丁新胜. 试论教师心理素质的内涵、结构与特征［J］. 贵州社会科学，2006（1）.

［9］陈剑梅. 中学教师素质结构及现状评价［D］. 苏州大学，2003.

［10］洛克著；钟谷兰，曾垂凯，时勘等译. 把握你的职业发展方向［M］. 北京：中国轻工业出版社，2006.

［11］理查德·尼尔森·鲍利斯著；柏静静译. 你的降落伞是什么颜色［M］. 北京：中信出版社，2010.

［12］国家中长期教育改革和发展规划纲要（2010—2020年）［N］. 中国教育报，2010-07-30.

［13］赵士果. 高中生职业生涯规划的必要性探析［J］. 现代教育论丛，2008（7）.

［14］杨青，陈云. 高中生生涯规划现状及对策研究——基于家校合作的生涯规划［J］. 教育导刊，2013.7.

［15］吴丽萍. "高中生生涯规划与发展管理"课程的开发与实施［J］. 浙江教育科学，2014（1）.

［16］赵映霞. 心理危机与危机干预理论概述［J］. 安徽文学（下半月），2008（3）.

［17］孟献臣. 论大学生心理危机干预体系的构建［J］. 阜阳师范学院学报（社科版），2007（2）.

［18］邢哲. 突发性灾害事件对学龄儿童的心理伤害与心理救助的实施［J］. 赤峰学院学报（自然科学版），2008（12）.

［19］李雪峰. 职校生心理危机及危机源调查研究［J］. 安徽电子信息职业技术学院学报，2011（6）.

［20］王璐，赵静，徐艳斐. 心理危机干预的研究综述［J］. 吉林省教育学院学报，2011（9）.

［21］曹蓉，胡东平，庹智勇，田明艳，罗家刚. 中学生自杀行为的预防对策思考［J］. 中国社会医学杂志，2010（5）.

附录一

高中生危机干预需求调查问卷
疫情防控背景下高中生危机干预需求调查问卷

指导语：

亲爱的同学：您好！您正在进行的此项调查旨在了解您对心理危机及心理危机干预相关知识的需求，以便于推进学校心理危机干预的机制建设，探索高中学校危机干预的有效策略。此项调查不涉及任何个人评价，请结合实际作答即可。谢谢您的参与！

1．你的性别（　　）A 男　B 女

2．您的年龄（　　）A 15 岁以下　B 15—18 岁　C 18 岁以上

3．您目前所在年级（　　）A 高一年级　B 高二年级　C 高三年级

4．您在班级所担任的其他职责（　　）

A 一般学生　B 课代表　C 班干部　D 团干部

5．此次新冠疫情暴发对您的影响（单选）（　　）

A 有一些影响，但自己能适应　B 没有影响　C 影响很大，感觉到身心不适

6．心理危机是指个体在遇到了突发事件或面临重大的挫折和困难，当事人自己既不能回避又无法用自己的资源和应激方式来解决时，所出现的心理反应。对此概念您是否了解？（单选）（　　）

A 非常了解　B 了解一点，不十分清楚　C 完全不了解

7．您对自己是否处于心理危机状态有了解吗？（单选）（　　）

A 非常了解　B 了解一点，不十分清楚　C 完全不了解

8．您希望学校进行心理危机干预的知识科普或专业指导吗？（　　）（单选）

A 非常需要　B 无所谓　C 不需要

9．您认为自己作为高中生，需要进行危机干预吗？（　　）（单选）

A 非常需要　B 无所谓　C 不需要

10．您认为什么情况下高中生可能会发生心理危机？（　　）（多选题）

A 突发事件、重大心理压力事件，如：离婚、亲人丧失、疾病、人际关系紧张等。

B 日常事件　C 年龄阶段需求　D 人格特征

11．您认为高中生产生心理危机的可能的原因是（　　）（多选题）

A 适应性障碍　B 重大变故或者特定事件导致情绪爆发

C 日常事件负性情绪积累：悲观、自责、绝望等　　D 人际关系问题

E 恋爱与性　　F 学习问题

12. 当您感觉自己有心理危机反应时，您通常会（　　）（多选题）

A 控制不住地冲父母和他人发脾气　　B 自伤自残，甚至有自杀的想法

C 主动调节，控制自己的情绪　　D 寻求朋友或家人帮助

E 求助专业的心理辅导或治疗机构　　F 其他

13. 您认为自己在此次疫情防控中出现心理危机反应的原因可能是（　　）（多选题）

A 疫情信息让自己紧张　　B 担心自己被感染或自己的亲人被感染

C 和父母关系紧张，沟通困难而紧张焦虑　　D 网络学习效果差，注意力不集中

E 担心学习任务没完成，落下的课程太多　　F 与同学联系少，感觉孤单，有被抛弃感　　G 其他原因

14. 假设您想了解心理危机的知识，您通常会通过哪些途径了解？（　　）（多选题）

A 自己看书　　B 查询资料　　C 找学校咨询师询问　　D 网络、电视等　　E 其他

15. 如果觉得自己有心理危机反应，您通常采取的处置方法是（　　）（多选题）

A 自伤自残　　B 和家人倾诉　　C 寻求心理援助热线或网络咨询

D 求助学校心理健康辅导老师　　E 顺其自然，不管他

16. 您认为目前在疫情防控背景下，学校在心理危机干预方面还需要做些什么？（　　）（多选题）

A 对高中生进行心理危机评估与筛查　　B 开设专门的危机干预热线或网络平台

C 心理辅导老师进行专业及时的干预　　D 学校重视心理危机学生的识别

E 家校合作形成良好的氛围　　F 开设相关课程、讲座或团体辅导

G 广泛宣传和科普心理危机的知识

17. 您认为在您的生活中，心理危机干预会从哪些方面帮助到您？（　　）（多选题）

A 稳定情绪　　B 减少极端行为　　C 协调人际关系　　D 情绪自我调适

E 提高学习能力　　F 提升生活品味与生活质量

18. 疫情防控背景下，您认为高中生危机干预还要注意哪些问题？（开放性问答题）

附录二

疫情背景下高中生危机干预需求调查结果统计（问卷调查）
疫情防控背景下高中生危机干预需求调查

第 1 题　您的性别：（单选题）

选项	小计	比例
男	20	10.53%
女	170	89.47%
本题有效填写人次	190	

第 2 题　您的年龄属于下面哪个范畴？　（单选题）

选项	小计	比例
15 岁以下	0	0%
15—18 岁	177	93.16%
18 以上岁	13	6.84%
本题有效填写人次	190	

第 3 题　您目前所在年级：（单选题）

选项	小计	比例
高一	53	27.89%
高二	83	43.68%
高三	54	28.42%
本题有效填写人次	190	

第4题 您在班级所担任的其他职责：（单选题）

选项	小计	比例
一般学生	115	60.53%
课代表	38	20%
班干部	26	13.68%
团干部	11	5.79%
本题有效填写人次	190	

第5题 此次新冠疫情暴发对您的影响：（单选题）

选项	小计	比例
有一些影响，但自己能适应	158	83.16%
没有影响	22	11.58%
影响很大，感觉到身心不适	10	5.26%
本题有效填写人次	190	

第6题 心理危机是指个体在遇到了突发事件或面临重大的挫折和困难，当事人自己既不能回避又无法用自己的资源和应激方式来解决时，所出现的心理反应。对此概念您是否了解？（单选题）

选项	小计	比例
非常了解	45	23.68%
了解一点，不十分清楚	138	72.63%
完全不了解	7	3.68%
本题有效填写人次	190	

第7题　您对自己的学生是否处于心理危机状态有了解吗？ （单选题）

选项	小计	比例
非常了解	50	26.32%
了解一点，不十分清楚	126	66.32%
完全不了解	14	7.37%
本题有效填写人次	190	

第8题　您希望学校进行心理危机干预的知识科普或专业指导吗？
（单选题）

选项	小计	比例
非常需要	151	79.47%
无所谓	25	13.16%
不需要	14	7.37%
本题有效填写人次	190	

第9题　您认为自己作为高中生，需要进行危机干预吗？ （单选题）

选项	小计	比例
非常需要	124	65.26%
无所谓	30	15.79%
不需要	36	18.95%
本题有效填写人次	190	

第 10 题　您认为什么情况下高中生可能会发生心理危机？　（多选题）

选项	小计	比例
突发事件、重大心理压力事件,如:离婚、亲人丧失、疾病、人际关系紧张等。	174	91.58%
日常事件	70	36.84%
年龄阶段需求	86	45.26%
人格特征	95	50%
本题有效填写人次	190	

第 11 题　您认为高中生产生心理危机的可能的原因是：（多选题）

选项	小计	比例
适应性障碍	112	58.95%
重大变故或者特定事件导致情绪爆发	163	85.79%
日常事件负性情绪积累:悲观、自责、绝望等	168	88.42%
人际关系问题	129	67.89%
恋爱与性	58	30.53%
学习问题	120	63.16%
本题有效填写人次	190	

第12题 当您感觉自己有心理危机反应时，您通常会：（多选题）

选项	小计	比例
控制不住地冲父母和他人发脾气	57	30%
自伤自残，甚至有自杀的想法	21	11.05%
主动调节，控制自己的情绪	155	81.58%
寻求朋友或家人帮助	119	62.63%
求助专业的心理辅导或治疗机构	81	42.63%
其他	65	34.21%
本题有效填写人次	190	

第13题 您认为自己在此次疫情防控中出现心理危机反应的原因可能是：（多选题）

选项	小计	比例
疫情信息让自己紧张	102	53.68%
担心自己被感染或自己的亲人被感染	118	62.11%
和父母关系紧张，沟通困难而紧张焦虑	34	17.89%
网络学习效果差，注意力不集中	111	58.42%
担心学习任务没完成，落下的课程太多	109	57.37%
与同学联系少，感觉孤单，有被抛弃感	49	25.79%
其他原因	47	24.74%
本题有效填写人次	190	

第 14 题　假设您想了解心理危机的知识，您通常会通过哪些途径了解？
（多选题）

选项	小计	比例
自己看书	84	44.21%
查询资料	153	80.53%
找学校咨询师询问	84	44.21%
网络、电视等	156	82.11%
其它	45	23.68%
本题有效填写人次	190	

第 15 题　如果觉得自己有心理危机反应，您通常采取的处置方法是：
（多选题）

选项	小计	比例
自伤自残	9	4.74%
和家人倾诉	130	68.42%
寻求心理援助热线或网络咨询	112	58.95%
求助学校心理健康辅导老师	113	59.47%
顺其自然,不管他	43	22.63%
本题有效填写人次	190	

第 16 题　您认为目前在疫情防控背景下，学校在心理危机干预方面还需要做些什么？（多选题）

选项	小计	比例
对高中生进行心理危机评估与筛查	140	73.68%
开设专门的危机干预热线或网络平台	95	50%
心理辅导老师进行专业及时的干预	133	70%
学校重视心理危机学生的识别	132	69.47%
家校合作形成良好的氛围	114	60%
开设相关课程、讲座或团体辅导	112	58.95%
广泛宣传和科普心理危机的知识	110	57.89%
本题有效填写人次	190	

第 17 题　您认为在您的生活中，心理危机干预会从哪些方面帮助到您？（多选题）

选项	小计	比例
稳定情绪	164	86.32%
减少极端行为	97	51.05%
协调人际关系	138	72.63%
情绪自我调适	159	83.68%
提高学习能力	109	57.37%
提升生活品位与生活质量	90	47.37%
本题有效填写人次	190	

后 记

行文至此，我艰苦且快乐的创作过程接近尾声。斗胆将最质朴的文字和资料呈现给同行，只为和大家一起寻求更适合高中和中职学生心理健康的教育方法或模式。

作为一名普通的心理健康教育教师，我这么理解我的职业：借助专业的、充满人性化的教育工作，引导学生保持持续的热情，看得到自己的光芒，也经得起挫折的磨砺；通过营造积极健康的育人环境，让每个学生心中有爱、眼中有光。职业赋予我的使命便是竭尽全力和我的学生一起寻找幸福的源头，发现快乐的光芒。我也有一个梦想：我希望拥有一双神奇的手，只要深陷泥潭的孩子看到那双手，便会有神奇的力量带他们勇敢地走出困顿。怀抱这样的梦想，我一边努力实践，一边探索怎样才可以让我所面对的孩子们时刻感受到那双手的温暖，在艰难跋涉的过程中，幸好有一些光亮一直引我前行。

在从事心理健康教育的二十多年中，我尽可能地学习、探索、实践、改进……林林总总地记录了和学生们工作的点点滴滴，也有过一些工作的想法和反思，更有一些探索实践的经验积累；喜欢在工作中研究学生的需求，因为那样就可以让我的工作更有实效；不太喜欢固守过去的做法，就努力在工作中寻找创新的思路；不希望心理健康教育只满足学生的好奇，更愿意让他们感受到这门学科的魅力和意义……还不能确定我以上的希望能否实现，至少能做到不辜负孩子们对我的信任，亦对得住这份工作给我稳定的生活所需的那份报酬。

将多年心理健康教育的工作历程和探索实践成果著书成册，是我一直以来的愿望。虽然很多学校和老师已经有比较成熟的心理健康教育的实践成果，但没有任何一种模式或方法是放置四海皆准的，对于我所在的这所中职和高中并存的学校而言，我们所做的都是唯一，既无太多可借鉴的资料，又无可以套用的模式和方法，我们的探索实践过程尤为不易，后期文字整理更不是作者擅长，自觉势单力薄，邀请了教学经验丰富的挚友一起来做这件不容易的事，还好，终于要定稿了。

　　本书是由酒泉师范学校王晓梅和酒泉市教科所焦素颖合作完成。王晓梅负责本书整体写作框架的建构，并完成本书第一部分和第二部分的一、二、四节及第三部分第一至五节、第四部分二至四节和第五部分的创作。焦素颖完成第二部分第三节、第三部分第六节和第四部分第一节的创作，共12.8万字左右。最后由王晓梅负责审阅并修正本书。在编著过程中参阅了大量相关文献，在此向相关作者表示诚挚感谢。写作过程中，得到了同行和好友的帮助和家人的全力支持，在此一并致谢。由于作者水平有限，书中难免有疏漏，也恳请专家和读者批评指正！

2021 年 3 月